〔改訂版〕

ホワイト企業の就業規則

職場ルール作りの勘（カン）どころが
Q&Aでスラスラ分かる

【著者】
特定社会保険労務士・中小企業診断士
米田 徹

【編集協力】
株式会社プライムコンサルタント代表
菊谷 寛之

就業規則の
ひな形
ダウンロード
付き！

労働調査会

本書初版の発刊にあたって

　会社で働く人たちが、最初に従業員としてフォーマルな身分を実感するのは、採用辞令を受け取り、会社と労働契約を交わしたときではないでしょうか。

　そして就業規則を渡され、その内容をつぶさに知ったとき、自身の社会的な立場と、会社で働くことの大切な意味をはじめて客観的に知ることになります。

　その就業規則が、会社と従業員相互の義務と責任について、フェアな内容を明瞭に表現しているものであれば、働く人たちはひとまず会社に信頼を置き、その職務に精励できることでしょう。

　そして、就業規則の内容を尊重しようという前向きな価値観や行動が、経営者にも管理者にも、職場にも浸透している風通しのよい会社であれば、働く人たちも、組織の一員としての自覚と責任感が芽生えてきます。

　従業員として何か判断に迷ったり、疑問を感じたりしたときは、自主的に就業規則をひも解き、そこに書かれている意味を確かめ合い、お互いの義務と責任を学ぶことになるでしょう。

　そうした経験を通して、会社の事業の目的と、組織の規律や作法の理解を深める中から、各人の真摯な貢献意欲が自然に湧きあがってくるものと思います。

　本書は、このような前向きな会社にふさわしい、働く人たちの分かりやすいガイドラインになるような就業規則をつくるための解説書です。それは同時に、経営者や管理者の皆さんにとっても、会社経営や人事管理の貴重なガイドラインになると思います。

　執筆者の米田徹氏は、平成19年以来、弊社の登録コンサルタントとして多方面で活躍されています。弊社のホームページにも平成23年の夏から、「無用な問題は起こさない！賢い会社の就業規則・人事規程作成のポイント」という解説を2年近く執筆していただきました。その内容が大変好評だったことから、労働調査会の御厚意により、今回の出版が実現したものです。

本書で解説されているモデル就業規則は、弊社の多数のクライアントに使っていただいている就業規則がベースになっています。今回、米田氏の懇切かつ的確な編集により、より多くの企業で活用していただける洗練された内容に仕上げていただきました。

　本書のモデル就業規則と解説を参考に、信頼関係にあふれた前向きな組織運営を実現していただくことを願っております。

平成26年10月

株式会社プライムコンサルタント　代表　菊 谷 寛 之

はじめに

　本書を刊行してから5年以上が経過し、この間、働き方改革関連法の成立と新法に基づく様々な労働政策が推進されています。就業規則についても、法改正に合わせた変更や追加が必要な状況にあり、今回の改訂版では最新の規定内容に改め、また解説文章を初版から大幅に見直しました。

　主な改訂点は、働き方改革に関連した、「時間外労働の上限規制」「年次有給休暇の確実な取得」「フレックスタイム制の見直し」「勤務間インターバル制度」「同一労働同一賃金」など多岐にわたります。また、今話題になっている「副業・兼業」や「テレワーク（在宅勤務）」についての記述も追加しました。

　手に取っていただくと分かるように、本書の特徴は、読者目線を大切にした読みやすいQ&A（会話）形式で記述している点といえます。中小企業の社長さんや人事総務の皆さんが日頃の業務の中で疑問に感じられているような質問とそれに応える社労士（米田）の会話で全編が構成されています。この本には200を超えるQuestions（質問）とAnswers（回答）が掲載されていますが、これは私が長年の実務コンサルティングを経験した中で、実際に顧客から受けた質問と回答、また、自分自身が疑問に思って調べあげたことなど、就業規則や人事労務全般に関する私の見解の集大成になっています。法律の条文など多少専門的な話もありますが、モデル就業規則の条文に沿って、口語体（会話）で分かりやすく解説したので、社会人の方であれば、どなたにでも気楽にお読みいただけるものと思います。

　巻末資料2の「モデル規程集」は本書を有効に活用していただく上で最も力を注いだ部分です。人事コンサルティングの専門会社として定評のある株式会社プライムコンサルタントのメンバーと度重なる検討を行い、数十名か

ら数百名規模の社員を大切にする『ホワイト企業』を想定の中心に置いて、なるべく使い易い簡略な条文数で必要な事項を網羅した規定内容にしました。株式会社プライムコンサルタントの多数のクライアントで使用されている就業規則がベースになっているので、これから就業規則の新規作成や見直しを考えている会社には必ずやお役にたつものと確信しています。

　本書の利用方法ですが、まずは本編を通読していただきたいと思います。小さな本ではありますが、就業規則に関して知っておくべきひととおりの知識や考え方を網羅しています。その上で、書棚の片隅にでも置いて、日々の会社業務の中で問題や疑問が生じた際、就業規則の豆辞典として該当箇所を再読いただければ、利用効果も高まるものと考えます。そのために今回の改訂版では読者が利用しやすいように巻末の索引を充実させました。

　最後に、初版の監修に続いて今回の改訂版の編集作業に快く協力していただいた株式会社プライムコンサルタントの菊谷寛之代表、本文の解説を読む上で役に立つ「知っておきたい裁判例（資料1）」の執筆を担当していただいた同社コンサルタントの津留慶幸さん（社労士）、全編にわたってキュートなイラストを描いていただいた美大卒の浦和志津香さん（社労士）に感謝します。また、直野亮氏はじめ労働調査会出版局の皆様には、改訂版の企画から出版まで大変お世話になりました。厚く御礼申し上げます。

令和2年7月

特定社会保険労務士・中小企業診断士　米 田　徹

◇ 本書の特典 ◇

　このたびは本書をご購入いただきまして誠にありがとうございます。

　本書に掲載している**資料2 モデル規程集**の書式は、資料としてウェブサイト上からダウンロードすることができます。ご活用ください。

【ダウンロードページへのアクセスの方法】

　モデル規定集はMicrosoft Word（ワード）で作成されています。

　下記の要領でアクセスし、ダウンロードしてください。

1）まず次のURLを入力するか、「プライムコンサルタント」で検索をして、プライムコンサルタントのホームページ（トップページ）に入ってください。

　　URL：　https://www.primec.co.jp

2）トップページの最下部の「**書籍等購入者特典**」を押してください。

3）書籍等購入者特典の画面内にある「ホワイト企業の就業規則」読者特典の「ダウンロード」ボタンを押してください。

4）ID、パスワードの入力が求められますので、次のID、パスワードを入力し、「ログイン」を押してください。

　　ID：white

　　パスワード：white321　（すべて半角小文字です）

5）ダウンロードが完了したら、圧縮ファイルを解凍しご利用ください。

注）①本モデル規程集はzip形式で圧縮してありますので、別途解凍ソフトが必要になる場合があります。

　　②本モデル規程集は、本書ご購入のみなさまにご活用いただくために作成されたものです。出版時点以降の法律改正には対応していませんので、ご留意ください。ファイルの「著作権と利用の制限」をお読みの上、みなさまの責任のもとでご活用ください。

　　③このID、パスワードによるデータへのアクセスは2023年12月末日を期限とさせていただきます。

|中|小|企|業|必|携|！|

ホワイト企業の就業規則〔改訂版〕
～職場ルール作りの勘どころがQ&Aでスラスラ分かる～

CONTENTS

本書での法令名等の略称について

労基法 …… 労働基準法

労基則 …… 労働基準法施行規則

労契法 …… 労働契約法

安衛法 …… 労働安全衛生法

労災法 …… 労働者災害補償保険法

高年法 …… 高年齢者等の雇用の安定等に関する法律

均等法 …… 雇用の分野における男女の均等な機会及び待遇の確保等に
関する法律

パート・有期労働法 …… 短時間労働者及び有期雇用労働者の雇用管理の
改善等に関する法律

育児・介護休業法 …… 育児休業、介護休業等育児又は家族介護を行う
労働者の福祉に関する法律

個人情報保護法 …… 個人情報の保護に関する法律

感　染　症　法 …… 感染症の予防及び感染症の患者に対する医療
に関する法律

判例（事件名　裁判所名　判決日）

第 1 編

就業規則の
基 本 知 識

第1章　就業規則の役割

　これから、就業規則を中心とした会社規則の作成・見直しの仕方について、考えていきたいと思います。

就業規則の役割とは？

Q 就業規則は、なぜ必要なのですか。その役割について教えてください。

 　「就業規則」は、職場における雇用管理全般についてのルールを定めたもので「職場の憲法」といった言い方もされます。憲法や法律のない国家は秩序が保てず無政府状態に陥ってしまうでしょうが、企業においても職場秩序を保ち労働能率を高め、企業経営を発展させるためには、一定の職場規律や労働条件を統一的・画一的に定めた就業規則が必要になるのです。

　就業規則がなぜ重要かを考えてみましょう。職場においては、使用者（社長だけでなく労働者からみて上司にあたる部長・課長などを含みます）と社員との間で、労働条件や職場でのルールについて理解がくい違い、その結果、様々なトラブルが発生することがあります。以下は、トラブルの一例です。

- パートタイマーが退職金の支給を要求してきた
- 定年後の再雇用を拒んだら社員から抗議された
- 勤務態度が悪いので解雇したら、数カ月後に解雇無効の訴えが起こされた
- 営業職の社員が多額の残業代未払いを請求してきた
- 平日の残業や休日出勤で手当の額が違うと不満がでた
- 辞める社員が引継ぎもせずに残りの有給休暇を全部取得したいと言ってきた
- 社員が転勤や出向命令に応じようとしない
- 社員が休職から復帰後すぐにまた休職を要求し、その繰り返しで業務に支障が生じている

　このような問題やトラブルを防ぐためには、労働時間や休日、休暇、人事異動、服務規律、懲戒規定、休職、定年、また賃金や退職金などについて、会社としてきちんとルールを定め、社員にもそれを周知させておくことが必要になります。使用者と従業員との間で無用な問題を発生させないことが就業規則の重要な役割です。

　また就業規則は社員に対する待遇や処遇を公平かつ明確にし、会社経営を効率的に行うことにも役立ちます。ルールが成文化されていることで、社員も安心・納得して働くことができ、いきいきとした明るい職場作りが可能になります。

　一人ひとりの社員を大切にし、経営理念が労務管理の場にきちんと落とし込まれているのがよい就業規則といえます。よい就業規則を持った会社は、社員の仕事に対するモチベーションも総じて高く、会社の永続的な発展につながると言ってもよいでしょう。

　就業規則を単に会社側の管理の道具と考えるのではなく、労使間の信頼の礎、共通理解の基盤を築くものとしてとらえることが重要です。

就業規則は職場の憲法！

就業規則と法律

就業規則は会社のためだけでなく社員の安心につながるのですね。就業規則は常時10人以上の社員を使用する事業場の場合に作成義務があると聞きました。就業規則は法律上どのような定めと意味づけを持っているのでしょうか？

A 　まず「労働基準法（以下、「労基法」）」や「労働契約法」（以下、「労契法」）で就業規則についてどのような定めをしているか説明します。労基法では、常時10人以上の労働者（パートタイマー、アルバイトなどを含みます）を使用する使用者について「就業規則の作成、及び届出の義務（89条）」を定めています。さらに就業規則作成の手続き規定（90条）、制裁規定の制限（91条）、法令及び労働協約との関係（92条）、労働契約との関係（93条）などが定められています。

ひとこと解説

労働者とは

労働基準法が適用される「労働者」とは、①職業の種類を問わず、②事業又は事務所に使用される者で、③賃金を支払われる者、をいいます（労基法9条）。労働契約法にも「労働者」の定義（同法2条1項）があり、労働基準法と同様の考え方になります。

業務委託契約（「請負」や「委任」等）の形式をとっていたとしても、実態として、使用者の指揮・命令のもとで働き、その報酬として賃金を受けているのであれば、「労働者」となります。

そして、2008年3月に施行された労契法では「就業規則」について、次のように規定されています。

> **労契法（労働契約の成立）**
> 第7条　労働者及び使用者が労働契約を締結する場合において、使用者が合理的な労働条件が定められている就業規則を労働者に周知させていた場合には、労働契約の内容は、その就業規則で定める労働条件によるものとする。（以下略）

　会社が新たな社員を雇い入れる際に、すべての労働条件を個別の労働契約書で詳細に定めて個々に説明することは困難と考えられます。そこで、就職するにあたって「①合理的な労働条件が定められている」、かつ「②労働者に周知させていた」ということであれば、就業規則に定めた内容が本人との個別の労働契約の内容を補充した形で労働条件になる、すなわち法的な効果が生じることになるのです。

　ここで「①合理的な労働条件が定められている」という部分を考えてみます。元来「労働契約は労働者と使用者が対等の立場における合意に基づいて

締結し、又は変更すべきもの」（労契法3条1項）ですが、就業規則は、使用者が全社員の労働条件について統一的、画一的に定めるものなので、記載内容の合理性が求められます。法律や組合と締結した労働協約の内容に違反したものは無効ですし、必要な内容が盛り込まれていることや過半数代表者の意見聴取を行うなど、きちんとした手続きが求められます。

周知義務とは？

Q 法律的な効果を持つための「②労働者に周知させていた」とはどういう意味ですか。就業規則の社員説明会をして社員一人ひとりに詳しく説明する必要などがあるのですか？

 A 就業規則を作成しても社員への「周知義務」が守られていない事業場は意外に多いので注意しましょう。ただし、社員説明会を開催して子細な説明をする必要があるのかというと必ずしもそうではありません。

就業規則を社員に「周知させる具体的な方法」ですが、「就業規則を……常時各作業場の見やすい場所へ掲示し、又は備え付けること、書面を交付することその他の厚生労働省令で定める方法によって、労働者に周知させなければならない（労基法106条1項）。」と規定されています。さらに、労基法施行規則には周知の方法として以下が掲げられています（労基則52条の2）。

> 1．常時各作業場の見やすい場所へ掲示し、又は備え付けること。
> 2．書面を労働者に交付すること。
> 3．磁気テープ、磁気ディスクその他これらに準ずる物に記録し、かつ、各作業場に労働者が当該記録の内容を常時確認できる機器を設置すること。

したがって、事業場内（作業現場が複数ある事業場の場合は建物ごと）に就業規則のコピーを一冊置いておいて社員がいつでも閲覧できるようにしていれば「周知された」として問題ありませんし、または書面で各社員に交付したり、社内のイントラネットなどで社員がパソコンやスマホで必要な時に確認できるようになっていればよいのです。

そのような方法をとっていれば社員が実際に就業規則の内容を詳細に知っ

ていないとしても法的には「実質的周知」がなされたことにはなるわけですが、社員の中には外国人や身障者など様々な社員がいて、会社が就業規則を閲覧できるようにしただけでは理解が困難なケースもあるでしょう。そのような社員に対しては個別に説明する機会を設けるなどして、後にトラブルが起きないようにすることも必要です。

　いずれにしても、作成・届け出た就業規則を会社の鍵付きロッカーなどにお蔵入りさせていては法的にも効力を持たず重大な労使トラブルにつながります。職場の見やすい場所に即刻備え付けるようにしてください。

 本章のポイント

- 就業規則は、職場の雇用管理全般のルールを定める「職場の憲法」といえるもの
- 労使トラブルを回避し、社員も納得して働ける職場作りを行うことが就業規則の重要な役割
- 就業規則は労基法に作成や届出の義務が定められている
- 合理的な内容を定め従業員に周知させていれば、就業規則は労働契約上の労働条件として法的効力を持つ
- 就業規則は従業員に周知して初めて効力を発する。周知の方法は備付、掲示、配布など

第**2**章　*就業規則と労働契約*

就業規則の不利益変更

 就業規則は労働者への意見聴取は必要だが同意までは求められ
ておらず、会社が自由に決めてよいものと解釈していました。
社員が極端に不利になる場合は別にしても、若干の不利益変更
は問題にならないと思っていたのですがそうではないのですか？

A　　確かに、就業規則は会社が定めるもので労使が民主的に話し合っ
て作るというわけではありません。労基法にも「使用者」は就業規
則を作成し、届け出なければならないと定められているので、就業規則は原
則として「使用者（会社)」が作成することになります。

しかし、特に就業規則を変更する場合、これまでの労働条件を変えること
にほかなりませんから、社員にとって有利ならともかく不利になるような場
合は使用者が勝手に変更するわけにはいきません。この点に関して以下、労
働契約に関する基本的な事項を定めた「労働契約法」を検討してみることに
しましょう。

この法律は、労働者と使用者間で生じる個別労働紛争の抑制や未然防止の
ため、合理的な労働条件の決定や変更が円滑に行われるようにすることを通
じて、労働者の保護、また労働関係の安定に資することを目的に制定されて
います。就業規則の位置づけやその変更について、同法の7条から13条に明
確な規定がされています。

労働者と使用者が労働契約を締結する際に、その会社に合理的な内容が定
められた就業規則があって、それが労働者に周知されていたものであれば、
就業規則の内容が労働契約の内容、すなわち「労働条件」になります（労契
法7条）。

それでは、労働者と使用者が、就業規則とは異なる内容の労働条件を個別

15

に合意した場合はどうなるのでしょうか。例えば、入社時に会社が就業規則とは異なる内容の「労働条件通知書（雇入通知書）」や「労働契約書」を渡し、労働者もそれに同意した場合などです。

　その場合には、個別に同意した内容が優先し、その労働者の労働条件になります（労契法7条）。しかし、その場合でも就業規則で定める基準以下の内容は、その部分については無効となり、無効になった部分は就業規則で定める基準が優先されるのです（労契法12条「就業規則違反の労働契約」）。つまり、これは個別の労働契約による労働条件と就業規則の内容とを比べ有利な方を優先するということにほかなりませんね。

　例えば、就業規則では「定年は65歳」と規定されているのに、個別の労働契約書に「あなたの定年は60歳です。」と書いてあってもそれは無効で、この場合は定年が65歳と有利な労働条件が規定されている就業規則の内容が有効になります。

　このように就業規則は、その事業場における労働条件の最低基準になる効力を持つことになるのです（就業規則の持つこのような機能を「最低基準効」と言うことがあります）。

　さらに、就業規則が国の法律や労働組合と締結された労働協約に反する場合、その部分の定めは無効であり、労働者との労働契約には適用されません（労契法13条「法令及び労働協約と就業規則との関係」）。

　次に、一度決めた労働条件や就業規則を変更する場合について考えてみます。まず「労働者と使用者双方が合意」すれば労働契約の内容を変更することは可能です（労契法8条「労働契約の内容の変更」）。労働者全員との労働契約の内容（例えば、始業・終業時刻や休暇、賃金や定年に関することなど）を統一的・画一的に変更するために、会社は就業規則を変更するわけですが、特に労働者に不利益な改定について、労契法では原則として「使用者は、労働者と合意することなく、就業規則を変更することにより、労働者の不利益に労働契約の内容である労働条件を変更することはできない（労契法9条「就業規則による労働契約の内容の変更」）。」としています。

　つまり会社が就業規則の内容を勝手に不利益な内容に変更しても無効で、これは過去の裁判でもそのような判決が多数出されています。労契法は、こ

れまで最高裁などの判決で確立している「判例法理」を法律にしたものといわれているのです。

> 【参考判例】：就業規則の不利益変更に対する最高裁の判決
> 「新たな就業規則の作成又は変更によって、既得の権利を奪い、労働者に不利益な労働条件を一方的に課することは、原則として、許されないと解すべき……。」（秋北バス事件　最高裁　昭43.12.25　⇒P.264参照）

Q それでは労働者が同意しないと就業規則の不利益な変更はできないのですか？

A 　労働者の合意がなければ就業規則の不利益な変更が一切できないのでは会社も困ることになります。そこで労契法では不利益な変更であってもその内容を労働者に周知させ、かつその変更が「合理的なものであるとき」は当該変更後の就業規則の内容が労働条件として有効になるとしています。変更が合理的か否かの判断は、次の事項に照らして個別に判断されることになります。

> 【不利益変更の合理性の判断要素（労契法10条）】
> ①労働者の受ける不利益の程度
> ②労働条件の変更の必要性
> ③変更後の就業規則の内容の相当性
> ④労働組合等との交渉の状況その他の就業規則の変更に係る事情

　合理性の判断はこのようにやや曖昧ですが、（不利益な）変更の必要性などについて組合や過半数代表者と十分に話し合うことが求められているのです。その上で使用者も長期雇用システムの下で労働者の雇用を保障していく必要があるわけですので、労働条件の変更権が認められる必要があるのです。

　就業規則を変更する必要性、内容の相当性があって説明や交渉の正当なプロセスを踏んだ上で変更後の内容を労働者に周知させるのであれば、雇用保障とのバランス上、就業規則の不利益な変更も可能ということになります。

　以上、労契法の施行（2008年3月）によって、それ以前は必ずしも明確でなかった労働契約と就業規則の関係がきちんと定義づけられたのです。

本章のポイント

- 労働契約法には就業規則の位置づけや変更の有効性について明確な定めがある
- 就業規則はその事業場における労働条件の最低基準になる効力を持つ（「最低基準効」）
- 原則として、労働者と合意することなく使用者が就業規則を一方的に労働者不利な内容に変更することはできない
- 労働者に不利益な変更であっても「合理性」（変更の必要性、不利益の程度、内容の相当性、交渉の状況などの要件）があれば有効になる

第3章 就業規則の記載事項と届け出

絶対的必要記載事項

Q 就業規則には、必ず定めなければならない事項があったはずですが？

　「就業規則」に記載する事項には、必ず記載しなければならない事項（絶対的必要記載事項）と、記載するか否かは自由ですが、各事業場内でルールを定める場合には必ず記載しなければならない事項（相対的必要記載事項）とがあります（労基法89条）。

これら以外の事項については、その内容が法令または労働協約に反しないものであれば任意に記載することができます（任意記載事項）。例えば就業規則の前文、目的や服務規律などは任意記載事項に該当します。

最初の絶対的必要記載事項とは就業規則には必ず記載しなければならない事項で次のとおりです。

（絶対的必要記載事項）
1．始業及び終業の時刻、休憩時間、休日、休暇並びに労働者を2組以上に分けて交替に就業させる場合においては、就業時転換に関する事項
2．賃金（臨時の賃金等を除く。）の決定、計算及び支払の方法、賃金の締切及び支払の時期及び昇給に関する事項
3．退職に関する事項（解雇の事由を含む。）

就業規則では、必ず始業・終業の時刻と休憩時間を定め、所定労働時間の長さと時刻を明確にしなければなりません。単に「1日の労働時間を8時間とする。」というような規定だけでは、就業規則としての要件を満たしません。例えば「始業は8時30分、終業は17時30分、休憩時間は12時から1時間とする。」と明確に規定する必要があります。

2番目の「賃金」に関する規定も重要です。賃金の決定要素（学歴、職歴、

年齢、能力等）や賃金体系、賃金の決定、計算、並びに支払い方法、また昇給に関する記載が必要です。

　3番目の退職に関する事項では、定年や再雇用制度、退職の手続きなどを定める必要があります。また、かっこ書きには「解雇の事由を含む」とあります。これは2004年の労基法改正で追加された項目です。

　通常、解雇には懲戒解雇や普通解雇といった区分がありますが、どのような場合にそのような解雇になるのかを明記する必要があります。社員側に問題があって解雇となるケースを多数記載しますが、例えば会社の経営上の必要性による場合（整理解雇）なども、事由として記載しておく必要があります。

相対的必要記載事項

> **Q** 次の、定めをする場合には必ず記載しなければならない相対的必要事項とは何でしょうか？　具体的な内容について教えてください。

（相対的必要記載事項）
1．退職手当の定めをする場合においては、適用される労働者の範囲、退職手当の決定、計算及び支払の方法並びに退職手当の支払の時期に関する事項
2．臨時の賃金等（退職手当を除く。）及び最低賃金額に関する事項
3．労働者に負担させる食費、作業用品その他に関する事項
4．安全及び衛生に関する事項
5．職業訓練に関する事項
6．災害補償及び業務外の傷病扶助に関する事項
7．表彰及び制裁の種類及び程度に関する事項
8．以上のほか、当該事業場の労働者のすべてに適用される定めをする場合においては、これに関する事項

　相対的必要記載事項は必ず明示する必要があるわけではないが、各事業場内においてルールを定める場合には必ず就業規則に定めておかなければならない事項です。

　例えば、退職金に関する事項は相対的必要記載事項です。退職金制度は会社が必ず用意する必要があるわけではありませんが、退職金制度を設ける場

合には、適用される従業員の範囲や支給額の計算などを明確に規定しておかなければなりません。

「安全及び衛生に関する事項」、「表彰や制裁の種類」、「賞与に関する事項」、「休職制度」などが相対的必要記載事項になります。

就業規則と付属規程

Q 就業規則には付属する規程があると思いますが、就業規則の構成は通常どのようになっているのですか？

 就業規則は、ひとつの規則で全体が把握できることが望ましいわけですが、すべてをひとつの規則に盛り込もうとすると、ボリュームが増えてしまって、読みづらくなるおそれがあります。また、作成後の変更や追加などのメンテナンスも大変です。そこで、就業規則の本則とは切り離して別規定として定めるのが一般的です。例えば、正社員とは別にパートタイマーに適用する部分を別規程として定めたり、「賃金規程」も別規程とする場合が多いと思います。

この場合、就業規則の本則では「パートタイマーには適用しない」という除外規定と「パートタイマーについては別に定めるパートタイマー就業規則を適用する。」という委任規定を設けることになります。賃金規程についても、「第○条　賃金に関する具体的事項は、賃金規程に定める。」といった形で本則からの委任規定とすることを明確にします。

「賃金規程」以外にも「退職金規程」、「育児・介護休

就業規則の構成例

- 会社の就業規則
  - 就業規則（正規従業員用、パートタイマー用など）
  - 賃金規程 ── 退職金規程
  - 継続雇用規程（嘱託社員用）
  - 育児・介護休業規程
  - テレワーク規程
  - 旅費規程
  - 慶弔見舞金規程
  - 安全衛生管理規程
  - その他の諸規定

21

業規程」、「出張旅費規程」なども別規程として定める場合が多いと思います。このような別規程は単独で存在するわけではなく、就業規則の本則に基づいて作成されるわけですから、別規程も含めて労基法上の就業規則になると考えて取り扱う必要があります。

10人未満なら就業規則は不要か？

Q なるほど、付属する別規程も含めて従業員への周知が必要なわけですね。
私の以前の会社では社員が10人未満で就業規則もありませんでした。10人未満であれば就業規則を作成する必要はないのですね？

A 法律では「常時十人以上の労働者を使用する使用者は、……、就業規則を作成し、行政官庁に届け出なければならない（労基法89条「就業規則作成及び届出の義務」）。」と規定されていて、常時10人未満の労働者を使用する使用者には就業規則の作成・届出義務はありません。この人数は事業場単位で考えるので、例えば会社全体では15人の社員がいても、本社が7人、地方にある工場が8人という場合には就業規則の作成・届出義務はないことになります。

しかし、10人未満だから作成する必要がないと考えるのは早計です。労基法が成立したのは戦後まもない昭和22年で、当時は就業規則が労働契約書と同等の効力を有するという考え方はありませんでした。実務上、必要な労働条件をすべて個別の労働契約書で定

ひとこと解説

労使協定

労基法では、使用者は労働者の過半数で組織する労働組合があるときはその労働組合、ないときは労働者の過半数を代表する者との書面による取決めが締結された場合に特別の効力を付与しています。これを「労使協定」と呼びます。

「時間外労働・休日労働」や「変形労働時間制」など様々な労使協定がありますが、多くの場合、労基法等で定められる「法定義務の免除」や「（法違反にならない）免罰的効力」が認められています。

めることは困難ですから、10人未満の小規模の事業場の場合であっても労使トラブルを防ぐ上で就業規則は大変有用で作成することが望ましいのです。

労働者代表の決め方

 人を雇う以上は、人数に関係なく就業規則を作るべきなのですね。さて、就業規則を作成したら労働者代表の意見を聞いて届け出が必要になりますね。労働者代表はどのように決めればよいのでしょうか？

 就業規則の原案を作るのはあくまで会社（使用者）ですが、就業規則は労使関係にとって重要な労働条件を定めるわけですから労基法では労働者保護の観点で手続きについて一定の規制をしています。

就業規則を作成し労働基準監督署（以下、「労基署」）に提出する際には、事前に「労働者代表等」から意見聴取をした上で「意見書」を添付するのもその一環です。

ただ、「意見書」を「同意書」と勘違いされている社長さんもいますが、法律で求められているのはあくまでも「意見書」ですので、たとえ「就業規則の内容には全面的に反対。」という意見が書かれていたとしても、法に則って作成されているのであれば労基署は受理することになります。もちろん、実務では反対意見が出されればその理由を検討し、それでも就業規則に反映するのであれば、労働者側に会社の考え方を十分説明して理解を得るといった対応が望ましいのは当然です。

なお、仮に労働者代表等が署名や押印を拒否するような場合でも、会社が「意見を聞いた」旨申し立てれば届け出は有効で意見聴取は「同意を得る」ことまで求めた手続きではありません。

ここで労働者代表等とは「労働者の過半数で組織する労働組合がある場合においてはその労働組合、労働者の過半数で組織する労働組合がない場合においては、労働者の過半数を代表する者（労基法90条１項)」のことですが、就業規則は事業場単位に作成するので、ここでいう過半数も事業場単位でみることになります。

　労働者の過半数を代表する者（以下、「過半数代表者」）の決め方ですが、労使協定を締結する場合も同様ですが、過半数代表者は「管理監督者ではないこと」とされています。したがって一般的には部長や工場長を過半数代表者にすることはできません。また、選出する際も社長や役員の意向で一方的に指名することはできません。社員間の民主的な手続きによって選出することが必要とされているので、投票・挙手等で選出することになります（労基則6条の2第1項）。

過半数の数え方

Q 「過半数代表者」を決める際にはパートタイマーも含まれますか？また、就業規則の届出の際の所定様式などはあるのでしょうか？

 　当該事業場で働くすべての労働者の過半数とされているので、正社員だけでなく、パートタイマー、契約社員なども含まれます。見落とされている会社もありますが過半数代表者にはなれない管理監督者も過半数計算の母数に算入するのが正しい扱いです。それから、パートタイマー用の就業規則を作成または変更するような場合、意見聴取の対象者はパートタイマーの過半数代表者ではなく、あくまですべての労働者の過半数代表者になります。なお、パートタイマー就業規則の場合は、努力義務としてパートタイマーの過半数代表者からの意見聴取も併せて求められます。

　届け出及び意見書の所定様式などは特に定められていないので自由な形式で差し支えありませんが下図は参考例です。

　届け出る就業規則については、書面だけでなく一定の要件を備えた電子媒体（CD-ROM、CD-R等）でも可能とされています。

　また、電子政府の総合窓口e-Gov（イーガブ）を利用することでインターネットにより電子的に届け出ることも可能です。

　労基署への届け出と同時に、就業規則を作業場の見易い場所に掲示等して社員への周知を徹底してください。

　さて、前置きはこのくらいにして、次編からは実際の就業規則の内容を順にみていきましょう。巻末（資料2）のモデル就業規則とモデル規程類、並

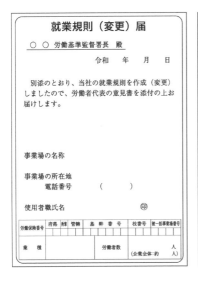

就業規則（変更）届

○　○　労働基準監督署長　殿

令和　　年　月　日

　別添のとおり、当社の就業規則を作成（変更）しましたので、労働者代表の意見書を添付の上お届けします。

事業場の名称

事業場の所在地
　電話番号　　　（　　　）

使用者職氏名　　　　　　　　㊞

労働保険番号	府県	所掌	管轄	基幹　番　号	枝番号	被一括事業場番号
業　　種				労働者数		（企業全体：約　　　人）
						人

意　見　書

令和　　年　月　日

○○株式会社

代表取締役
　○　○　○　○　殿

　令和　　年　月　　日付をもって意見を求められた就業規則案について、下記のとおり意見を提出します。

記

_____
_____
_____
_____
_____
_____

　　　　○○株式会社

従業員代表　○○○○　㊞

びに皆様の会社の就業規則を手元に置いて解説内容と見比べながら読んでいただくと理解が深まると思います。

管理監督者以外の労働者代表の意見を提出！

本章のポイント

- 就業規則には、絶対的必要記載事項（必ず記載が必要）と相対的必要記載事項（定めをする場合には記載が必要）、さらには任意記載事項がある
- 就業規則は名称を問わず、会社が定める職場規律や労働条件に関する規則類全体を指す
- 就業規則を所轄の労基署に届け出る際には、過半数労働組合または労働者代表の意見書を添付する
- 労働者の過半数を代表する者は管理監督者以外で民主的手続きによって選出する

第 **2** 編

モデル就業規則
正規従業員用 の
Q&A解説

第1章　総則

第1条　目的
第2条　適用範囲
第3条　規則遵守の義務

> **Q** 就業規則の第1章は「総則」です。通常、どのような構成になっているのでしょうか？

A 　総則の内容について、一般的には「目的」、「適用範囲」、「従業員の定義」、「規則遵守の義務」等といった構成になります。また、総則の前に「前文」をおいて、企業理念や経営方針、また就業規則に対する基本的な心構えを記載することもあります。

前文を置く場合、例えば次のような文例が考えられます。

【規定例】（前文）

　この規則は、当社創業の精神「未来の創造　夢をかたちに」に則り、従業員の福祉の向上と社業の発展を目的として定められたものである。会社と従業員はそれぞれが担当する経営、及び職務に責任を持ち、信義に従い誠実にその業務を遂行することにより、この目的を達成しなければならない。

　労契法では「労働契約は、労働者及び使用者が対等の立場における合意に基づいて締結し、又は変更すべきものとする（労契法3条「労働契約の原則」1項）。」また「労働者及び使用者は、労働契約を遵守するとともに、信義に従い誠実に、権利を行使し、及び義務を履行しなければならない（同法3条4項）。」等々の定めがあります。

　上記例のような前文も法律の精神に則った訓示規定と考えられます。もち

ろん「前文」は任意記載事項ですから、置くか否かは会社が任意に決めてよいのです。

Q モデル就業規則1条（目的）の2項には「この規則に定めのない事項については、労働基準法その他の関係法令の定めるところによる。」という記述がありますね。これはどんな意味を持ちますか？

（目　的）
第1条　この就業規則（以下「規則」という）は、○○○株式会社（以下「会社」という）の正規の従業員（以下「従業員」という）の服務及び就業条件に関する事項を定めるものである。
2．この規則に定めのない事項については、労働基準法その他の関係法令等の定めるところによる。

　就業規則に労基法や労働安全衛生法（以下、「安衛法」）はじめ労働条件に関する多くの法令をすべて網羅することはできないので、これを補完するためにこのような記述を入れる場合が多いです。

　このような規定がなくても、労基法や安衛法は労働条件の最低基準として必ず適用される法律ですが、もしこのような記述を入れる場合には法令の内容はもちろんですが、関連する通達の内容も優先解釈され、それらが就業規則に定めたのと同様に扱われることになると考えられます。

ひとこと解説

就業規則の文体等

　本モデル就業規則での文体はオーソドックスなスタイルとしています。

　就業規則を全文「です・ます」調で記述する例や、要所にわかりやすい解説を入れたり、イラストを差し挟んでいるものもあります。このような工夫は、会社が従業員に語りかけるような雰囲気を出す効果を狙っていると思われます。

　また就業規則とは別に、特に重要な部分をピックアップして分かりやすく解説を加えた「従業員ハンドブック」のような解説集を配布している会社もあります。

その点、会社としては労働条件に係わる法令、過去の通達による解釈等をきちんと把握しておくことが大切です。

社員のニーズに合わせて会社が創意工夫するのは好ましいことだと考えます。

 Q 当社の就業規則もモデル規定のように「適用範囲」の規定には「正社員に適用する」と限定していて、パートタイマー、アルバイトは除外しています。そしてパートタイマー用には特に就業規則等は作成していないのですが、これは問題なのでしょうか？

（適用範囲）

第2条　この規則は、第2章（採用）の規定により採用された正規の従業員に適用する。パートタイマー、嘱託社員等についての就業規則は別に定める。

A 就業規則はその事業場で働くすべての労働者に対して定めをするのが原則です。実際にはパートタイマーには契約時に「労働条件通知書（雇入通知書）」などを渡して済ませている会社が多いのが実態かもしれません。しかし、正社員とパートタイマーを合わせて常時10人以上の労働者がいる事業場で、正社員に適用される就業規則はあるがパートタイマーに適用される就業規則がないのであれば、就業規則の作成義務違反になってしまいます。

パートタイマーのように勤務の態様が正社員と異なる場合であれば、正社員に適用される就業規則とは別個にパートタイマー用の就業規則を作ることをお勧めします。就業規則は労働条件を明示することが目的ですから、雇用形態の異なる正社員とパートタイマーを同一の就業規則に併記するのは明瞭性が損なわれることになり、本来パートタイマーには適用対象外と考えていた規定まで適用対象になってしまうリスクが考えられます。

パートタイマー以外に定年退職後の再雇用者（嘱託者）についても同様のことがいえます。問題が発生してからあわてて対応するのではなく、はじめ

からきちんとそれぞれの雇用形態に対応した就業規則を別々に作成すること
が重要です。

　パートタイマーや継続雇用者の就業規則については「第3編　モデル就業
規則（非正規従業員用）のQ&A解説」で詳しく説明します。

本章のポイント

- 「総則」は「目的」、「規則遵守義務」、「適用範囲」、「従業員の定義」な
  どから構成される。「前文」を置く場合もある
- 常時10人以上の労働者がいる事業場で、パートタイマーなど一部の社
  員に適用される就業規則が存在しない場合は作成義務遺反になる
- 雇用形態や勤務の態様が異なるパートタイマーや嘱託者には正社員用
  とは別個の就業規則を作成するのが望ましい

第2章　採用

第4条　従業員の採用

第5条　選考のための提出書類

第6条　入社後の提出書類

第7条　労働条件の明示

第8条　試用期間

■1 採用・提出書類

> **Q** モデル就業規則の第2章は「採用」ですね。募集や採用に関して、就業規則ではどのようなことを規定すればよいのでしょうか？

（従業員の採用）
第4条　会社は、入社を希望する者のうち、選考試験に合格し所定の手続きを行った者を従業員として採用する。

A　まず、社員の採用について考えてみましょう。その会社が新規社員を募集して採用する際の「募集基準」、「選考方法」、また「採用方法」を就業規則に事細かく記載することも考えられますが、モデル規定のように「会社は、入社を希望する者のうち、選考試験に合格し所定の手続きを行った者を従業員として採用する。」といった簡潔な記載にとどめておくのが無難だと思います。

会社によっては募集・採用を公明正大にやっていることをアピールし、社員のモラール向上につなげたい、また、雇用形態別に採用の手続きの違いを明確にしておきたいという考えで、募集方法や内定、また内定の取り消しなどを含め就業規則に記載する例もあるようです。

しかし募集・採用については原則として会社側に採用の自由が保障されていますし、就業規則は基本的には社員としての地位を確保した者を対象にするわけですから、ことさらに条項を加えて採用の自由を会社自らが制限する必要はないと考えます。

ただし、合理的な理由なく労働者の性別、身長・体重・体力や年齢（〇〇歳までとか）を採用の要件にすることは「男女雇用機会均等法（以下「均等法」）」や「労働施策総合推進法（旧雇用対策法）」で禁止されているので注意してください。

年齢制限は違反！

ひとこと解説

募集・採用時の法規制

従業員の募集・採用については原則的には企業側の自由が広く認められています。それでも労働者保護や政策的背景から法で規制される場合があります。

① 「募集及び採用について、その性別にかかわりなく均等な機会を与えなければならない」（均等法5条）

② 「募集及び採用について、その年齢にかかわりなく均等な機会を与えなければならない」（労働施策総合推進法9条）

③ 「募集及び採用において、やむを得ない理由により一定の年令（65歳以下に限る）を下回ることを条件とするときは、求職者に対し当該理由を示さなければならない」（高年法20条1項）

この他に最低年齢（満15歳に達した日以後の最初の3月31日が終了するまでの児童。）の就労規制（労基法56条）や障害者の雇用義務（障害者雇用促進法）などが法律で定められています。

採用に際しての提出書類については、どの就業規則にも記載があると思いますが、どのような点に注意して規定すればよいでしょうか？

（選考のための提出書類）

第5条　入社希望者は、次の書類を提出しなければならない。ただし、会社が提出を要しないと認めた書類については、この限りでない。

(1)　履歴書

(2)　学業成績証明書及び卒業（見込）証明書

(3)　健康診断書（提出日以前3ヵ月以内に受診したものに限る）

(4)　その他会社が必要と認める書類

（入社後の提出書類）

第6条　会社に採用された者は、採用の日から1週間以内に、次の各号に定める書類を提出しなければならない。ただし、会社が認めた場合は、提出期限を延長し、又は提出書類の一部を省略することがある。

(1)　誓約書

(2)　身元保証書

(3)　入社前に入社年の給与所得があった者は、その源泉徴収票

(4)　健康保険被扶養者届（扶養する親族がある者に限る）

(5)　雇用保険被保険者証（前職のある者に限る）

(6)　年金手帳又は基礎年金番号通知書（交付されている者に限る）

(7)　マイナンバー（個人番号）に関する必要書類

(8)　住民票記載事項証明書

(9)　給与所得の扶養控除等申告書

(10)　通勤方法及び現住所付近の略図

(11)　その他会社が必要と認める書類

入社時の提出書類については就業規則の任意記載事項ですが、おっしゃるように、どの就業規則にも記載があると思います。これについては、

　①採用選考段階で提出すべきもの

　②採用決定後に提出すべきもの

とを、それぞれ分けて記載することが考えられます。例えば「履歴書」は採用選考段階で提出させるでしょうし、「誓約書」や「身元保証書」は採用が決まってから提出させることになります。

　これらを分けて書けば丁寧でわかりやすいので、モデル規定5条、6条でもそのように記載していますが、就業規則はあくまで採用された者に適用することが趣旨ですから、必ずしも分けて記載する必要はありません。就業規則には「（採用決定後の）提出書類」として一括に記載し、「ただし、選考に際し提出済みの書類については除く」等の記載でも構いません。

採用時の提出書類

　それでは採用に際して、具体的にはどのような提出書類を記載すべきでしょうか？

　　　一般的には、次の3つは必ず提出させることになるので記載しておきましょう。

---

①履歴書
②住民票記載事項証明書
③年金手帳又は基礎年金番号通知書（交付されている者に限る）、及び雇用保険被保険者証（前職のある者）

---

　①の履歴書は会社が本人の能力を評価する上での基本的資料です。もし、その記載内容が事実と相違していれば会社と本人との信頼関係を維持することは困難になるでしょう。したがって経歴詐称は懲戒事由になり、特に最終学歴、職歴など重要な詐称については、懲戒解雇事由になる場合もあります。

　②を住民票又は戸籍抄本と記載している就業規則がありますが「住民票記

載事項証明書」とするのが正しい記載といえます。この書類は、あくまで本人の住所、年齢等（履歴書に書かれた内容）が正しいことを確認することが目的で、必要もないのに本籍地などそれ以上の内容が記載された住民票や戸籍謄（抄）本等の提出を求めることがないように、行政の通達が出されています（理由は「就職の差別をなくす」ためです）。

③の年金手帳または基礎年金番号通知書（高卒採用でまだ交付されていない者や短時間勤務等で社会保険に加入しない場合は不要）や雇用保険被保険者証（前職がある場合）は、会社が健康保険・厚生年金保険や雇用保険の資格取得手続きをする上で使用します。

ひとこと解説

健康診断書の提出

「健康診断書」の提出を求める際は、採用選考のための合理的かつ客観的に必要性が認められる範囲（応募者の適性や職務遂行能力の判断等）に限られます。厚生労働省は「就職差別につながるおそれがある」肝炎ウイルス検査、血液検査や必要性が認められない採用選考時の健康診断は行わないように指導しています。

一方、労働安全衛生法では「雇入れ時の健康診断」の実施を義務付けています。これは雇入れ後の適正配置、健康管理に役立てるために実施するものです。本人に採用内定を出した後、又は入社後に適正な「雇入れ時の健康診断」を実施するようにしてください。

それから、マイナンバー（個人番号）については給与所得の源泉徴収票作成や社会保険・労働保険関係の届出事務等で利用します。社員や扶養家族のマイナンバーや本人確認資料の提供を求めてください。

この他には、身元保証書、誓約書、最終学歴の卒業（見込み）証明書などを提出させることが多いでしょうから提出書類として記載しておくとよいでしょう。

さらに、健康診断書、所得税の源泉徴収票（入社年に給与所得があった者）、給与所得の扶養控除等申告書、免許証や資格・技能講習修了証、通勤経路図等も提出書類とすることが考えられます。

ただし、網羅的にたくさんの書類を列記しても、雇用する労働者によっては不要な場合もあるでしょうから「会社の判断で一部が省略できる」旨の記載をいれるとか、すべてを網羅的に記載することはやめて、社員共通に必要

な書類のみの記載にとどめておくことでもよいでしょう。

　いずれの場合でも、提出書類の最後に「その他会社が必要と認める書類」といった記載を必ず入れておきましょう。例えば、外国人を雇う場合には入国管理法の在留資格の確認が必要になりますから「在留カードの写し」などの提出が必要になります。

　なお、提出書類の提出期限については「採用後2週間以内」といった記載を見かけますが、これでは少し遅すぎるので「採用の日から1週間（または5労働日）以内」程度にするのが適当でしょう。

身元保証書と留意事項

> **Q** 身元保証書の提出は必要でしょうか。当社では以前、なかなか提出しない社員がいて苦労したことがあるのですが？

　　　　　「身元保証書」を提出させるか否かは会社の判断になりますが、身元保証人を立ててもらっている会社が多いのではないでしょうか。身元保証については、身元保証人が極端に不利な立場に立たされることがないように「身元保証に関する法律（昭和8.4.1法律第42号）」が定められていて、身元保証契約の期間については5年以内（期限の記載がない場合は3年）と決められています。更新は可能ですが自動更新はできません。

　また、民法改正に伴い、2020年4月以降入社の者の身元保証をとる場合には、極度額（上限額）の定めが必要となるので注意が必要です。具体的に金額を明記する（「極度額は1千万円とする。」など）のがベストですが、例えば「極度額は本人入社時の月給の○○か月分とする。」などと定めることも考えられます。

　身元保証の趣旨は、保証人が「社員本人は精神的にも身体的にも健康で、また、社会的にも責任感・協調性がある。」と人物を保証する意義と同時に、社員が会社に損害を与えた場合にその賠償をすることを目的にしています。したがって保証人は経済的に独立した者2名で、そのうち1名は父母兄弟などの近親者とする会社が多いようです。

　身元保証書の提出は例えば金融機関や経理担当のような金銭、特に現金を

扱う業種や職種によっては必ず提出させる必要があるでしょう。横領などの社内犯罪の事例では本人に資力がない場合が多く、身元保証があるとないとでは回収率に大きな差が出ます。また、新卒者や若年者などに対しては社会人としての自覚と注意喚起の意味で身元保証書を提出させることには意味があると思います。

しかし、少子化や核家族化などで親戚づきあいが疎遠になる人も多いなか、身元保証人を不要とする企業も増えつつあるようです。原則は提出させるべき書類とし、社員によっては個別に省略できるように運用するのも一つの方法です。

なお、身元保証書を提出させた場合には、その後、社員の任務や任地が変更になった場合、また業務上不適切または不誠実な行動があって、身元保証人の責任が引き起こされるおそれがあることが分かった場合などには、会社は身元保証人に速やかに通知する等の処置をとることが求められるので、その点も留意してください。

誓約書の意味

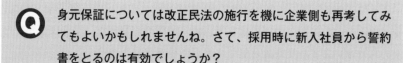

Q 身元保証については改正民法の施行を機に企業側も再考してみてもよいかもしれませんね。さて、採用時に新入社員から誓約書をとるのは有効でしょうか？

A　「誓約書」は入社にあたって守るべき約束事項について記載し、それらの事項について遵守することを新入社員自らが誓約するものです。入社後の労使トラブル防止の上でも効果がありますし、誓約させることで個人情報、企業秘密等の漏えいを防止する効果も高まると考えられます。

労働契約は労使の合意により成立し労働契約の内容（すなわち労働条件）も合意によって決定されることが原則となります。

労契法（労働契約の成立）
第6条　労働契約は、労働者が使用者に使用されて労働し、使用者がこれに対して賃金を支払うことについて、労働者及び使用者が合意することによって成立する。

　入社時に「就業規則を始めとする会社の諸規則・ルールを遵守する」と誓約させることによって、合意原則に則って就業規則の内容が労働契約の内容になることが明確になると考えられます。その意味でも入社時の誓約書は必ず提出させるようにしましょう。

入社時の誓約書は必ず提出を！

② 労働条件の明示

> **Q** モデル就業規則では、採用時の提出書類に続いて、（労働条件の明示）という条文が続いていますが、これはどんな意味を持っていますか？

（労働条件の明示）

第7条　会社は、従業員との労働契約の締結に際しては、採用時の賃金、就業場所、従事する業務、労働及び休憩時間、休日、休暇、退職に関する事項、その他の労働条件を明らかにした書面を交付するとともに、この就業規則を周知させることにより労働条件を明示するものとする。

A 　従業員を雇い入れるということは「雇用契約」、「労働契約」を締結するという法律行為にほかなりません。雇入れ時に「労働契約書」を作成し労使互いに署名する行為は必ずしも求められませんが、労基法では、労働条件の一定の項目については「厚生労働省令で定める方法（すなわち書面）により明示しなければならない（労基法15条）。」と規定しています。

　また、労契法では労基法で明示が義務付けられている以外の事項を含め「労働契約の内容（期間の定めのある労働契約に関する事項を含む。）について、できる限り書面により確認するものとする（労契法4条2項）。」と規定しています。

　つまりこれらの法律では使用者はできるだけ書面により確認するという行為を通じて積極的に労働契約の内容を社員に理解させるよう求めているのです。

　労基法が求めている必ず書面で明示しなければならないのは次の事項になります。

【労働条件の明示が必要な事項（労基則5条1項）】
①労働契約の期間に関する事項
②期間の定めのある労働契約を更新する場合の基準に関する事項（有期労働契約であって当該契約の期間満了後に当該契約を更新する場合があるものの締結の場合に限る）
③就業の場所及び従事すべき業務に関する事項
④始業及び終業の時刻、所定労働時間を超える労働の有無、休憩時間、休日、休暇、労働者を2組以上に分けて就業させる場合における就業時転換に関する事項
⑤賃金（退職手当及び臨時に支払われる賃金等を除く。）の決定、計算及び支払の方法、賃金の締切り及び支払の時期、昇給に関する事項
⑥退職に関する事項（解雇の事由を含む）

　なお、労働条件の明示方法について以前は書面によることが求められていましたが、現在は労働者が希望した場合には、電子メールやファクシミリの送信により明示することも可能です。

 Q 　労働条件の明示が必要な項目を見ると、就業規則の絶対的必要記載事項にも似た内容があった気がしますが？

A そのとおりです。上記④から⑥は就業規則の絶対的必要記載事項ですから、本人に適用する部分を明確にして就業規則のコピーを本人に交付することでも差し支えありません。

なお、④の「所定労働時間を超える労働の有無」は就業規則の絶対的必要記載事項ではないので注意してください。通常、時間外労働が一切ない会社は少ないと思いますので、就業規則には「業務上必要がある場合は、所定勤務時間外に労働を命ずることがある。」といった規定を必ず記載しておく必要があります。その上で、個々の社員の雇い入れ時に「残業の有無」を明示するようにしてください。

次に、①②の契約期間や有期契約の場合の更新基準、③の就業場所や業務については個別契約の問題でしょうから「労働条件通知書」に記載するか入社時に辞令で渡す等するとよいでしょう。

③の就業場所については、原則として雇入れ直後の場所を書けばよいですが、その後の配転や出向等がある場合はその旨の記述を加えておくとよいでしょう。

労働条件の明示（パート・有期雇用）

Q いわゆるパートやアルバイトなどの非正規社員に対しても書面による労働条件の明示義務はあるのでしょうか？ 短時間勤務の社員には文書を交付していない会社も多いように思います。

A パートタイマー、アルバイト、日雇い等も労基法上の労働者ですから、会社には、労働条件の明示義務（労基法15条）があります。正規、非正規の違い、また新卒、中途採用の違いにかかわらず新たな採用者については労働条件通知書などにより所定の事項について書面による交付が必要です。

さらに、パートタイマーや有期労働者に対しては、これまで説明した明示事項に加えて、以下の事項について文書により明示することが義務付けられています（パート・有期労働法6条）。

> ①昇給の有無
> ②退職手当の有無
> ③賞与の有無
> ④相談窓口（パート・有期労働者の雇用管理の改善等に関する事項に係る）

　正社員に対しては、上記の事項が「ない場合（例えば賞与や退職金がない）」には文書による明示義務はありませんが、パートタイマーなどの場合、昇給、退職手当、そして賞与が「あるか、ないか」をはっきり明示しなさいという意味なのです。正社員より短時間労働者・有期労働者の方が文書で明示すべき事項が多いのは、何か不思議な気もしますが、それだけ雇入れ後にトラブルになりやすい事項といえます。相談窓口の明示義務も同様の趣旨といえます。

　なお、これらの事項の明示の方法はパート・有期労働者が希望した場合は、電子メールやファクシミリによる送信でもよいことになっています。

Q パートとの有期労働契約の場合、契約更新の都度書面による明示を行うのは少々手間になると思うのですが、やはり必要でしょうか？

A　パートタイマーは通常、半年や一年等の有期雇用契約になっている会社が多いと思います。そのような場合、「労働契約の更新」も新たな労働契約を締結することにほかなりませんから、その都度、これまで述べた「労働条件の明示」が必要になります。

　仮に会社がこの明示義務を怠った場合には、後日パートタイマーを「雇止め（契約期間満了時に契約更新を行わず労働契約を終了すること）」したときなどに、労働者側から「自分の契約は期間の定めのない契約に転化したのだから雇止めは無効」などと主張されるリスクがあります。

　パートタイマーや有期労働者に対する書面での明示事項は正社員より範囲が広いこともあり会社としては煩雑に思うかもしれませんが、法律で義務付けられた事項ですし無用なトラブルを回避するためにも契約更新時には毎回、書面での明示を怠らないようにしてください。

Q 正社員の場合、入社採用時に明示した労働条件がその後変更になる場合がよくありますが、どのように対応すればよいでしょうか？

A 例えば「変更になった労働条件が全従業員に係わるものであるときは、この規則（変更部分に限る。）を交付（電子メールを含む。）し、特定の社員に係わるものであるときは、文書を交付（電子メールを含む。）することで周知する。」等を就業規則に規定しておくのもよいでしょう。

　採用時に明示した労働条件は、遅かれ早かれ変更になると考えられますが、変更になった労働条件を明示しないことで労使紛争のトラブルが発生する例も多いのです。法律でも労使の合意原則を基本にした上で、「労働契約の内容について、できる限り書面で確認する」ことを求めていますから、入社時だけでなく在職期間中に労働条件が変わった場合についても、労使で変更された労働条件を書面で確認しあい、トラブルを未然に防止することが大切です。

3 試用期間

試用期間の法的性質

Q 社員を本採用する前に通常は試用期間をおく会社が多いと思いますが、どのような意味を持ちますか？

（試用期間）

第8条　会社は、従業員を採用するに際し、3ヵ月の試用期間を設ける。ただし、事情により試用期間を短縮し又は延長することがある。

2．前項の試用期間を満了した者は本採用とする。ただし、引き続き従業員として勤務させることが不適当と認められた者については、試用期間の途中、又は満了時に本採用を行わないものとする。

3．試用期間は勤続年数に通算する。

労基法など法律では「試用期間」についての定義は特にありません。しかし通常、試用期間といえば新規に社員を雇い入れた後、一定期間を「試用」の仮採用の期間として、その労働者の職務能力や社員としての適格性を判断する期間と解されています。つまり、正社員として本採用しても大丈夫なのかを会社が判断し決定するための期間ということになります。

　試用期間といっても、労働契約自体は当初から期間の定めのない通常の労働契約である点に注意してください。

　試用期間を定めるか否かは会社の自由ですが雇用のミスマッチを防止する観点から、ほとんどの就業規則では「試用期間」を規定していると思います。就業規則に定めがなければ、当初から、本採用扱いとなるので注意が必要です。

　「試用期間」についての法的な性質ですが、少し難しい言葉ですが最高裁では「解約権留保付労働契約」であるとの判断をしています（三菱樹脂事件　最高裁　昭48.12.12　⇒P. 265参照）。

　これは、もし会社が試用期間中に社員として不適格と判断し本採用を拒否する場合には、留保されていた会社の解約権が行使されるということです。もちろん、これも「解雇」に該当するので「解雇は、客観的に合理的な理由を欠き、社会通念上相当であると認められない場合は、その権利を濫用したものとして、無効とする（労契法16条）。」ということになります。

　「留保された解約権」が行使できるのは、新規採用する社員の資質、性格、能力などの適格性の有無に関する判定材料を入社時までに会社が収集することは困難と考えられるため、雇用後の試用期間満了時までに調査や観察に基づく最終的決定を留保できるという趣旨になります。換言すれば、会社が採用決定後の調査結果や、試用期間中の勤務状態などにより、当初知ることができない、または知ることは困難だったような事実を知るに至った場合、そのような事実に照らして引き続き社員として雇用することが適当でないと判断する合理性がある場合、解約権が認められることになります。

　会社にとっては本採用後の通常の社員の解雇より多少広い範囲において解雇する自由が認められていると言われています。具体的にどの程度緩やかな基準で解雇できるのかは曖昧なため、個別の事案ごとに判断することになり

ます。

　なお、本採用するか否かの判断は試用期間満了時だけではありません。試用期間の途中であっても不採用を決定する場合があるでしょうから、モデル規定の２項にあるような定めとし、本採用拒否が試用期間満了時にしかできないような記載方法は避けましょう。

Q なるほど「本採用の有無は試用期間満了時に行う。」といった規定は避けるべきですね。試用期間中や満了時に本採用しないと決定した場合、「解雇」として扱わなければならないとは意外でした。

A 　試用期間中であっても労働契約は成立しているわけですから「本採用しない」というのは会社側からの一方的な意思表示による労働契約の解除、すなわち解雇ということになります。したがって通常の解雇の場合と同様に、解雇予告手続き等が必要になります。

　ただし、試用採用後（暦日で）14日以内に解雇する場合は、解雇予告手続きの適用が除外されます（労基法21条）。

試用期間の長さ

Q 試用期間の長さについてはどの位が妥当でしょうか？　また、長さの上限のようなものはありますか？

A 　試用期間の長さについては、採用者の能力や勤務態度の評価を行うのに必要な合理的範囲の期間でなければなりません。一般的には１カ月から６カ月くらいの間で３カ月としている会社が最も多いようです。試用期間は、新入社員の業務への適性を判断する期間ですから、一定の判断を行う期間としては１カ月では短くて最低でも３カ月程度は必要と考えられます。

　本来なら半年位かけて本人の社員としての適性などを判断したいというのが会社の本音でしょうが、試用期間は本人にとっては雇用形態が不安定にな

るので、3カ月程度と短めに設定している就業規則が多いのだと思います。

　試用期間の長さの上限についてですが、法律等に定めがあるわけではなく特に決まりはありません。ただし、試用期間が1年を超えるような長い設定になると、本当にそれだけ長期間の試用期間を設定しないと社員の適格性の判断ができないのかといったことも含め問題になりそうです。実際、最長で2年3カ月といった長期の見習い期間と試用期間の定めに対して公序良俗に違反するとして無効にした裁判例もあります（ブラザー工業事件　名古屋地裁　昭59.3.23　⇒P.265参照）。

　特殊な場合を除いて、通常は最長でも6カ月程度とするのが望ましいのではないでしょうか。

試用期間の延長

 試用期間を延長することは可能でしょうか？

　　前述のとおり試用期間中や満了時の本採用拒否は、通常の解雇より広い範囲で解雇の自由が認められています。つまり、試用期間を延長するということは本人にとっては長期的に雇用形態が不安定な状態に置かれることになるので、原則としては好ましい事とは言えません。

　もっとも、試用期間を延長できないとすれば、会社としては本採用を拒否せざるを得ないかもしれません。その点、試用期間を延長することでその社員にもうしばらく反省の猶予を与えてあげるのだと考えれば、必ずしも社員が一方的に不利とはいえないという考え方もあり得ますね。

　したがって試用期間を延長する可能性がある場合には、必ず就業規則で延長する場合があることを規定した上で、合理的な理由のもとで本人にも延長の理由や期間を明らかにして行うべきだと思います。例えば、試用期間中に私傷病等の欠勤があったために、十分な適格性判断ができなかったという場合もあり得ると思います。

　ただ、いずれにしても試用期間の長さは延長期間も入れて最長でも1年程度に収めるべきでしょう。

試用期間中の待遇

 試用期間の延長の考え方はよくわかりました。次の質問ですが試用期間中の給与などの待遇は本採用時の待遇と比べて低く設定してもかまわないでしょうか？

 試用期間は基本的な業務をマスターするための「見習い期間」という位置づけの場合が多いでしょうから、基本給や手当の金額を低く設定したとしても特に問題はありません。

極端に言ってしまうと、最低賃金以上であれば法的には問題ないことになります。

ただし「公序良俗」に反するような待遇は問題になるので労使トラブルの発生防止のためにも、募集・採用時に十分説明して本人が納得した上で、試用期間中、またその後の本採用での労働条件を明示するようにしてください。

試用期間中の社会保険

 モデル規定の8条3項では「試用期間は勤続年数に通算される」とありますが、これはどのような意味がありますか？ また試用期間中の社会保険の適用はどうなるのでしょうか？

 例えば、退職金の計算では勤続年数によって支給額に差がでる場合が多いと思います。

退職金制度はあくまでも企業固有の制度ですから、必ずしも試用期間を勤続年数に通算する必要はありませんが、多くの企業では通算しているのではないでしょうか。なお、年次有給休暇の付与を判断する上では試用期間を除外することは許されません。

社会保険ですが、正社員と同じような勤務形態であれば試用期間の初日から加入させなければなりません。試用期間中は社会保険には加入させず、本採用が決定した時点で手続きをするといった中小企業がありますが、これは違法行為になるので試用期間の始まる採用日から社会保険（厚生年金保険・健康保険）、及び雇用保険関係の適用手続きをとるようにしてください。

本章のポイント

(1)　採用・提出書類

- 「採用の基準」、「採用の方法」は簡単な記述にとどめる
- 採用時の提出書類では、履歴書、住民票記載事項証明書（「住民票」は誤り）、年金手帳、雇用保険被保険者証など必要なものを列記し、最後に「その他会社の必要とする書類」を加える
- 身元保証には保証の上限となる極度額の定めが必要になった（改正民法）
- 入社時の誓約書は必ず提出させる

(2)　労働条件の明示

- 雇い入れの際には、労働条件の一定項目（契約期間、就業場所や業務、始業終業の時刻等々）については必ず書面により明示しなければならない
- パートタイマーや有期雇用労働者には、上記に加え「賞与の有無」など明示が必要な追加事項がある
- 有期労働契約の場合は更新の都度、労働条件の一定項目につき書面による明示が必要になる

(3)　試用期間

- 「試用期間」とは、入社後一定期間を「試用」の期間として、その社員の職務能力や社員としての適格性を判断する期間
- 試用期間は「解約権留保付労働契約」の期間とされ、通常の解雇より多少広い範囲で解雇の自由が認められている
- 試用期間の長さは3カ月が最も多く、長くても6カ月程度とする
- 就業規則の定めがあれば試用期間を延長することは可能だが、最長でも1年以内程度にとどめる
- 社会保険・雇用保険は試用期間の初日から加入が必要

第3章 *服務規律*

第9条　従業員としての心構え

第10条　遵守事項

第11条　副業・兼業

第12条　ハラスメントの禁止と相談窓口

第13条　個人情報管理

> **Q** ほとんどの就業規則では「服務規律」という章が設けられているようです。「服務規律」ではどのような内容を規定するのでしょうか?

（従業員としての心構え）

第9条　従業員は、会社の一員としての自覚と責任に徹し、業務に精励するとともに、会社が定める諸規定を守り、相互に協力して明るい職場を築くよう努めなければならない。

　「服務」とは「仕事に従事する」という意味です。「規律」は「集団や組織の秩序を維持する決まり」ということですから、「服務規律」は社員（仕事に従事する者）が守るべき一般的な心得や遵守すべきルールを定めたものということになります。

　服務規律の定めは多種多様、多岐にわたることになり、網羅的に列挙されて記載されている就業規則が多いと思います。これらのルールは社員の業務態度に大きな影響を与えるものですから、抽象的な内容の文言は避け、できるだけわかりやすく、具体的かつ明確に規定することが大切です。

服務規律の遵守事項

 会社の秩序を維持するためのルールをできるだけ網羅するとなると内容も多岐にわたりますが、どのような内容を盛り込むべきか、もう少し具体的に説明してください。

（遵守事項）

第10条　従業員は、次の事項を守らなければならない。

- (1)　勤務中は、監督者の指示に従い業務に精励するとともに、他の社員とも協調して社業の発展に努めること

- (2)　部下の管理は適正に行い、職場規律の維持に努めること

- (3)　会社の施設、資材、機械器具等を大切に取扱うこと

- (4)　職場を常に整理整頓し、盗難、火災の防止に努めること

- (5)　勤務中に許可なく業務を中断し、又はみだりに職場を離れないこと

- (6)　酒気を帯びて就業したり、勤務中に飲酒、飲食等をしないこと

- (7)　職務に関連して自己の利益を図り、又は他より不当に金品を借用し、若しくは贈与を受ける等不正な行為を行わないこと

- (8)　業務上秘密とされた事項、及び会社の不利益となる事項を他に漏らさないこと

- (9)　許可なく日常携帯品以外の品物を持ち込み、又は会社の施設、資材、製品、商品、機械器具等を他人に貸与したり、持ち出したりしないこと

- (10)　業務に関し不正不当に金品その他を授受しないこと

- (11)　パソコン及び業務用携帯電話を悪用し、又は私事に使用しないこと。なお、会社は必要と認める場合には、従業員に貸与したパソコン等に蓄積されたデータ等を閲覧・監視することができる

- (12)　会社所定の届出や手続きを怠らないこと

- (13)　会社の名誉や信用を損なう行為をしないこと

- (14)　会社内で演説、集会又は印刷物の配布、掲示その他これに類

する行為をする場合には、事前に会社の許可を受けること

⒂　喫煙に関するルールを遵守し、定められた場所以外での喫煙は行わないこと

⒃　前各号のほか、これに準ずる従業員としてふさわしくない行為をしないこと

　一般的には「①就労に関するルール」、「②業務外の活動に関するルール」及び「③会社施設利用に関するルール」などに分類して考えるとよいと思います。

例えば「①就労に関するルール」としては、次のような内容が考えられます。

- 職務に専念する義務
- 会社の名誉や信用を守ること
- 会社や取引先企業の秘密を守ること
- 会社の風紀秩序を維持すること

また「②業務外の活動に関するルール」としては、以下のようなものがあるでしょう。

- 私的な金品の収受の禁止
- 副業・兼業に関するルール
- 政治、宗教活動に対する規制

最後の「③会社施設利用に関するルール」としては、例えば以下のような事項です。

- 会社の物品を大切に扱う義務
- 会社の施設、物品の私的利用の禁止

私用メール・業務外のネット閲覧

　「①の就労に関するルール」の最初に、職務に専念する義務がありますね。例えば、会社のパソコンを使った私用メールや業務外のインターネット閲覧をする社員を見かけて気になるのですが？

就業時間中の私用メールは職務専念義務違反であると同時に情報漏えいや企業の信用毀損の恐れがあるので、服務規律の遵守事項で原則禁止を記載しておく必要があります。パソコンだけでなく業務用携帯電話も便利なツールなので私的な使用が懸念されます。

　私的な利用に関しては全面的に禁止するのか、または業務に支障のない範囲で一部の利用を認めるのかを検討してください。そして「会社は必要と認める場合には、従業員に貸与したパソコン等に蓄積されたデータ等を閲覧・監視することができる。」といった内容も入れておくようにしましょう。実際にはプライバシー保護の問題があるので検査や監視の運用方法には注意が必要ですが、無制限な私的利用に対する抑止効果は高まると考えます。

副業・兼業の扱い

> **Q** 「②の業務外の活動に関するルール」では「副業・兼業」についてのルールが、最近、社内でもよく話題になります。職務に専念する義務にも反するので、原則禁止の会社も多いと思いますがどのように考えたらよいのでしょうか？

（副業・兼業）

第11条　所定労働時間外に、他の会社等の業務に従事することを希望する場合には、事前に所定の届け出を行い会社の許可を得なければならない。

2．会社は、次の各号のいずれかに該当する場合には、これを禁止又は制限することができる。

(1)　働きすぎにより労務提供上の支障がある場合

(2)　企業秘密が漏洩するおそれがある場合

(3)　会社の名誉や信用を損なう行為や、信頼関係を破壊する行為がある場合

(4)　競業により、会社の利益を害する場合

A 　副業や兼業を希望する労働者は年々増加傾向にあるといわれています。副業は「本業とは別に副収入を得ること」で自宅での内職、株式・FX投資、ネットオークションでの販売、イラストなどの作成、アルバイトなど様々です。一方、兼業は「主・副」という考え方ではなく、どちらが本業になるかわからないといったイメージがより強いと思います。

　いずれにせよ民間企業の場合、副業・兼業に関する法規制は特にないので、認めるか否かは就業規則等の定め次第ということになります。おっしゃるように、現状では、多くの会社において、正社員の副業・兼業は原則として認めず許可制になっている場合が多いと思います。

　労働者は労働契約に基づいて一日のうちの一定の時間労務に服するわけですが、就業時間外は本来労働者の自由な時間と考えられます。したがって、その自由な時間に副業・兼業をすることを企業側が一切禁ずるというのは、特別な場合を除き、合理性を欠くと考えられます。

　その一方で、労働契約では労働者は企業に対し、誠実に労務を提供する義務を負っています。したがって、その自由時間においても精神的・肉体的疲労回復のための適度の休養をとることは、労務提供のための基礎的条件と考えられます。

　このため、使用者としても労務提供に支障が生じないように社員の自由時間の利用について関心を持たざるを得ません（2項1号）。また、副業・兼業の内容によっては企業秘密の漏洩リスク（2項2号）、企業の対外的信用、体面が傷つけられるケース（2項3号）、また競業行為により自社の利益が害されるケース（2項4号）、等もありえることから、そのようなリスクがある場合は禁止しても合理性があることになります。

　政府としては「副業・兼業」を促進させる方針で、厚生労働省は「副業・兼業の促進に関するガイドライン（平成30年1月）」を公表しています。ガイドラインに記載されている要点をまとめると次表のようになると思います。

	メリット	留意点
労働者側	• 離職せずに主体的にキャリアを形成できる • 自己実現の追求ができる • 所得が増加する • 本業を続けながら将来の起業・転職準備ができる	• 自らの就業時間管理、健康管理が必要 • 職務専念義務、秘密保持、競業避止義務を留意
企業側	• 社員が社内では得られない知識・スキルを獲得できる • 社員の自律性・自主性を促すことができる • 優秀人材の流出防止になる • （社員が社外人脈や知識獲得により）事業機会拡大につながる	• 就業時間の把握・管理や健康管理対応 • 労働者の職務専念義務、秘密保持等をどのように確保するか

Q なるほど、副業・兼業には労使双方にこのようなメリットまた留意点が考えられますね。「副業・兼業」については、労働時間の通算の問題も気になりますね。

A 　その点が、我が国で副業・兼業が広がらない一因になっているのかもしれません。労働時間の通算（労基法38条1項）の問題については、厚生労働省の公表しているガイドラインでも必ずしも明確に書かれておらず、これまでの行政解釈（異なる使用者間での通算を行う。昭23.5.14基発769号）の考え方を維持した内容を例示しています。しかし、現実問題として「本業」と「副業」でそれぞれの企業が労働者の労働時間を互いに把握するのは難しいと考えられ、ガイドラインでも労働者からの自己申告に基づいて行う内容が記載されています。

　使用者としては副業・兼業を許可した場合、割増残業代を請求されてしまうのではないかという心配があり、そのようなリスクを抱えてまで副業・兼業を認めようとはしない場合も多いのだと思います。この点に関しては、厚労省の有識者会議の報告書（2019.8.8）では「本業と副業の労働時間は合算せず、事業主ごとに適用する」という考え方も選択肢のひとつとして提言されているので、今後の議論の行方にも注目したいと思います。

　なお、「厚生労働省のモデル就業規則（平成31年３月版）」では、以下のように労働者の事前の届出を前提に勤務時間外の副業・兼業を認める規定に改定されています。

> **【厚生労働省モデル就業規則】（副業・兼業）**
>
> 第67条　労働者は、勤務時間外において、他の会社等の業務に従事することができる。
>
> 2.　労働者は、前項の業務に従事するにあたっては、事前に、会社に所定の届出を行うものとする。
>
> 3.　第１項の業務に従事することにより、次の各号のいずれかに該当する場合には、会社は、これを禁止又は制限することができる。
>
> 　①　労務提供上の支障がある場合
>
> 　②　企業秘密が漏洩する場合
>
> 　③　会社の名誉や信用を損なう行為や、信頼関係を破壊する行為がある場合
>
> 　④　競業により、企業の利益を害する場合

　いずれにせよ、企業が社員の副業・兼業を認める場合には、長時間労働を招くことのないような確認作業が求められるといえます。

ハラスメントの禁止と相談窓口

> **Q** 次は、いじめ嫌がらせ（ハラスメント）についての規定ですね。セクハラやパワハラについて、当社でも大きな問題になった社員がいます。

（ハラスメントの禁止と相談窓口）

第12条　従業員は、職場において性的な言動によって他の従業員に不利益を与えたり、就業環境を害してはならない（セクシュアルハラスメントの禁止）。

　2.　従業員は、職責などのパワーを背景にして、暴行、脅迫、いじめ・嫌がらせ等、他の従業員の人格や尊厳を侵害する行為を行っては

　　　ならない（パワーハラスメントの禁止）。
　3．従業員は、妊娠・出産等に関する言動及び妊娠・出産・育児・
　　　介護等に関する制度又は措置の利用に関する言動により、他の従
　　　業員の就業環境を害する行為を行ってはならない。
　4．前三項に規定するもののほか、性的指向・性自認に関する言動
　　　によるものなど職場におけるあらゆるハラスメント行為により、
　　　他の従業員の就業環境を害する行為を行ってはならない。
　5．会社は、あらゆるハラスメント行為に関する被害の相談に対応
　　　するため、○○課に相談窓口を設置する。会社は、従業員がハラ
　　　スメントに関し相談をしたこと、又は当該相談への対応に協力し
　　　た際に事実を述べたことを理由として当該従業員に不利益な取扱
　　　いをすることはない。

A　　　最近ではセクハラやパワハラさらにはマタハラ（妊娠・出産等に
関するハラスメント）などといった、会社内での様々なハラスメン
ト行為が大きな社会問題になっています。したがって、モデル規定にあるよ
うに服務規律の章の中では目立つように単独条文にするなどして、あらゆる
ハラスメント行為の禁止、また被害の相談に対応するための窓口の設置につ
いて必ず規定しておきましょう。

　1項のセクシュアルハラスメントは均等法によって「雇用管理上必要な措
置を講ずる」ことが事業主に義務付けられています。例えば「相談窓口の設
置や相談に対する適切な対応」などです。

　2項のパワーハラスメントに関しては、従来、定義や防止措置を定めた法
律はありませんでしたが、改正労働施策総合推進法が成立したことに伴い企
業は当該被害者からの相談に応じ、適切に対応するために必要な体制の整備、
その他の雇用管理上必要な措置を講じなければなりません（大企業は2020年
6月、中小企業は2022年4月施行）。

　3項はいわゆるマタニティハラスメント（マタハラ）と呼ばれるものです
が、均等法に事業主が講じるべき措置が定められています。

　ハラスメント行為は当事者間の個人的な問題にとどまりません。加害者は

もちろん、問題を放置した企業も責任を問われます。職場風土を悪化させ、士気の低下、また企業の労働生産性低下にもつながり、その損失は想像以上に甚大です。会社としても、あらゆるハラスメントの予防策について日頃から十分に検討しておくべきでしょう。ハラスメントのない職場は、社員が安心して働くことができ、生産性の向上や人材確保にもプラスに働きます（「ハラスメント」に関係する裁判例は資料1のP.265〜266を参照してください）。

Q 私の会社では、顧客情報の管理や個人情報保護は特に重要と考えているので、別途「顧客情報保護管理規程」を作成し、社員にも説明し遵守を徹底しています。

（個人情報管理）
第13条　従業員は、取引先、顧客その他の関係者及び会社の役員、従業員等の個人情報を正当な理由なく開示し、利用目的を逸脱して取り扱い、又は漏えいしてはならない。在職中はもとより、退職後においても同様とする。

A この「個人情報管理」も大切な条文ですね。最後の「在職中はもとより、退職後においても同様とする。」という部分ですが、個人情報の流出リスクが高いのは在職中よりも退職後ですから、退職時に秘密保持誓約書を提出させるなどすることも重要だと思います。

服務に関する基本的な考え方は、業種や業態によっても大きく変わります。特にその会社が重要と考えた服務規律については、就業規則の中で目立つように単独の条文として独立して記載したり、就業規則への記載と併せて、ルールブックや別規程にして詳細を定めるのがよいでしょう。

例えば、「秘密情報保持規程」、「個人情報保護管理規程」、「セクシュアルハラスメント防止規程」、「パワーハラスメント防止規程」また「インターネット・電子メール取扱い規程」など様々な規程が考えられます。

Q ところで、服務規律で記載する内容は懲戒規定にも類似の内容がある場合が多いと思います。服務規律に定めた内容と懲戒事由とはどのような関係にあるのでしょうか？

A　　おっしゃるように服務規律で記載された事項と懲戒事由に書かれる内容は類似している場合も多いと思います。服務規律では「……すること。」、「……しないこと。」と職場で守るべき事項が示されるのに対し、懲戒事由では「（違反行為）……をしたとき。」と守るべき事項に違反した事項が示されます。

　考え方としては「服務規律」で定めた場合に守られる企業秩序というのは、懲戒規定があることによってその実効性が担保されるのです。したがって服務規律に違反があったから直ちに懲戒処分ができるわけではなく、服務規律に関する規定と懲戒に関する規定を明確に関連付けておくことが重要になります。

【規定例】（懲戒事由）

第52条　従業員が次の各号のいずれかに該当するときは、情状により、けん責、減給、又は出勤停止に処する。

…………

(5)　第3章（服務規律）の各規定に違反したとき

…………

服務規律で企業秩序を守る！

　刑法では、罪刑法定主義（刑が科せられるためには、どのような行為が犯罪にあたるかをあらかじめ法律によって定められることを要する）の原則という考え方があります。会社が社員の懲戒処分を行う場合にも、どのような行為が懲戒の対象になるのかあらかじめ就業規則の中で定めておくことが重要です。

本章のポイント

- 「服務規律」は社員が守るべき一般的な心得や遵守すべきルールを定めたもので就業規則の相対的必要記載事項になる
- 服務規律で規定される遵守事項は「①就労に関するルール」、「②業務外の活動に関するルール」及び「③会社施設利用に関するルール」等に分類できる
- 「会社のパソコン・携帯電話の私用利用禁止」、「副業・兼業の扱い」などを服務規律に定めておく
- 「ハラスメントの禁止と相談窓口」は重要な服務規律の遵守事項になる
- 企業が特に重要と考える服務規律については就業規則への記載と併せて、ルールブックや別規程にして詳細を定めるようにする
- 服務規律に規定した遵守事項に違反した場合には、懲戒処分の対象にすることを明記する

第4章　勤務

IIIIIIIIIIIIIIIIIIIII　**第1節　勤務時間、休憩、休日**　IIIIIIIIIIIIIIIIIIIII

第14条　勤務時間及び休憩

第15条　休日

第16条　休日の振替

第17条　出退勤の記録

第18条　欠勤、遅刻、早退、私用外出

■ 始業・終業時刻、休憩時間

Q 始業・終業時刻と休憩時間については就業規則に必ず定めなければならない事項とのことでしたね。

（勤務時間及び休憩）

第14条　1日の所定労働時間は、実働8時間とし、始業、終業の時刻及び休憩時間は次のとおりとする。

　　　始　業　午前9時00分

　　　終　業　午後6時00分

　　　休　憩　午後0時00分～午後1時00分

2．始業時刻とは、所定の就業場所で業務を開始する時刻をいい、終業時刻とは実業務の終了する時刻をいう。

3．第1項の始業、終業及び休憩の時刻は、必要に応じ、これを変更することがある。

A　就業規則の「絶対的必要記載事項」ですから、どんな就業規則にもモデル規定14条のような所定労働時間と休憩時間に関する記載が必ずあるはずです。

始業時刻と終業時刻

Q　当社では「始業」と「終業」の時刻について、少し問題になったことがあります。始業時刻ぎりぎりにタイムカードを打刻し、それから、ゆっくりと更衣や手洗いなどに行って就業の準備をする社員がいたのです。

A　始業時刻とは、会社事務所に着いた時刻なのか、タイムカードを打刻した時刻なのか、それとも実際に作業場で机等に座った時刻なのか、といった問題が生じることがあると思います。

御社の社員の事例のように、始業時刻ぎりぎりにタイムカードを打刻しても、それから準備するのでは実際に仕事に就ける時間は遅れてしまいます。このようなことが長年にわたって行われていれば、それがその会社の労使慣行として労働契約の内容とみなされかねません。

どこからが始業でどこまでが終業なのか時刻の定義については、一律には扱えない面がありますが、「労働時間の起算点は業務を開始した時点」ととらえるのが妥当でしょうから、始業時刻とは「所定の就業場所で業務を開始する時刻」、また終業時刻とは「業務を終了する時刻」であることを明記しておきましょう。

正しい出退勤や遅刻・欠勤に関する遵守事項は社内の職場秩序維持の基本ですね。就業規則の定めと同時に新入社員教育などで新人の時から徹底して指導するのがよいでしょう。鉄は熱いうちに打つことが大事です。

それから、交通ストや新型コロナウイルス感染拡大の際の時差出勤、また会社の業務の都合などで通常の始業時刻・終業時刻を変更しなければならない場合があります。一日の所定労働時間数は変えることなく「（会社は）始業、終業及び休憩の時刻は、必要に応じ、これを変更することがある。」との規定を置きましょう。始業時刻や終業時刻は労働契約の一部なので、時刻を変

61

更することがある旨を規定することによって、業務命令としての時刻の変更権限にあらかじめ同意を得ておく必要があるのです。

交替制（シフト）勤務

 Q なるほど就業規則に定めることで、会社に変更権限があることを明確にできるわけですね。

ところで、同じ事業場の中でも社員によっては始業、終業の時刻は異なる場合があります。例えば、異なる交替勤務（シフト）などがある場合にはどのように記載したらよいのでしょうか？

（交替制勤務の勤務時間及び休憩時間）

第○条　業務上その他必要がある場合には、交替制により勤務させることがある。この場合の始業、終業及び休憩時間は、次のとおりとする。

区　　分	始　　業	終　　業	休憩時間
早番勤務	時　分	時　分	時　分より 時　分まで
通常勤務	時　分	時　分	時　分より 時　分まで
遅番勤務	時　分	時　分	時　分より 時　分まで

2．従業員ごとの始業、終業及び休憩時間は、会社が毎月○日までに勤務表を作成し、各従業員に周知する。

A 同一事業場内で社員の勤務態様や職種によって始業・終業時刻や休憩時間が異なる場合にも、就業規則にはできるだけ具体的に記載する必要があります。

例えば、シフト制の勤務をとる場合には「始業、終業時刻は別途シフト表による」という規定だけでは不十分だと考えます。シフトごとの始業・終業時刻や休憩時間を明確にすること、シフトの社員への周知方法などについてもできるだけ就業規則に明記しておくのが望ましいといえます。

　その上で、モデル規定では従業員ごとの始業、終業及び休憩時間は、毎月決められた日までにシフト表を作成し各従業員に周知するとしています。

> **Q** 交替勤務の場合の始業・終業時刻などについても、できるだけその内容を就業規則に明確に書くべきなのですね。
> 例えば、パートタイマーの場合など、本人の希望も含めて始業・終業時刻を個別に決めるようなケースがあります。就業規則に固定的に始業・終業時刻を設定するのが困難な場合はどうすればよいでしょうか？

A　　原則としては就業規則に固定的に定めるべきなのですが、パート等で本人の希望等によって統一的な始業・終業時刻を決められない場合には就業規則には原則的な始業・終業時刻を記載した上で個別の労働契約等で定めることができるといった規定にすればよいでしょう。

> 【規定例】（始業、終業及び休憩時間）
> 第○条　パートタイマーの始業、終業及び休憩時間は以下とする。
> 　…………
> 　ただし、上記によりがたいときは本人との話し合いの上で決定し、個別の労働契約書に記載する。

派遣社員の始業時刻・終業時刻

> **Q** 分かりました。次に、労働者の派遣を行っている会社の場合には、派遣先によって始業・終業時刻や休憩時間が異なると思います。そのような事業所（派遣元）の就業規則ではどのように定めたらよいでしょうか？

A　　派遣社員の場合、雇用関係があるのは派遣元の事業所ですから、就業規則も派遣元で作成する義務があります。しかし、派遣期間中は業務の指揮命令権は派遣先にあるので、始業・終業時刻や休憩時間も、通

常は派遣先事業所に合わせて労働することになると思います。

　したがって派遣元の就業規則では「派遣社員の始業・終業時刻、休憩時間は、原則として派遣先事業所による。」等と規定し、具体的な時刻や時間は個別に書面等で本人に通知するようにすればよいでしょう。

休憩時間の定め方

> 派遣社員の場合は派遣先事業所にあわせ個別に通知すればいいのですね。
> 次に休憩時間ですが、法的にはどのような定めになっているのでしょうか？

A　休憩時間とは、社員にとって会社に拘束されている時間ではありますが労働から解放されている時間、つまり「社員が自由に利用することができる時間」をいいます。したがって、いわゆる「手待ち時間」のように作業に従事していなくても、いつ何時、労務の要請があるかわからないような状態は、休憩時間とは認められないことになります。

　労働時間が6時間以内なら休憩時間を設定する必要はありませんが、6時間を超える場合には少なくとも45分、8時間を超える場合には1時間の休憩時間を労働時間の途中に与えなければならないとされています（労基法34条1項）。途中に与える必要があるわけですから始業前、終業後に与えても要件を満たしません。なお、分割して付与することは可能なので昼食休憩を45分、午後3時から15分の休憩で合計1時間といった設定も可能です。

　それから、例えば1日の所定労働時間が7時間30分の場合は途中に45分の休憩を与えればよいのですが、社員がその後に1時間残業するといった場合には労働時間が合計8時間を超えることになるので、残業時間の途中に少なくとも15分の休憩が必要になるので注意してください。

　今述べたのは最低限必要な休憩時間ですから、これより長い休憩時間を設定してもかまいません。所定労働時間が8時間以内であれば45分の休憩で足りますが、例えば昼食休憩は1時間としている会社も多いと思います。

　それから、終業後8時間を超えてかなり遅くまでの残業になったとしても、

途中（例えば昼食時）に１時間の休憩が与えられていれば残業時間中、さらに休憩時間を追加して付与する法的な義務はありません。

　しかし、例えば残業が深夜に及ぶようなケースを想定して、残業３時間を経過した時点で20分程度の休憩を設けるといった配慮も健康管理上は必要かもしれません。このような長時間残業を想定した休憩時間の定めを就業規則にするのが適切でなければ、別途内規を定める等して、その会社の勤務実態に合わせて休憩をとるようにするとよいでしょう。

長時間の休憩時間は？

Q 就業規則に残業時間中の休憩を定めることは稀かもしれませんが実務では大事ですね。法令で決められた休憩時間を確保するだけでなく、社員の健康管理にも配慮して業務の効率を高める努力が必要だと思います。
ところで業務の都合などで、一日の休憩時間を２時間とか法律で定められた時間より長く設定することは可能ですか？

A 　診療時間が午前と午後に分かれているような医療機関などでは、昼の休憩が２時間といった場合もあると思います。労働時間８時間、休憩時間２時間といった労働契約を結んでも法律上は問題ありません。ただし、その場合、一日の拘束時間もそれだけ長くなるわけですから度を越した長時間の休憩（例えば４時間を超える休憩等）を設定するのは、社会的な妥当性の面からも公序良俗に違反する可能性があると思います。

　労基法ではさらに「休憩時間は一斉に与えなければならない（労基法34条２項）。」とし、また休憩時間は社員が労働から解放される時間で「自由に利用させなければならない（同条３項）。」と規定しています。

一斉休憩の原則と例外

Q 「休憩時間は一斉に与えなければならない」という部分ですが、休憩時間の設定は業種によっては接客の関係などもあって、業務は継続しなければならず、したがって休憩は交替でとらざるを得ない場合があると思います。

A 　休憩は一斉に与えることが原則です。しかし、実際にはサービス業が中心の現代では多くの企業では事業場全体で一斉休憩をとるのは困難なケースも多いと思います。これについては運輸交通業、商業、金融・広告業、映画・演劇業、通信業、保健衛生業、接客娯楽業、官公署などの事業は一斉休憩付与の原則は適用されません。そして、それ以外の製造業などの事業場の場合は労使協定（届出不要）を締結すれば一斉休憩を与えないことも可能です。

　一斉休憩の適用が除外される上記のような事業場では、社員を班（グループ）などに分けて交代制をとることが考えられます。例えば昼食時の休憩については以下のような定めをすることができます。

【規定例】（休憩）

第○条　休憩は班別によるものとし、各班の休憩時間は、次に定めるとおりとする。

　　A班：午前11時30分〜午後０時30分

　　B班：午後０時00分〜午後１時00分

　　C班：午後０時30分〜午後１時30分

　それから、労基法では「休憩時間」は労働時間の途中に与えなければならないとしか記載されておらず、どの時間帯に休憩するかの「休憩時間の位置」については法規定がありません。したがって、上記のような班別ではなく、就業規則では「休憩時間は午前11時30分から午後1時30分の間の1時間とする。」と規定して、その日の人員や業務の状況によって適宜、個々の社員が休憩を取るといった運用も可能です。

勤務間インターバル制度（働き方改革）

Q　なるほど、ある程度休憩時間に幅を持たせた規定方法も可能なのですね。
さて、一日の勤務の途中に与えるのが休憩時間ですが「働き方改革」では当日の勤務と翌日の勤務の間に与える休息時間、すなわち勤務間インターバルが注目され、法律でも設置が努力義務になりましたね。

A　過重労働による健康への影響は重要な問題で、労働者が十分な休息をとり、必要な睡眠時間を確保できるように配慮するのが「勤務間インターバル制度」です。「従業員がオフィスを退社してから翌日出社するまでの時間を一定以上空ける制度」で、ワーク・ライフ・バランス（仕事と生活の調和）を保ちながら働き続けられることを可能にする制度として注目されています。

　これまで、労基法では「原則1日8時間、週40時間」など「労働時間の長さ」を規制対象としてきました。一方「勤務間インターバル」は、労働者が仕事をする時間（労働時間）そのものを規制するのではなく、夜遅くまで働いた場合には、その翌日の仕事開始まで、一定の「休息（オフ）時間」を確保しなければならないという、これまでの規制とは異なる発想による制度になっています。「働く時間」ではなく一日単位の「休む時間」を設ける仕組みを作り、これを厳格に運用することで、労働者の疲労回復、働き過ぎ防止につなげる点に特徴があります。

　国はこの制度の普及を図るために「事業主は、健康及び福祉を確保するた

めに必要な終業から始業までの時間の設定に努めなければならない（改正労働時間等設定改善法2条。2019年4月1日施行）。」と勤務間インターバル制度の導入を事業主の努力義務とする法改正を行いました。

　勤務間インターバルの制度設計は各企業の自主的な取組みに任されていますが、実施する場合の留意事項として、始業時刻及び終業時刻の繰り下げの扱いがあります。前日の退社時刻から一定の時間（インターバル）を空けなければ翌日の勤務が開始できないので、この勤務禁止時間が翌日の所定始業時刻にかかる場合には、始業時刻を繰り下げる必要が生じます。

　例えば、始業時刻が午前9時、終業時刻が午後6時の会社がインターバル時間を11時間に設定したと仮定しましょう。当日夜12時まで勤務した労働者については、翌日の始業時刻を変更する必要が生じます（下図の場合、始業時刻が2時間繰り下げ）。

　この際、始業時刻を繰り下げた分、その日の終業時刻も繰り下げるか否かという点が問題になりますが、方法としては以下が考えられます。

【勤務間インターバルによる始業時刻繰下げの例】

(1)　始業時刻のみ繰り下げ

　　始業時刻のみを午前9時から11時にスライドさせ、終業時刻の18時はそのまま変更しない方法です。この場合、その労働者にとって、その日の所定労働時間が2時間短縮されることになるわけですが、賃金控除等は行わず午前9時から11時までの2時間は労働したものとみなす扱いにします。

(2)　始業時刻、終業時刻双方の繰り下げ

　　始業時刻を午前９時から11時と２時間繰り下げた分、それに応じて終業時刻も18時から20時へと２時間繰り下げる方法です。この場合は、一日の所定労働時間は変わりません。

　以上の二つの扱い方に応じた勤務間インターバルの規定例を示します。

【規定例】（勤務間インターバル）

　第○条　いかなる場合も、労働者ごとに１日の勤務終了後、次の勤務の開始までに少なくとも11時間の継続した休息時間（インターバル）を与える。

(1)　始業時刻のみ繰り下げの規定例

　２．前項の休息時間の満了時間が次の勤務の所定始業時刻以降に及ぶ場合、次の勤務の始業時刻は、前項の休息時間の満了時刻まで繰り下げ、当該所定始業時刻から満了時刻までの時間は労働したものとみなす。

(2)　始業時刻、終業時刻双方の繰り下げの規定例

　２．前項の休息時間の満了時間が次の勤務の所定始業時刻以降に及ぶ場合、次の勤務の始業時刻は、前項の休息時間の満了時刻まで繰り下げ、当該繰り下げ時間数に応じて終業時刻を繰り下げる。

休息時間をしっかり守る勤務間インターバル

Q 勤務間のインターバル（休息）時間の設定が重要になると思います。上記の例では11時間としていますが、何時間位に設定するのが適当でしょうか？

A 既に実施している企業の場合、8時間〜11時間程度で実施している事例が多いようです。勤務間インターバル制度が古くから普及しているEU（欧州連合）では、2003年に労働時間に関する規制として「1日（24時間）において、連続11時間以上の休息を付与しなければならない。」とする指令が出されていて各国で実施されています。そこで、上記の例ではEUにならって11時間のインターバル時間としました。

　11時間程度の休息時間がとれれば、睡眠時間も確保でき、また連続する労働日における1日の平均労働時間が実質的にかなり抑えられる効果があると期待できます。いずれにせよ、自社の勤務実態に最も適した形で検討し勤務間インターバルの制度設計をすることが重要です。

テレワークとは？

Q 勤務間インターバル以外にも「働き方改革」では多様な働き方が推奨されていますね。特に、在宅などで仕事をするテレワークが注目されていると思います。
会社がテレワークを導入する場合、通常の勤務との違いについて就業規則に定める必要があると思いますがいかがですか？

A はい、そのとおりです。テレワークとは情報通信技術（ICT＝Information and Communication Technology）を活用した、場所や時間にとらわれない柔軟な働き方のことで「tele＝離れた所」と「work＝働く」をあわせた造語です。

　働く場所によって、自宅利用型テレワーク（在宅勤務）、モバイルワーク、施設利用型テレワーク（サテライトオフィス勤務など）の3種に分けられます。

　テレワークについて特段の法的な定めはなく、導入する場合には勤務時間の管理など労務トラブルが発生しないように企業の特性に合わせた独自の規

定整備が必要になります。本書の資料2モデル規程集では「在宅勤務」の場合のテレワーク規程（P. 319）を掲載しているので参照してください。

　テレワーク規程を設ける場合には、就業規則の本則では、以下のような委任規定とする旨の条項を追加してください。

（適用範囲）

第2条　この規則は、第2章（採用）の規定により採用された正規の従業員に適用する。パートタイマー、嘱託社員等についての就業規則は別に定める。

2．正規の従業員のテレワーク勤務に関する事項については、この規則に定めるもののほかテレワーク規程に定めるところによる。

　テレワークは利用が急拡大していますが、労働時間などの適正な管理が難しい面があります。たとえば、勤務中の「中抜け時間」の取扱いや「事業場外みなし労働時間制」の適否などです。そのような問題も含め、導入する上では厚生労働省が「テレワーク総合ポータルサイト」を公表しているので参考にするとよいでしょう。

多様な働き方をテレワークで実現！

71

❷ 変形労働時間制

労働時間の原則

Q ここでは変形労働時間制について教えてください。変形労働時間とはどんな制度ですか？

A 変形労働時間制を採用している事業場は多いと思います。変形労働時間制の説明の前に、「労働時間の原則」について確認しておきましょう。労働時間は賃金と並んで最も重要な労働条件ですが、長時間労働の弊害を防止するため、労基法では休憩時間を除いて、「１週間については40時間」、「１日については８時間」を超えて労働させてはならないと定めています（労基法32条）。これを「法定労働時間」といいます。

これに対して、これまでにもでてきた「所定労働時間」というのは、就業規則等によって定められる個々

> ### ひとこと解説
>
> #### 労働時間の特例
>
> 　１週40時間制の適用が困難な、常時10人未満の労働者を使用する商業・映画演劇業・保健衛生業・接客娯楽業については、週法定労働時間を44時間とする「労働時間の特例」が認められています。
>
> 　特例が適用される事業場であっても１日の労働時間は８時間が上限となります。
>
> 　なお、１カ月単位の変形労働時間制またはフレックスタイム制は可能ですが、１年単位の変形労働時間制及び１週間単位の非定型的変形労働時間制にはこの特例は適用されません。

の労働者の労働時間のことで、法定労働時間の範囲内でなければなりません。つまり所定労働時間は原則１週40時間、１日８時間以内で定める必要があるわけですが、一定期間にわたって平均化して所定労働時間を設定することを認めるのが「変形労働時間制」です。

　１カ月とか１年とか決められた単位期間を決め、その期間内で総労働時間を平均して１週間あたり週法定労働時間（原則40時間）内に抑えるようにします。このようにすれば、期間内で１日または１週間の法定労働時間数を超える場合があっても、法定労働時間を超えた扱いにしないのです。

　例えば、ある労働日に9時間の労働をさせたり、特定の週に40時間を超えて労働させることが可能になります（次例参照）。会社が予め決めた所定労働時間内で労働する場合であれば、時間外割増賃金を支払う必要もありません。

（例）1カ月単位の変形労働時間制

	1週	2週	3週	4週
勤務時間	40	38	38	44
累積時間	40	78	116	160

　このように会社にとっては便利な制度といえますが、変形労働時間制の趣旨としては、労働者の生活設計を損なわない範囲で労働時間を弾力化し、業務の繁閑に応じた労働時間の配分を行うことによって労働時間を短縮することを目的としています。

1カ月単位の変形労働時間制

 変形労働時間制の趣旨はわかりました。それでは、まず1カ月単位の変形労働時間制を導入する場合について説明してください。

（1カ月単位の変形労働時間制）
第〇条　所定労働時間は、各月1日を起算日とした1カ月単位の変形労働時間制を採用し、1カ月を平均し、1週間当たり40時間を超えない範囲で所定労働時間を変更することがある。

 労基法では次の4種類の変形労働時間制を定めています。

- 1カ月単位の変形労働時間制
- 1年単位の変形労働時間制
- フレックスタイム制
- 1週間単位の非定型的変形労働時間制

　1カ月単位の変形労働時間制は、1年単位の変形労働時間制と並んで最も採用率が高い制度です。各日ないし各週で労働時間の繁閑の差がある場合や、

例えば、月の初めは余裕があるが、月末の1週間が忙しい場合など様々な状況に対応できます。また1日の所定労働時間を10時間にして各週の労働日を4日に短縮すれば週休3日制の勤務とすることも可能です。

なお、変形期間は必ずしも1カ月単位とは限らず「1カ月以内」であれば4週間単位、2週間単位等でも構いません。

1カ月単位の変形労働時間制を導入するためには、①労使協定の締結・届出、または、②就業規則（その他これに準ずるもの）において次のことを定める必要があります。

> ①変形期間（1カ月以内）を平均して1週間当たりの労働時間が週の法定労働時間（原則40時間）を超えないように、変形期間の各日・各週の労働時間を決める
> ②変形期間の起算点
> ③有効期間（労使協定の場合のみ）

変形期間の各日、各週の労働時間を具体的に決めるわけですが、例えば、飲食業や警備業のようにシフト（交替制）勤務をとるような場合には、就業規則にすべて特定して労働日や勤務時間を定めることは難しいでしょうから、モデル規定のように、早番、通常、遅番勤務の場合の原則の始業、終業、及び休憩時間を定めておき、具体的な勤務割は変形期間が開始する前までに、勤務割表を作成して本人に周知するといった方法でも構いません。

「1カ月の変形労働時間制を採る」というだけで、具体的な始業・終業時刻をまったく記載していない就業規則を見かけますが、これらの事項は就業規則の絶対的必要記載事項なので、できるだけ具体的に記載するようにしてください。

（1カ月単位の変形労働時間制）

第〇条　前条にかかわらず1カ月単位の変形労働時間制を適用する
　　従業員の所定労働時間は、各月1日を起算日とする1カ月を平均し、
　　1週間当たり40時間以内とする。

（交替制勤務の勤務時間及び休憩時間）

第〇条　業務上その他必要がある場合には、交替制により勤務させ

ることがある。この場合の始業、終業及び休憩時間は、次のとおりとする。

区　分	始　業	終　業	休憩時間
早番勤務	時　分	時　分	時　分より 時　分まで
通常勤務	時　分	時　分	時　分より 時　分まで
遅番勤務	時　分	時　分	時　分より 時　分まで

2．従業員ごとの始業、終業及び休憩時間は、会社が毎月○日までに勤務表を作成し、各従業員に周知する。

Q １カ月を平均し、１週間当たり40時間を超えない範囲で所定労働時間を決めるとありますが、変形期間が１カ月の場合、暦日数は月によって異なるので、その場合、どのように計算すればよいのですか？

 A 毎月の所定労働時間は、「１週間の法定労働時間（40時間）×変形期間の暦日数（１カ月以内）÷７日（１週間）」によって計算された範囲内にする必要があります。具体的な各月の変形期間の所定労働時間数の限度は以下のようになります。

【１カ月の所定労働時間の上限】

月の日数	31日	30日	29日	28日
限度時間	177.1時間	171.4時間	165.7時間	160.0時間

Q なるほど、この上限時間数の範囲で毎月の所定労働時間を決める必要があるのですね。
さて、１カ月単位の変形労働時間制は、労使協定を締結して労

基署長に届け出れば特に就業規則に記載しなくても実施可能な
のですか？

A 　労使協定の定めで実施することが可能ですが、有効期間は3年以内が望ましいという通達があります（平11.3.31基発169号）。そして、就業規則にも「労使協定に基づき1カ月単位の変形労働時間制で労働させることがある。」と規定し、始業及び終業の時刻を定めなければならないので、両方に規定を設ける負担を考えると実務では就業規則に定めて実施する場合が多いと思います。

ひとこと解説

裁量労働制

　業務の性質上、仕事の具体的なやり方や時間配分を大幅に労働者の判断に委ね、使用者からも具体的な指示命令を行わない働き方のことで、①専門業務型裁量労働制と②企画業務型裁量労働制があります（労基法38条）。

　①専門業務型は新商品や新技術の研究開発、情報システムの分析や設計、放送番組の企画等対象業務が法令で決められています。②企画業務型は事業の運営に関する企画、立案、分析の業務で、これを適切に遂行するためには大幅に労働者の裁量にゆだねる必要があるため使用者が具体的な指示をしないこととする業務が対象になります。

　実施する際には、就業規則において専門業務型又は企画業務型裁量労働制を採用する旨を規定し、①専門業務型は労使協定を締結して労基署長に届け出、②企画業務型は労使委員会を設置して企画業務型裁量労働制に係る決議を行い、これを労基署長に届け出ます。

　いずれも「みなし労働時間制」が適用され、実際の労働時間数にかかわらず、①専門業務型は労使協定、②企画業務型は決議で定められた時間、労働したものとみなします。

1年単位の変形労働時間制

Q 　わかりました。次に1年単位の変形労働時間制を採用している会社も多いと聞きますが、どんな制度ですか？

> **1年単位の変形労働時間制を導入する要件と就業規則に定める際の規定方法について教えてください。**

（1年単位の変形労働時間制）

第〇条　前条にかかわらず、労働基準法の定める労使協定を締結した場合は、所定労働時間は、1年以内の一定期間を平均し、1週当たり40時間を超えない範囲において、労使協定により定める時間とする。ただし、この場合の所定労働時間は、1日につき10時間、1週につき52時間を上限として次の始業・終業の範囲内で定めるものとする。

　　始　業
　　終　業
　　休　憩

2. 前項の場合の休日は、第15条の休日の規定にかかわらず、1週1日以上の範囲内で労使協定により定める休日とする。

3. 変形期間の途中で採用された者及び退職する者については、実際の労働時間を平均して1週間当たり40時間を超えた部分について労働基準法第37条の規定による割増賃金を支払う。

A　1年単位の変形労働時間制とは変形期間を「1カ月を超え1年以内」とするものです。1年以内の一定期間について、事業場の繁忙期には労働時間を長く設定し、反対に閑散期には労働時間を短くすることで効率的に労働時間を配分することができる制度です。もちろん1日の労働時間は一定のまま繁忙期と閑散期で休日数の調整を行う場合も多いでしょう。

また特に繁忙期、閑散期ということではなく、週休2日制を採らずに隔週土曜日を出勤にするような会社の場合、土曜日が出勤になる週は週の所定労働時間が法定労働時間の40時間を超えてしまうことが考えられます。そこで、年間の労働日と休日のスケジュールを年間カレンダーで決めて年間トータルの平均で法定労働時間内に収めるようにして、1年単位の変形労働時間制で運用している会社も多いと思います。

　1年単位の変形労働時間制を採用する場合には、就業規則にその旨を定めることと、さらに労使協定を締結して、所轄の労基署長に届け出ることの両方が必要になります。

 Q 　1年単位の変形労働時間制の場合、労使協定の締結と届け出が必須なのですね。労使協定ではどのようなことを定めるのでしょうか？

 A 　労使協定で決めなくてはならない締結項目は次のようなものです。
　①対象労働者の範囲
　②対象期間（1カ月を超え1年以内の期間。例えば1年）
　③特定期間（対象期間中に特に業務繁忙な期間）
　④労働日及び当該労働日ごとの労働時間
　⑤対象期間の起算日、有効期間

ここで、③特定期間とは特に業務繁忙な期間で、1日の所定労働時間を8時間30分とし、それ以外の期間の通常の所定労働時間は7時間30分とするといった定めも可能です。もちろん、対象期間全体を通じて、法定の週平均40時間以内の労働時間が守られていることが前提になります。

　なお、1年単位の変形労働時間制を実施する場合、労働日数の制限（対象期間3カ月超の場合、1年あたり上限280日）、1日や1週間あたりの労働時間の限度（原則1日10時間、週52時間）、また連続して労働させる日数の限度（原則6日、特定期間12日）などが決められています。1カ月単位の変形労働時間制に比べて要件が厳しくなっているので、十分注意して実施してください。

フレックスタイム制のメリット

 Q 　変形労働時間制の中には、このほかにフレックスタイム制があり、働き方改革関連法で改正があったと聞きました。どんな特徴がある制度でしょうか？

（フレックスタイム制）

第○条　フレックスタイム制に関する協定を締結したときは、その
　　　対象者の始業・終業の時刻は当該従業員の自主的な決定に委ねる
　　　ものとする。

2．始業・終業の時刻を従業員の決定に委ねる時間帯（フレキシブ
　　ルタイム）、並びに必ず勤務しなければならない時間帯（コアタイ
　　ム）、休憩時間は次のとおりとする。

フレキシブルタイム		コアタイム （かっこ内は休憩時間）
始業時刻	午前8時から午前10時まで	午前10時から午後3時まで （午後0時から午後1時まで）
終業時刻	午後3時から午後8時まで	

3．本条の対象者の範囲、清算期間、清算期間における総労働時間、
　　標準となる1日の労働時間、その他の事項については労使協定で
　　定めるものとする。

4．会社は、いつでもフレックスタイム制の適用対象者について、
　　フレックスタイム制の適用を解除し、通常の勤務時間による勤務
　　を命ずることができる。

A　　ご指摘の通り、フレックスタイム制も労基法（32条の3）に定め
られた変形労働時間制の一種です。一定の期間の総労働時間を定め
ておき、労働者がその範囲内で各日の始業と終業時刻を選択して働くことが
できます。労働者の生活と業務との調和を図りながら効率的に働くことが可
能になり、労働時間の短縮にもつながるという趣旨で設けられた制度です。
　フレックスタイム制は以下のようなメリットが考えられます。

- 職務の繁閑等に合わせることで勤務時間を有効に活用でき残業の軽減につな
がる
- 通勤時間がシフトできるので通勤ラッシュなどを避けて出退社することがで
きる
- 時間的にも精神的にもゆとりが生まれワーク・ライフ・バランスの向上につ
ながる
- 優秀な人材の採用や定着の向上がはかれる

　「働き方改革関連法」の議論の中でフレックスタイム制を、より使いやすくするために「清算期間」の上限を従来の1カ月から3カ月に延長する改正が行われました。

　フレックスタイム制は裁量の広い個人のペースでできる業務や、日によって働く時間の長さを調整できる業務などに向いていると考えられます。合理的な運用をすれば、社員の創造性の発揮や残業時間の軽減につながる働き方となり得ます。

フレックスタイム制の導入方法

 中小企業などの場合、採用率はまだそれほど高くないと聞いていますが、検討する価値がありそうですね。会社がフレックスタイム制を導入するにはどうすればよいのでしょうか？

　　フレックスタイム制を導入する場合には、まず、就業規則に「始業・終業時刻の決定を従業員に委ねる」旨の定めをします。モデル規定例をご覧ください。

　そして、次の事項を定めた労使協定を締結します（清算期間が1カ月以内の場合は必要ありませんが、1カ月を超える場合は労基署長への届出が必要になります）。

①フレックスタイム対象労働者の範囲→例：企画部、営業部
②清算期間→例：3カ月
③清算期間における総労働時間→例：8時間×清算期間の所定労働日数
④標準となる1日の労働時間→例：8時間
⑤コアタイム（設ける場合）→例：午前10時から午後3時
⑥フレキシブルタイム（設ける場合）→例：始業は午前8時から午前10時、終業は午後3時から午後8時

　⑤⑥の定めは必須ではなく任意ですが、⑤のコアタイムとは必ず勤務すべき時間帯、⑥のフレキシブルタイムは、その時間帯の中であればいつ出社または退社してもよい時間帯のことです。

Q 規定例の4項で「フレックスタイム制の適用除外」のケースが規定されていますね。これは必須事項でしょうか？

A 　必須というわけではありません。しかし、よかれと思ってフレックスタイム制を実施しても、実際に運用すると、時間に対してルーズになり好きな時間にだらだらと業務を行ったり、必要な会議に遅れて来るなど問題になる社員のケースも考えられます。

　労働時間の管理を適正に行えない社員については、フレックスタイム制の適用から除外し通常の勤務時間に戻す等の処置が必要になる場合が想定されるので、（任意ですが）その旨を定めたものです。フレックスタイムで働く社員は自律的な働き方ができる社員でなければなりません。ある程度の経験や能力を有する社員を対象に実施すべきでしょう。

清算期間の上限が3カ月に延長（働き方改革）

Q 働き方改革関連法でフレックスタイム制の清算期間が3カ月まで延長できるようになったという話がありました。どのようなメリットがあるのでしょうか？

A 　これは、子育てや介護、自己啓発など様々な生活上のニーズと仕事の調和を図りやすくすることが狙いといえます。より柔軟でメリハリのある働き方ができるようになるので、フレックスタイム制がより利用しやすい制度として活用できると期待できます。例えば「6・7・8月の3カ月」の中で労働時間の調整が可能になるので、子育て中の親が子供の夏休み期間（8月）は早めに帰宅して子供と過ごす時間を確保しやすくするといった働き方が想定されます（次頁の図を参照）。

第4章
勤務

【フレックスタイム制の清算期間延長のイメージ】

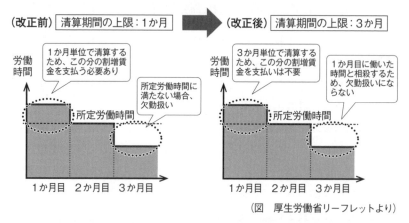

（図　厚生労働省リーフレットより）

　この例の場合、時間外労働が発生しないようにするためには清算期間の３カ月全体における総実労働時間は週平均40時間以内にする必要がありますが、さらに繁忙月（上図の場合、１カ月目）の過重労働を防止する観点から各１カ月あたり週平均50時間を超えないことという条件がつくので注意してください。これを超えて労働した時間は時間外労働（割増賃金の支払いが必要）になります。

> **Q** 清算期間を３カ月とした場合、時間外労働が発生した場合の割増賃金の支払いはどのようになるのでしょうか？

A　　原則としては３カ月毎に清算して時間外労働（週平均40時間を超えて労働した時間）があれば割増賃金を支払うことになります。ただし、上述したように清算期間内の１カ月ごとに平均して週50時間を超える労働時間についてはその時点で時間外労働となり、当該月に割増賃金を支払う必要があります。

　したがって、長時間労働が慢性化している職場で、１カ月ごとに週平均50時間を超える時間外労働があり割増賃金の支払いが発生すると、賃金計算が

複雑になってしまうので、清算期間を1カ月超に延長するか否かは慎重に検討する必要があると思います。

【参考例】：清算期間3カ月（4月〜6月）の場合の時間外労働のカウント方法
- 法定労働時間の総枠＝40時間×（30日＋31日＋30日）／7日＝520.0時間
- 週平均50時間となる月間の労働時間数＝50時間×各月の暦日数／7日
 （月の暦日数が30日の4月、6月は214.2時間、31日の5月は221.4時間となる）

step1：実労働時間数が4月と6月は214.2時間、5月は221.4時間を超えた場合、超えた時間はその月の時間外労働になります（当該月に2割5分増しの割増賃金の支払いが必要）。

step2：清算期間が終わる6月末日後に3カ月（4月〜6月）の総実労働時間数（step1で時間外労働としてカウントした時間は除きます）を計算して520.0時間を超えた時間は6月（最終月）の時間外労働となり割増賃金の支払いが必要になります。

1週間単位の非定型的変形労働時間制

Q フレックスタイム制における割増し賃金の支払い方法についてはよく分かりました。さて、このほかに変形労働時間制には1週間単位という制度もあるのですか？

A はい、「1週間単位の非定型的変形労働時間制」ですね（労基法32条の5）。適用対象になるのは業務の繁閑の激しい零細規模のサービス業（小売業、旅館、料理店、飲食店など常時30人未満の労働者を使用する事業）です。このような事業では日ごとに業務の繁閑が生じるので、1週間単位にそのつど労働時間を定めることができるのです。1週間の所定労働時間を40時間以内とする労使協定を締結し（届出必要）、従業員には、前週までに

ひとこと解説

高度プロフェッショナル制度

時間ではなく成果で評価される働き方を希望する労働者のニーズに応えるために平成30年の改正労基法で設けられた制度です（労基法41条の2）。

高度の専門的知識を持ち、職務の範囲が明確で一定の年収要件を満たす労働者を労基法に定める労働時間に関する規制対象から除外します。労使委員会の決議及び労働者本人の同意を前提として、年間104日以上の休日確保措置、健康福祉確保措置等を講じた上で実施します。

翌1週間の各日の所定労働時間を書面で通知して実施する必要があります。以上の条件を満たせば、1週間40時間の枠内で1日10時間まで労働させることが認められます。

研究職など付加価値の高い仕事をする人を対象に生産性を高めるのが狙いですが、年収1,075万円以上など適用条件が厳しく、中小企業が導入するには高いハードルがあります。

3 休日

 Q 労働時間（始業、終業時刻など）と同様に「休日」についても就業規則で必ず定めなければならない事項ですね。休日を定める際のポイントを教えてください。

> **（休　日）**
> 第15条　休日は、次のとおりとする。
> (1)　日曜日及び土曜日
> (2)　国民の祝日その他国が定めた休日
> (3)　年末年始（12月○○日から翌年1月○○日まで）
> (4)　夏季休暇（○日間）
> (5)　その他会社が特に定めた日

 A　休日も就業規則に必ず定めなければならない「絶対的必要記載事項」です。

　休日は労働契約上「労働者が労務提供義務を負わない日」です。労基法では「使用者は、労働者に対して、毎週少なくとも一回の休日を与えなければならない（労基法35条1項）。」と定めています。また「前項の規定は、四週間を通じ四日以上の休日を与える使用者については適用しない（35条2項）。」とも規定されているので、4週に4日以上の休日を与えることも「変形休日制」として認められます。

　そして、休日は暦日、つまり午前0時から午後12時までのものとされているので、単に連続した24時間の休みを与えただけでは足りません。

　法律でいう毎週1回（または4週に4日）の休日とは「法定休日」のことを指します。法定休日は、労働者の健康管理や仕事と生活の調和のために最低限必要な休日ですが、実際には、土日を休日とする週休2日制のように、週に2日程度の休日が設けられている会社も多いと思います。

　法律上は週に1回の休日があればよいのですが、週の所定労働時間は1週40時間以内にしなければならないという労働時間からくる規制（労基法）があるので、1日の労働時間数にもよりますが、1週に2日程度の休日の定めが必要になるのです。

法定休日と法定外休日

> **Q** なるほど、それで法定休日と法定外休日と分けて言ったりするのですね。当社では日曜日を法定休日にしていると聞いた覚えがあります。

　A　法定休日と法定外休日は特に区別しない会社もありますが、区別する必要がある場合があります。例えば、法定休日に労働させる場合と法定外休日に労働させる場合で、割増賃金の計算に違いがある会社の場合です。

　もし御社の就業規則で「法定休日は毎週日曜日とする。」といった規定がされている場合、日曜日に勤務した場合には3割5分の割増賃金が支払われる必要がありますが、土曜日に勤務した場合には（会社の就業規則の定めによりますが）2割5分の割増賃金しか支払われていないかもしれません。

　3割5分の割増賃金の支払いが必要なのは法定休日の労働で、法定外休日の労働の場合には通常の時間外労働の割増率である2割5分の割増賃金しか支払われなくても法的には問題はありません。

　ただ、土曜日と日曜日がどちらも会社の休日の場合、日曜日の労働だけより高い割増賃金が支払われるとしたら、土曜日に出勤した社員から不公平といった不満がでるかもしれませんね。

　そのような問題もあるので「法定休日」をどの休日にするのかは就業規則上特定しない方法も有効で巻末（資料2）のモデル就業規則でも法定休日を

特定していません（その場合は、例えば1週間フルに出勤した場合は最後の休日が法定休日になる）。また法定休日を特定しないことをより明確にするために、休日の定めに続けて次のように規定しても結構です。

> **【規定例】（法定休日）**
>
> ……前項の休日のうち、法定休日を上回る休日は所定休日（法定外休日）とする。

なお、法定休日を日曜日などに特定したほうが、給与計算実務が容易になるといったメリットも考えられます。また、第2節（時間外、深夜及び休日勤務）（P.96〜）で解説する「時間外労働の上限規制」では、時間外労働の限度時間の計算に（法定）休日労働を含む場合と含まない場合が混在しています。時間外労働や休日労働が多い会社では、法定休日と法定外（所定）休日を明確に特定しておいた方が、上限規制の限度時間の管理がしやすいといった事情も考えられるので、会社の勤務実態に合わせて検討してください。

Q なるほど、休日の定めは「働き方改革」における労働時間の上限規制とも関係してくるわけですね。

通常の会社では土、日を休日にしている場合が多いですが、サービス業、飲食業など土、日がかき入れ時で出勤日という業務も多々あると思います。その場合、社員ごとの休日は週の特定の曜日に固定的に定めるべきでしょうか？

A 曜日を特定し固定されるのが週休制の本来の姿ですから、行政通達などでも就業規則では休日をできるだけ特定して定めるよう指導指針が出されています（例えば「休日は毎週日曜日と水曜日」、等々）。

ただし、休日は日曜日でなければならないとか、国民の祝祭日は休日にしなければならないといった制約はありません。法はあくまで、毎週少なくとも1回の休日（変形として4週に4日）を与えなければならないと定めているだけです。

Q １カ月単位とか１年単位の変形労働時間制を定めている会社も多いと思います。その場合の休日についてはどのように定めればよいでしょうか？

A 　例えば１カ月単位の変形労働時間制の場合でグループや社員ごとに勤務日が異なる場合には、就業規則に画一的に休日を定めることはできませんから、シフト勤務表を変形期間の開始日前までに各人に渡す等して休日を特定すれば問題ありません。

　また１年単位の変形労働時間制の場合には、必ず労使協定を締結し、変形期間の起算日から対象期間の末日までの労働日と労働日ごとの所定労働時間などを協定します。年間勤務カレンダー（または１カ月毎に月間勤務カレンダーを各該当月の30日前までに過半数労働組合または過半数代表者の同意を得た上で書面により社員へ通知する方法等も可）が決まれば会社休日も定まるので、対象期間開始の30日前までに過半数労働組合または過半数代表者の同意を得た上で社員に通知してください。このような労使協定の定めを前提に、就業規則には「休日は労使協定により定めるものとする。」等と規定すればよいでしょう。

第4章 勤務

休日で
リフレッシュ！

パートタイマーやアルバイトの休日の定めについては何か留意点がありますか？

 　　　毎週少なくとも1回の休日が定められていれば特に問題はありません。これは労働時間の長短には関係ないので、例えば毎日1時間しか働かない労働者でも週に最低1回は休日を設ける必要があります。

　また、就労は週に4日と決めて働いているような場合、残りの3日は労働義務のない日になるので、それ以上に休日を設ける義務はありません。

4 休日の振替、代休

 休日に関連して休日の振替と代休について教えてください。振替と代休は当社ではほとんど区別せずに運用されていて、違いがよく分からないのですが？

（休日の振替）

第16条　業務上の都合によりやむを得ない場合は、あらかじめ振り替え日を指定して、当初休日とされた日に勤務させることがある。なお、この際は振り替え後の日を休日とし、従来の休日は通常の労働日とする。

 　　　休日の振替と代休について、我々社労士は様々な会社で説明をしますが、なかなか社長さんやご担当者に理解していただけない場合があります。

　しかし、この二つは法的に考えても性質は大きく異なるものですし、労務管理上きちんと区別して運用しないと賃金支払などでトラブルの原因になってしまうので十分に注意しましょう。

　まず「振替」の方ですが、休日の振替という言葉どおり、就業規則で定められた本来の休日を他の労働日に振り替えることです。振り替えによって、その社員にとっては元々の休日は労働日になって、振り替えられた特定の日

が休日に入れ替わることになります。

振替の事前手続き

Q 例えば休日の土曜日に勤務して、その代わりに翌週の水曜日を
お休みにするというようなことですね。振り替えるわけですから、
事前にその手続が必要になりそうですね。

A そのとおりです。振替は例えば、労働日である金曜日を休日に振
替にして翌日の本来休日である土曜日を労働日にするようなことで
もかまいません。いずれにしても、いずれか先に到来する日の前までに振替
の手続をとることが必要になります。予め定められた休日と労働日の入れ替
えを事前にすませることがポイントといえます。

振替は法的に言えば、本来の休日を入れ替えることなので「労働条件の変
更」になります。そこで、就業規則で「休日の振替」を行うことがある旨を
きちんと定めておかなければなりません。

振替をすることで、その社員にとっての休日と労働日が入れ替わりますか
ら、当初、休日とされていた日に労働しても割増賃金の支払いなどは不要と
なります。

代休とは？

Q なるほど、社員毎に休日と労働日が入れ替わるのですね。一方
「代休」は「振替」のような事前の手続をせずに休日に労働し、
代わりに後日、休みをとるということだと思います。当社でも、
多くの場合はそうなってしまいます。

A 「代休」は、まず休日労働ありきなのです。休日に労働した後で
後日その替わりにいずれかの労働日の労働を免除して疲労を回復さ
せるのが代休の目的です。その場合には、まず休日に労働していてその事実
を変更することはできません。すなわち休日労働に対する割増賃金の支払が
必要になります。これについては法定休日労働なら3割5分増し、法定外休

日労働でも通常は2割5分増しの賃金支払が必要になるのです。

　休日の労働を命じるためには就業規則の定めや三六協定の締結・届出が必要ですが、その後の代休を取ること自体は本来の労働日の労働を会社が免除するだけなので、振替のように就業規則上、特に「代休」の定めが必要というわけではありません。また社員に代休取得の請求権を認めるような規定の仕方も避けた方がよいと考えます。

代休と賃金の支払い

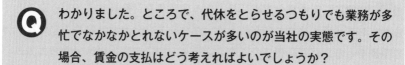

Q わかりました。ところで、代休をとらせるつもりでも業務が多忙でなかなかとれないケースが多いのが当社の実態です。その場合、賃金の支払はどう考えればよいでしょうか?

A　代休の場合、例えば、法定休日に勤務しその後代休を取得させた場合、割増し賃金分の（35％）だけの支払いで足りるのか、時給分を加えた（100％＋35％）の支払いが必要なのかは実はなかなか難しい問題です。割増し分（35％）だけ支払えばよいと考えている会社は多いと思いますが、その場合にはその旨の就業規則の定めが必要であると説明する法律家が多いです。代休日1日の就労を免除しているわけですからノーワーク・ノーペイの原則からすれば割増し分（35％）だけでよいとも考えられますが、代休は会社が一方的に就労の免除をしただけなので、135％分の賃金支払い義務は当然には消滅しないという理屈です。実際に労働者がそのような主張をするケースは少ないと思いますが、リスク回避の観点からは、次のような定めをしておけば規定どおりの支払いで足りると考えられます。

> 【規定例】（代休）
> 第〇条　会社は、休日労働した従業員に対し、代休を付与することがある。代休の時間及び日は無給とする。

　なお、代休の日は無給とした場合でも同一賃金計算期間内に代休がとれなければ、一旦は休日割増労働賃金を支払わなければ「賃金全額払い原則（労基法24条）」との関係で問題になるので原則として休日労働分（法定休日の

場合135%）の支払が必要になります。実務的には、次期賃金計算期間内には代休を付与すべきでしょう。このあたりは曖昧になっている会社も多々見受けられますが、きちんとやる必要があります。

振替と割増賃金

Q　「代休と振替」はなかなかやっかいですが、違いについてはよくわかりました。会社にとってみれば代休ではなく、休日の振替を行うことで割増賃金支払の抑制効果が期待できますね。
ところで休日の土曜日を労働日にして、翌週の特定日を休日に振替えるような場合、土曜日に労働したことでその週の総労働時間が週40時間を超えてしまう場合もあると思うのですが、その場合は割増賃金の問題は発生しませんか？

A　はい、おっしゃるとおり問題になります。法律上はそのとおりで、振替をしたとしても実際に週40時間を超えた労働時間部分については２割５分増しの賃金支払が必要になります。振替を同一週内に行えば（例えば休日土曜日を前日の金曜日に振替）、そのような問題は回避できますが、通常、休日の振替は直前に就労の必要性が発生し振替日は後日になってしまう場合が多いと思いますので、会社にとっては悩ましい問題といえます。

その点で週の起算日の設定を変える方法をご紹介しましょう。「一週間とは、就業規則その他に別段の定めがない場合には日曜日から土曜日までのいわゆる暦週をいう」（すなわち日曜日が起算日）とする行政通達がありますが、一般的な土日を休日にする会社の場合「１週間の起算日は土曜日」と規定すれば一定の効果が見込めます。すなわち、土曜日から始まるその後の一週間のうちに振替日を指定することができれば、土曜日から始まるその週の所定労働時間を40時間以内に収めることが可能になります。

出退勤の規定と注意事項

 なるほど、土曜日の休日を勤務して振替日を翌週内に設定すればよいわけですから検討に値する方法といえそうですね。

さて、第一節の最後は「出退勤の記録（17条）」、「欠勤、遅刻、早退、私用外出（18条）」と条文が続きますね。どんな点に注意が必要でしょうか？

（出退勤の記録）

第17条　従業員は、出退勤の際は、タイムカード等、所定の方法により出退勤の事実を明示しなければならない。

２．前項の記録は、他人に依頼したり又は依頼に応じてはならない。

（欠勤、遅刻、早退、私用外出）

第18条　病気、その他やむを得ない理由により欠勤又は遅刻、早退若しくは私用外出するときは事前に所定の手続きにより会社に届け出て承認を受けなければならない。ただし、遅刻、欠勤についてやむを得ない理由で事前に届け出ることができなかった場合は、事後すみやかに届け出て承認を得なければならない。

A　これらは就労のルールに関する事項で「服務規律」の章の中に書かれることも多いと思います。いずれにしても「遅刻・早退・欠勤」について定めるのは企業の職場秩序維持のためにも欠かせません。

言うまでもなく「遅刻」は、決められた始業時刻に遅れて出社することで、本来、始業時刻から開始すべき労務提供の一部が履行できないこ

ひとこと解説

遅刻等による減給の取扱い

遅刻、早退、私用外出、欠勤により労務の提供がない時間の給与はその分を控除するのが「日給月給制の原則」です。

「3回の遅刻をもって1日の欠勤とみなす。」といった規定を見かけることがありますが、これは賃金の全額払いの原則違反になります。

なお「○回の遅刻」を懲戒の1事

とになります。同様に「早退」は終業時刻より前に退社することですから、本来なら終業時刻までなされるべき労務提供の一部がなされません。また就業時間中の「私用外出」や「（私的な）面会」も労務が提供されない時間という意味では同じです。

案とみなして、「平均賃金の１日分の半額」を超えない範囲で減給するのであれば有効と考えられますがゆきすぎ（権利の濫用）で労使トラブルにならないように、運用には注意が必要です。

労働者は労働契約に基づいて労務提供義務を負っていますが、この義務が履行できない場合には使用者に「労働の免除」を求めることが必要になります。すなわち「事前の承認・許可」を受けるという手順を踏むことが求められるのです。

遅刻・早退・私用外出及び欠勤の場合、単に社員の「事前の届出」だけを手続き要件として記載している就業規則を見かけますが、会社の「承認、又は許可」を事前に得ることが必要である旨を明記しましょう。

Q 「遅刻」や「欠勤」の場合には、事前の承認を得ることが難しい場合もあると思いますが、その点はどう考えればよいでしょうか？

A 急な病気や体調不良の場合などですね。また交通機関の事故・延滞など本人に責任が及ばない理由の遅刻もあるでしょう。そのようなやむを得ないケースも考慮して、あくまで事前の届出・承認を原則としつつ「遅刻」、「欠勤」については、事後のすみやかな届出とこれに対する承認によることも認めるようにしましょう。

ただし「早退」、「私用外出」また「面会」については既に会社に出勤しているわけですから、そのような例外は必要ないと思います。

本節のポイント

(1)　始業・終業時刻、休憩時間

- 始業・終業時刻と休憩時間は「絶対的必要記載事項」なので必ず記載する

- シフト制の勤務をとる場合にもシフトごとの始業・終業時刻や休憩時間を明確にし、シフトの組合せ方法や従業員への周知方法などもできるだけ明記する

- 派遣社員は派遣元の就業規則では「始業・終業時刻、休憩時間は、原則として派遣先事業所による。」などと規定する

- 休憩時間は労働時間が6時間を超える場合には45分以上、8時間を超える場合には1時間以上、労働時間の途中に与える必要がある

- 休憩は一斉に与えることが原則だが、一斉休憩が困難な事業場の場合には交代制をとることができる

- 「勤務間インターバル」は終業時刻とその翌日の始業時刻の間に一定の「休息（オフ）時間」を設定する制度。働き方改革関連法で設置が事業主の努力義務になった

(2)　変形労働時間制

- 「変形労働時間制」は一定期間（1カ月、1年等）にわたって平均化して所定労働時間を設定することを認める制度

- 1日または1週間の法定労働時間数を超える場合があっても、期間内で平均して週法定労働時間（原則40時間）内に抑えれば適法

- 1カ月単位の変形労働時間制を導入するためには、①労使協定の締結・届出、または、②就業規則（またはそれに準ずるもの）において、変形期間の起算点や変形期間の各日・各週の労働時間を定める

- 1年単位の変形労働時間制は1年以内の一定期間について、事業場の繁忙期には労働時間を長く設定し、反対に閑散期には労働時間を短くすること等で効率的に労働時間を配分することができる

- フレックスタイム制は裁量の広い個人のペースでできる業務や、日によって働く時間の長さを調整できる業務などに向いている。必要事項を就業規則及び労使協定に定めて実施する

(3)　休日

- 休日は労働契約上「労働者が労務提供義務を負わない日」で、毎週少なくとも1日（変形として4週に4日）の法定休日を与えなければならない
- 法定休日を上回る休日を法定外（所定）休日と呼ぶ
- 法定休日に労働させた場合は3割5分増しの割増賃金の支払いが必要になる
- 「法定休日」は就業規則では特に触れない、または「法定休日を上回る休日は法定外休日とする。」といった規定は有効

(4)　休日の振替、代休

- 「振替」は本来の休日を他の労働日と事前に振り替える。「労働条件の変更」にあたるため就業規則の定めが必要
- 「代休」は、まず休日労働の事実があって、後日その代わりに労働日の労働を免除（代休）するもの
- 同一賃金支払期間内に代休がとれなければ、一旦は休日労働分の賃金支払いが必要になる
- 「振替」の場合でも、1週40時間の労働時間を超えた部分については割増賃金の支払いが必要になる
- 遅刻・早退・私用外出及び欠勤の場合、会社の「承認、又は許可」を事前に得ることが必要である旨を明記する

第2節　時間外、深夜及び休日勤務

第19条　時間外、深夜、及び休日勤務

5 時間外勤務・休日勤務・深夜勤務

 Q 次に就業規則で時間外勤務・休日勤務・深夜勤務について定める際の留意点について教えてください。

（時間外、深夜、及び休日勤務）

第19条　会社は、業務の都合により、所定労働時間を超え、又は深夜又は所定休日に勤務させることがある。

2．法定の労働時間を超え、又は法定の休日に勤務させる場合は、事前に労使協定を締結し、これを所轄労働基準監督署長に届け出るものとする。

3．所定時間外及び休日の勤務は、所属長の指示に基づき行うことを原則とする。ただし、従業員が必要と判断した場合は、事前に会社又は所属長に申し出て、許可を受けて行うものとする。

4．前項にかかわらず、やむを得ない事情により事前の指示又は許可を受けることができないときは、事後速やかに届け出て承認を得なければならない。

5．満18歳未満の年少者には、原則として、時間外勤務、休日勤務及び深夜勤務を命じない。

6．妊娠中又は産後1年を経過しない者が請求した場合は、時間外勤務、休日勤務及び深夜勤務を命じない。

7．3歳に満たない子を養育する従業員、小学校就学の始期に達するまでの子を養育する従業員、及び要介護状態にある家族を介護する従業員に関する所定時間外労働の免除、又は制限、並びに深夜業の制限については、育児・介護休業規程に定める。

A 　時間外勤務や休日勤務は「残業」と呼ばれ当たり前のこととして行われている会社も多いと思います。しかし、労基法では原則1日8時間、1週40時間を法定労働時間とし、これを超える労働を規制しています。

　実際には規制されたままでは事業活動が困難になる会社がほとんどでしょうから、過半数代表者との三六協定を締結し所轄の労基署長に届け出ること、また所定の割増賃金を支払うことで時間外労働や休日労働を可能にすることとしています。モデ

> ### ひとこと解説
>
> #### 三六協定
>
> 　三六協定はサブロク協定、またはサンロク協定と呼びます。名称の由来は、この協定が労働基準法36条（時間外及び休日の労働）に規定されているからです。
>
> 　三六協定の締結と労基署長への届出を行うことによって、はじめて法定時間外労働・法定休日労働を適法に行うことが可能になります。企業規模には関係がなく、10人未満の小規模事業所であっても協定の締結と届出が必要です。

ル規定19条2項はこの労使協定を締結し所轄の労基署長に届け出る旨を規定しています。

　実態としては、三六協定そのものを知らずに届出をしていない中小企業も多いのですが、労基署の立ち入り調査が入れば必ず指摘・是正勧告されることになります。協定の有効期限は原則1年とされています。「自動更新規定」を設けることは可能ですが、労基署には毎年「自動更新」した旨（労使双方から異議の申出がなかった事実を証明する書面）を届け出る必要があるので、実務的には、毎年協定を見直して提出する必要があります（次頁、三六協定届の記載例を参照）。

　労基法では届け出をしないで（法定）時間外労働をさせると「6カ月以下の懲役又は30万円以下の罰金」と重い罰則が科されるおそれがあるので、企業コンプライアンス上も必ず毎年提出すべきものと覚えておいてください。

【三六協定届の記載例】

（厚生労働省リーフレットより）

法定時間内残業と法定時間外残業

 三六協定を締結せずに残業を命じている会社も多いと聞きましたが、そのような厳しい罰則があるのですね。

さて、当社の1日の所定労働時間は休憩時間を除くと7時間30分です。この場合の残業について労基法との関係ではどのように考えればよいのでしょうか？

A 　厳密に言うと、いわゆる残業には「法定時間内残業（労働）」と「法定時間外残業（労働）」の2種があります。「法定時間外残業」は法定労働時間（原則1日8時間、週40時間）を超えた残業を意味します。

一方「法定時間内残業」は、会社の所定労働時間を超える法定労働時間内の残業という意味になります。所定労働時間と法定労働時間の長さが同一（1日の所定労働時間が8時間）の場合、法定時間内残業は発生しませんが、例えば、御社のように1日の所定労働時間が7時間30分の場合、その後に働く労働時間のうち最初の30分は「法定時間内残業」、さらに1日8時間を超えた労働時間については「法定時間外残業」になります（下図参照）。

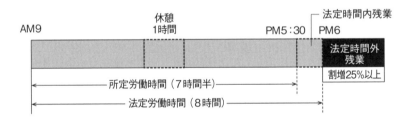

法定労働時間内での残業（図では午後5時半から6時までの30分間の残業）は、会社と社員との労働契約上の問題なので、就業規則で「業務上必要がある場合には所定労働時間を超えて労働を命ずることがある。」と記載すれば残業を命じても差し支えありません。

例えば、1日の労働時間6時間の契約で採用しているパートタイマーの場合は、契約時に本人の同意があることが前提になりますが、就業規則に定めがあれば追加の2時間までは法定時間内残業を命じることが可能です。この

場合、法定労働時間（1日8時間）内の残業なので、法的には割増賃金の支払いも必要ありません。

　一方、法定時間外残業を命じる場合（1日8時間、または1週40時間を超える労働）には、就業規則で定めるだけでは足りず、三六協定を締結し所轄の労基署長に届け出る必要があります。三六協定では、延長できる労働時間などを設定し会社はその延長時間の範囲内で2割5分以上の割増賃金を支払うことで残業を命じることができるのです。

　労使協定は国の刑罰を逃れる免罰的な効果を持っています。就業規則で時間外労働を命じることがある旨を定め、三六協定を締結してはじめて適法に会社は社員に「法定時間外労働（残業）」を命じることができることになります。

休日労働と三六協定

Q 三六協定はそのような免罰的な効果があるのですね。それでは休日の労働についてはどう考えればよいでしょうか？

A 　会社が社員に対し休日に労働を命じることは社員の個人生活との兼ね合いの問題があるので通常の労働日の残業以上に注意が必要になります。もちろん、業務上の必要性が高く他の社員では代替が困難ということであれば「会社は休日に労働を命ずることがある。」と就業規則で規定することは有効で、一般論としては社員の私生活より優先して労働させる拘束力もあるものと考えられます。

　休日に労働させる場合、法定労働時間（例えば週40時間）外に及ぶ場合が多いでしょうし、また法定休日（原則1週間に1日）に労働させる場合もあると考えられるので三六協定の締結と届出が必要になります。

時間外・休日勤務は事前許可制にする

Q 割増賃金については法定労働時間を超えた部分は原則2割5分増し、法定休日の労働は3割5分増し以上の賃金支払が必要でしたね。

A その通りです。御社の場合、最初の30分の残業は1日8時間の法定労働時間内ですから会社は割増分（25%）の賃金を支払う法的義務はありませんが、法定時間外労働、法定休日労働では法律で決められた割増分を上乗せして賃金を支払う義務が生じます。

さて、時間外労働や休日労働は会社が命じて行うのが原則です。しかし、実際には社員が自主的な判断で残業するような会社も多いのではないでしょうか。そのような場合、会社としても割増賃金を含めた支払いが増大するわけですから、社員の勝手な判断で残業を無制限に許すのは問題があると考えます。そこでモデル規定19条3項では時間外勤務や休日勤務は原則として所属長の指示、または社員本人が必要と判断した場合は、事前に許可を受けてから行うというルールを明記しています。

時間外労働の上限規制（働き方改革）

Q そのような運用は、長時間労働に陥らないためにも重要ですね。「働き方改革」では労基法に残業時間の上限が規定されたのが大きな改正だったと思います。長時間労働を抑制することは過労死の防止やワーク・ライフ・バランスの改善に効果があると思いますが、具体的にはどのような改正内容なのか説明してください。

A 働き方改革関連法の中では「時間外労働の上限規制（長時間労働の制限）」が労使共に関心の高い重要な改正事項でした。法定時間外労働については従前から原則1カ月45時間、年間360時間等の限度基準（平10.12.28労働省告示154号）が示されていましたが、法律には明記されておらず、特別条項付きの三六協定を締結すれば残業時間については事実上青天井になっていて問題視されていたのです。

労基法では法定労働時間（原則、1日8時間、週40時間）が決められていて既にご説明したように、三六協定の締結と届出があればこれを超える時間外労働や休日労働が認められます（法36条）。この基本的な枠組みは変わりませんが、改正後の労基法では36条に以下のような内容の限度時間が盛り込

まれました。

> ○原則
> 　(1)　時間外労働の上限時間は1カ月45時間、1年360時間（1年単位の変形労働時間制の場合は1カ月42時間、1年320時間）
> ○特例（臨時的な特別な事情がある場合）
> 　(2)　1カ月100時間未満（休日労働含む）、1年720時間以内、また、月45時間超の時間外労働は年6回まで
> 　(3)　複数月（2,3,4,5,6カ月）各平均80時間以下（休日労働含む）

　(1)の原則は、これまでは前述の告示で定められていた点を法律に格上げしたものです。

　(2)以降は「通常予見することができない業務量の大幅な増加等に伴い臨時的に限度時間を超えて労働させる必要がある場合」特例的に認められるもので、上限時間として1カ月100時間（休日労働含む）未満、1年につき時間外労働720時間以下までとなります。また月45時間を超えて時間外労働できるのは年6回までで、例えば慢性的に月50時間以上の時間外労働を1年間続けるような働かせ方は禁止されます。

　(3)は従来にはなかった新たな規制です。1カ月の上限が100時間未満とはいっても、例えばある月に99時間残業した場合、翌月は2カ月平均で時間外労働80時間以内に収めなければならないので61時間（99＋61＝160）が上限となります。さらに「3カ月平均」、「4カ月平均」、「5カ月平均」、「6カ月平均」がすべて1月あたりの平均で時間外労働80時間以内に収めなければなりません。

　(2)や(3)のように、特例的・臨時的に(1)の原則の限度時間を超えて労働させる場合には、「特別条項付きの三六協定（様式第9号の2）」の届出が必要になります。

時間外労働時間と休日労働時間の区別

 労働時間の上限規制では、覚えなければならない数字がいくつもでてきて混乱しますね。休日労働を含む場合と時間外労働だけで休日労働を含まない場合がありますが、どのように考えれ

ばよいのでしょうか？

A それぞれの上限時間規制に休日労働を含むのか否かをしっかり理解しておくことが重要です。労基法でいう休日とは法定休日（1週間に1日、または4週間に4日の休養日）を指し法定休日に働いた時間は時間外労働とは別枠となります。例えば、土日が休日の会社ではいずれか1日（通常、日曜日）が法定休日で他の休日（法定外）の労働は休日労働ではなく時間外労働の扱いになります。

時間外労働時間	1日8時間または1週40時間を超えて働いた時間（法定外休日に働いた時間を含む）
休日労働時間	法定休日に働いた時間

　規制される時間数が労基法上の時間外労働時間だけなのか時間外労働時間と休日労働時間を合わせた時間なのかを以下まとめてみましょう。

【法律で定める労働時間の上限規制】

1カ月あたり許される上限時間	単位	対象となる残業時間
100時間未満	1カ月	時間外労働と休日労働の合計
80時間以下	2, 3, 4, 5, 6月の各平均	時間外労働と休日労働の合計
60時間以下	年間の月平均（年間720時間以内）	時間外労働のみ
45時間以下	労使協定の1カ月ごと（原則）	時間外労働のみ
※月45時間超（時間外労働のみ）は年6回まで		

　表中、月100時間未満や複数月平均80時間以下は、過労死などの労災リスクが高まる労災認定基準との関係で時間外労働と休日労働を合算して規制しているのに対し、それ以外の上限時間は時間外労働だけを対象にしていて、（法定）休日労働時間を除外しています。

　なお、時間外労働の上限規制適用の例外として、①自動車運転の業務、②

建設事業、③医師、④鹿児島県及び沖縄県における砂糖製造業については5年の猶予期間を設けた上で規制を適用等することになっています。また新技術・新商品等の研究開発業務については医師の面接指導、代替休暇の付与等の健康確保措置を設けた上で、時間外労働の上限規制は適用除外となります。

　以上の時間外労働の上限規制は、大企業では2019年4月、中小企業は2020年4月に施行されました（違反した場合には6カ月以上の懲役、または30万円以下の罰金が科されるおそれがあります）。

本節のポイント

- 法定労働時間を超える労働や法定休日の労働を命じるためには、三六協定の締結と労基署長への届け出が必要
- 時間外労働には法定時間内残業（労働）と法定時間外残業（労働）がある
- 法定時間外労働、法定休日労働には三六協定締結・届出や割増賃金の支払い義務がある
- 不必要な時間外労働・休日労働や長時間労働を抑制するために、残業は会社の指示、または事前に上司の許可を受けて行うことを定める
- 働き方改革関連法の成立により時間外労働・休日労働の限度時間について法律に明記された

||||||||||||||||||||||||||||||||||||||||||||||||||| **第3節　休暇** |||||||||||||||||||||||||||||||||||||||||||||||||||

第4章

勤務

6 年次有給休暇

休日と休暇の違い

Q ここでは「休暇」の規定について説明してください。ところで休日と休暇はどのように違うのですか？

A 　休日も休暇も労働をしないという意味では同じです。しかし、休日というのはそもそも社員が労務提供義務を負わない日、すなわち予め決められた所定の労働日以外の日ということになります。

　一方「休暇（または休業）」については、必ずしも厳密な定義があるわけではありませんが、一般的には本来の労働日において特定の事由が発生し社員が請求することによって労働が免除される日といった意味合いになります。○○休業という言い方もありますが、休暇が連続して長期にわたるような場合、例えば「育児休業・介護休業」といった言い方をすることがあります。

　法律の条文で定められている休暇としては「年次有給休暇」、「産前産後休暇」、「育児休業」、「介護休業」、「生理休暇」、「育児時間」などがあります。「年次有給休暇」を除いてはノーワーク・ノーペイの原則で働かない時間に対し

て有給である必要はありませんが、「年次有給休暇」については例外で名称のとおり有給かつ、その際の賃金の算定方法も記載する必要があります。

年次有給休暇の規定方法

 それでは、種々ある休暇の中でまず年次有給休暇から説明してください。私の会社の社員は短く「有休（給）」と言ったりしています。

（年次有給休暇）

第20条　勤続6カ月の者で、当該6カ月の所定労働日数の8割以上を勤務した者には、10日の年次有給休暇を与える。

2．勤続1年6カ月以上の者で、前1年間に所定労働日数の8割以上を勤務した者には、勤続年数に応じて次の日数の年次有給休暇を与える。

勤続年数	1年 6カ月	2年 6カ月	3年 6カ月	4年 6カ月	5年 6カ月	6年 6カ月
付与日数	11日	12日	14日	16日	18日	20日

3．年次有給休暇を取得する場合は、原則として休暇日の2日前までに申し出なければならない。ただし、会社は、事業の正常な運営に支障があるときは、他の日に変更させることがある。

4．前項の規定にかかわらず、労働基準法に定める労使協定を締結した場合、各従業員の有する年次有給休暇のうち5日を超える部分について、あらかじめ時季を指定して計画的に付与することがある。

5．会社は年次有給休暇が10日以上与えられた者に対して、付与日から1年以内に、当該従業員の有する年次有給休暇のうち5日について、従業員の意見を聴取し、その意見を尊重した上で、あらかじめ時季を指定して取得させる。ただし、従業員が第3項又は第4項の規定による年次有給休暇を取得した場合においては、当該取得した日数分を5日から控除するものとする。

6．当該年度に新たに付与した年次有給休暇の残余は、翌年度に限り繰り越される。

7．第1項及び第2項にかかわる出勤率の算定にあたっては、年次有給休暇を取得した期間、産前・産後の休暇期間、育児・介護休業法に基づく育児休業・介護休業期間及び業務上の傷病による休業期間は出勤したものとして取り扱う。

8．年次有給休暇を取得した期間については、通常の賃金を支払う。

（注）　4項は「年休の計画的付与」、5項は「年5日の年休の確実な取得（働き方改革）」を規定しています（以下の本文解説を参照してください）。

A　一般社会では「今度、有休（給）取ろうかな」と使う場合が多いでしょうが、ここでは年次有給休暇を短く「年休」と略して以下説明します。年休は「労働者の健康で文化的な生活の実現に資する」ために、一定日数の休暇を有給で補償する制度です。

> 使用者は、その雇入れの日から起算して六箇月間継続勤務し全労働日の八割以上出勤した労働者に対して、継続し、又は分割した十労働日の有給休暇を与えなければならない（労基法39条1項）。

すなわち、労働者は雇入れの日から半年経過しその間の出勤率が8割以上であれば法律上当然に10日の年休が与えられることになります。

そして、2回目以降の年休の付与については、同法の2項に定められていて初回（6カ月後）から1年を経過するごとにモデル規定（20条2項）のように一定日数の年次有給休暇が付与されることになります。この場合も前年1年間の出勤率が8割以上というのが年休の付与される条件になります。

出勤率の計算

 なるほど、出勤率が重要で8割未満の場合、年休は与えられないのですね。例えば、入院して欠勤や休職が長期間にわたるような場合は出勤率8割が達成できない場合もありえますね。

 　はい、そのような場合には原則として年休は与えられないことになります。

　出勤率の計算は「出勤率＝出勤日÷全労働日」となります。全労働日とは労働契約上労働義務のある日のことで総暦日数から会社休日を除いた日数で休日に労働しても含めません。そして分子の出勤日数は、全労働日のうち出勤した日数になります。なお、次の期間は出勤したものとみなして扱わなければならないので注意しましょう。

①業務上の負傷や疾病で療養のために休業した期間
②産前産後の休暇期間
③育児・介護休業法に基づいて取得する育児・介護休業期間
④年次有給休暇を取得した期間

　それから私傷病休職については出勤率の計算の際、労働義務がない期間なので「全労働日」から除外する温情的な扱いもできますが、分母の「全労働日」にカウントし、分子の「出勤日」は欠勤扱いにすることも可能です。労働者には少々厳しい扱いになりますが、休職制度自体が労働者保護の制度（解雇猶予制度）なので年休の出勤率の算定上は欠勤と同様に扱うことも許されると考えられます。

　次に、勤続年数と年休の付与日数について通常の正社員の場合には、労基法39条2項では次表のように決まっています。継続勤務2年6カ月までは毎年1日ずつ加算、3年6カ月からは毎年2日ずつ加算して勤続6年6カ月以上で最長20日となります。

勤続年数	6カ月	1年6カ月	2年6カ月	3年6カ月	4年6カ月	5年6カ月	6年6カ月以上
付与日数	10日	11日	12日	14日	16日	18日	20日

年休の事前申請手続き

 次に年休の事前申請手続きについては、どのように規定するのがよいでしょうか？　当社では「原則として２日前までに所属長に届け出ること」となっていたと思います。

　　年休は勤続要件と出勤要件を満たせば当然に発生する労働者の権利です。労働者には時季指定権があるので、原則的には使用者は社員が請求する時季に年休を与えなければなりませんが、労基法では使用者にも一定の場合「時季変更権」が認められています。

　実務上も、会社は社員が年休を取得したことによる業務支障に対する対応策が必要なわけですから、その前提として事前の申請を求めるのは当然のことだと考えられます。法的な規制は特になく、年休取得の申請を「一週間前」までに求めるような規定も見受けられ、やや長いと思われますが会社側の事情として、他の社員との日程調整がその程度必要な場合であれば有効と考えられます。

　それでも、運用の仕方によっては問題になることがあり得るので御社の規定のように２日前（または前日）までに届け出ると定めるのは妥当でしょう。モデル規定20条３項でも「原則として２日前までに申し出ること」としています。

年休の利用目的を問えるか？

 わかりました。さて、届け出する際の年休利用目的ですが、ある社員から年休の利用目的は社員の自由のはずだから、申請理由は書きたくないとのクレームがありましたが、その点いかがでしょうか？

　　年休をどのように利用するかは社員の自由で使用者が干渉することはできません。上司が取得理由を具体的に聞くことは、年休を取りにくくする要因になり、またプライバシー保護の観点からも問題があります。したがって、その社員が言うのも一理あり休暇請求理由の記入を強制し

義務付けることはできないと考えられます。

　しかし、年休を請求する社員が複数重なって休暇付与の対象者を選ぶ必要があるような場合には、休暇請求理由も選択判断の要素にはなり得るでしょうから、請求理由を強制ではなく任意で記載させることは可能だと考えます。

　なお、連絡先などを書かせるのは長期休暇の場合は緊急時の対応として必要でしょうが、休暇の長短に関係なく一律に記入を義務付けることは避けた方がよいでしょう。

年休の時季変更権とは

Q 年休は法で認められた労働者の権利なのでそういった配慮が必要なのですね。それから、使用者側の時季変更権ですが「会社の業務が繁忙」程度で年休の時季を変えさせることは認められないと聞いたのですが？

A 　時季変更権が認められるか否かは、年休取得が「事業（「業務」ではありません。）の正常な運営を妨げる場合」に該当するか否かということになります。これは、①会社の規模、②担当業務の内容、③代替者の配置の難易度、などによって変わってくると考えられます。

　「人員不足の上に業務が繁忙」であるとか「代替者配置が困難」といった場合でも、それは使用者が通常の努力や配慮をすれば回避できる範囲のことなら「時季変更権」は簡単には認められません。重要なことは、実務では労使の信頼関係を築くこと、そして年休については社員と会社相互の利益を調整した上で、社員の同意を得て運用することだと思います。

当日朝の突然の年休請求の扱いは？

Q 先ほど、年休の申請は「原則として２日前までに所属長に届け出ること」といった規定は問題ないというお話でした。それはあくまで原則で、当社では社員から当日の朝になって「今日は年休にしてほしい」と連絡が入ることがあり、承認しないと言っ

たところ社員から不平がでたケースがあります。

A　年休は労働者の権利であって、使用目的なども会社が干渉することはできないことは前述したとおりです。その点、前日とか当日の朝に請求してきたという理由だけで請求を認めない、という硬直的な取扱いをすると法的にも問題になりかねませんので十分注意する必要があると考えます。

　いつも事前の申し出をきちんとする社員が、たまたま体調不良で当日の朝になって出勤不能で年休に振り替えてほしいと要求してきたような場合、会社としてはできるだけ承認してあげるほうが良好な労使関係を築く上ではよいのではないでしょうか。

　そのような場合を含め、就業規則に明記しておきたいのであれば、モデル規定（20条）では省略していますが、承認するか否かの裁量権はあくまで会社にあるという前提で、以下のように規定することも考えられます。

> 【別規定例】（年次有給休暇）
>
> 　年次有給休暇を取得する際は……原則として2日前までに届け出なければならない。
>
> 　ただし、突発的な傷病その他やむを得ない事由により欠勤した場合で、事前に届け出ることが困難であったと会社が承認した場合に限り、事後の速やかな届出により当該欠勤を年次有給休暇に振り替える場合がある。

年休の繰り越し

Q　わかりました、年休はあくまで事前申請が原則ですが突発的事態の発生などの場合には会社は柔軟に対応すべきですね。
　次に年休の翌年への繰り越しについて説明してください。当社では勤続年数の長い社員は1年で最長40日の年休取得ができるケースが多くなります。

A 　未消化の年休の話ですね。年休を取得する権利は労基法上の災害補償その他の請求権（賃金の請求権を除く）の時効と同じで2年間とされています（労基法115条）。これを前提に就業規則では「翌年度に限り繰り越すことができる。」といった規定をしていると思います。

仮に就業規則で「年休は翌年度に繰り越すことはできない」などと規定したらどうなるでしょうか？

この点に関しては「年次有給休暇の就業規則による繰越制限について、できるだけ年度内に年次有給休暇を取らせる趣旨の規定を設けることは差し支えないが、かかる事項を就業規則に規定しても、年度経過後における年次有給休暇の権利は消滅しない（昭23.5.5基発686号）。」とする行政通達があります。したがって会社が繰越不可と規定しても無効になります。

なお、時効の起算日は取得可能になった時点とされているので、入社日に3日、その後6カ月経過で7日付与といったような場合、最初の3日については入社日、6カ月経過後に与えた7日は入社6カ月経過時点から2年間ということになります。

年休の計画的付与

Q 年休日数が多く残ってしまう問題の解決策の一つとして、年休の計画的付与という制度があると聞きましたが、具体的にはどのような制度でしょうか？

A 　年休は原則として社員自らが取得時季を指定して申し出るものですが、「年休の計画的付与」とは年休のうち年5日を超える部分に限り、会社が指定した時季に年休を与えることができる制度です。これには組合または過半数代表者との労使協定の締結（労基署への届出は不要）が必要になります。モデル就業規則の20条4項は計画年休を定めたものです。

> 4. 前項の規定にかかわらず、労働基準法に定める労使協定を締結した場合、各従業員の有する年次有給休暇のうち5日を超える部分について、あらかじめ時季を指定して計画的に付与することがある。

　年休の計画的付与の具体的なやり方としては、①日を決めて事業場を一斉に休業する（一斉付与方式）、②部門ごとや班別にメンバー交替で付与させる（部門別付与方式）、③個人ごとに時季を定めて取得させる（個別付与方式）、の3種類の方法が認められています。

　年休はとりたいけれど、上司や周囲の社員に気兼ねしてなかなか年休の申し出がしにくいことはよくあることだと思います。①や②はともかくとして、③の個別付与方式は社員には好評なやり方といえます。なお、労使協定に基づいて実施する計画年休は、これに反対する社員も拘束されることになります。

Q 事業場を一斉に休業にする①一斉付与方式の場合、年休が3、4日しか残っていない社員もいる場合があると思います。計画年休は各人が持つ年休のうち年5日を超える部分に対して実施できる制度とのことなので、計画年休を消化させることはできませんね。他の社員は全員一斉に休んでいて、その社員だけ出勤させるわけにもいかない場合、どうすればよいでしょうか？

A 例えば、そういう社員には別の休日に出勤してもらって一斉の計画年休の日は振替休日にするといった裏技も考えられます。しかし、それも難しければ、その社員について計画年休の日の労働は、会社の責に帰すべき事由で休業扱いとして休業手当（平均賃金の60％以上）を支払う方法も考えられます。それ以外には、そのような社員には有給の特別休暇を与えるなどとして処理する会社もあるようです。

　以上、計画年休を実施する上では、いろいろと考慮すべき点はありますが、社員が健康で文化的な生活を送るためにも、日頃から年休の消化率を向上させる努力は会社として必要だと思いますので参考にしてください。

年5日の年休の確実な取得（働き方改革）

Q 「働き方改革関連法」の改正により、全社員に少なくとも年休5日の確実な取得をさせることが義務化されましたね。これは

インパクトの大きい改正でしたが、このことについて説明して
ください。

A 「働き方改革関連法」のなかで「年休」についてのこの改正は大変重要で、会社実務への影響も大きかったのではないでしょうか。すなわち「使用者は年休が10日以上付与される労働者に対し年5日の年休を取得させなければならない。」という労基法39条7項に関する改正です。2019年4月に企業規模を問わず一斉に施行されました。

年休は本来、労働者が任意の時季を申し出て取得しますが、職場への配慮やためらい等の理由で取得率が海外に比べて低調な状況にあり問題になっていました。そのため、（繰り越される前年の年休日数を除いて）基準日に10日以上の年休を付与される労働者（パートタイマー等を含む）については、使用者側で年5日について時季を指定して取得させなければならないという法改正が行われました。これは従来の労働者から申し出る時季指定に加え、企業側が労働者に「〇月×日に休みなさい」と強制的に指定する方法が新設されたと言えますが、使用者の時季指定について省令では「労働者の意見を聴きそれを尊重する」ことが努力義務とされていて、会社の一方的強制というよりは社員に年休取得を「お願い（または指示）」する制度と考えてよいでしょう。

なお、年休を労働者自ら請求・取得した日数や、前述した年休の計画的付与によって取得した日数については、時季指定義務の年5日から控除することができます。全社員が自主的に最低でも年5日以上の年休を取っている会社であれば特に問題はありませんが、一人でも年休取得5日未満の社員が発生すると法違反で罰則（30万円以下の罰金）が科されることがあるので注意が必要です。

以上のことを定めたのが、モデル規定20条（年次有給休暇）5項になります。

なお、年5日の年休の確実な取得と同時に企業は各社員の年休取得状況について管理簿を作成することが義務化されました。年休管理簿には、社員ごとの年休取得日、日数及び基準日を記録し少なくとも3年間保存する必要があります。

年休時季指定のタイミング

なるほど、人事担当者の記録管理作業が重要ですね。会社からの時季指定ですが、どのようなタイミングで行えばよいのでしょうか？

年休が10日以上付与された基準日から1年以内の適当な時期に行います。例えば、基準日から半年経過後に年休取得日数が5日未満になっている社員に対して、残りの期間に確実に5日以上の年休がとれるように社員及び上司に通知して実施します。また過去の実績を見て年休の取得日数が極端に少ない社員については、年間を通じて計画的に年休が取得できるように基準日に会社から時季指定するのもよいでしょう。

なお、会社が時季指定する際に、既に社員自らが請求したり、計画的付与で年休が特定されている日数が5日以上ある社員については時季指定する必要はなく、また、することもできません。

半日単位年休

わかりました。ところで年休は1日単位で取得する以外に半日とか時間単位で取得する定めも有効と思います。そのような規定にする場合の留意点について教えてください。

年休は、あくまでも休養を目的にしていることから「日」を単位に与えるのが原則です。以前は「1労働日」未満に分割して与えることは不可とされていた時代がありますが、昭和63年の行政通達で「年休は労働者の請求に応じて半日単位で与えても差し支えない。」とされました。更に、平成22年4月施行の改正労基法では「時間単位年休」が可能になりました。

ただし、このような1日未満に分割した年休取得は会社に導入義務があるわけではないので「わが社は1日単位の年休しか認めない。」としてもかまいません。

それでも、働く社員にとっては年休の分割取得のニーズは高いと考えられ、

また年休取得率の向上も期待できるので未実施の企業は導入を検討してみる価値はありそうです。

まず「半日単位年休」ですが、社員にとっては半日単位で取得できるので使い勝手が向上します。ここで「半日の考え方」には次の2通りが考えられます。

> (1)正午を基準として午前、午後で分ける
> (2)所定労働時間の真中で分ける

例えば、一日の所定労働時間が午前9時から午後6時（昼食休憩12時から1時間）の実働8時間の会社の場合には、(1)正午を基準とする場合、午前中の半休の労働時間は3時間、午後の半休は5時間（扱いは「半日」でどちらも同じ）となるので、同じ半日なら午後に取った方が得といった状況が考えられます。

一方、(2)所定労働時間の真中で分ける場合、前半の半日が午前9時から午後2時まで、後半の半日が午後2時から午後6時まで（各4時間）となります。

この例は午後の労働時間が午前より2時間も長いので公平性の観点から(2)の方法も考えられるところですが、通常の社員の生活を考えた場合、正午または昼の休憩時間を境に午前、午後という単位で考えた方が自然だとすれば(1)で運用するのでもよいと考えます（(1)の場合、公平性の観点から午前休の場合の出社時刻は午後2時からとする運用も考えられます）。

【規定例】（半日単位年休）

従業員は、年次有給休暇を午前と午後の半日ずつに分割して取得することができる。従業員が半日単位年休を取得したときは、1単位あたり0.5日の年次有給休暇を取得したものとして取り扱う。

時間単位年休の導入

Q なるほど、特に午前午後の時間にそれほどの差がない場合には正午で分けるのがすっきりする気がします。各企業の就業時間の実態にあわせて決めるとよさそうですね。
次に、時間単位の年休取得の導入方法について教えてください。

A 「時間単位年休」は文字通り「時間」を単位に年休が取得できる制度です。育児や介護、また通院など短時間単位で、より頻繁に利用できるので社員の利便性は高まると思われます。

一方、会社側のデメリットとして考えられるのは次の点でしょうか。

①年休管理事務が煩雑になる
②社員の時間管理意識が弛緩するリスクがある

時間単位年休を導入する上で会社が留意すべき点は、労基法で定められているように「労使協定の締結が必要（労基署への届出は不要）、及び時間単位年休は年間5日を上限とする」という2点です（なお、前述の「半日」年休の場合は法律上、労使協定締結や取得回数の上限等の制約は特にありません）。

時間単位年休の際、労使協定で定めるべき点は次の4つの事項です。

【労使協定で定めるべきこと】　時間単位年休
①対象労働者の範囲
②時間単位で与えることができる年休の日数（年間5日以内に限る）
③年休1日に相当する時間数
④1時間以外の時間を単位として年休を与える場合、その時間数

①の「対象労働者の範囲」では例えば、事務系社員だけを対象とし工場ラインの労働者を除く場合はその旨を定めます。ただし、年休の利用目的は労働者の自由なので、例えば、育児を行う労働者に限るといった定めはできないので注意しましょう。②は時間単位年休の日数は年間5日が上限と法で決められていて、5日を超える日数を定めることはできません。

③の「年休1日に相当する時間」については、整数かつ、その社員の「1

日の所定労働時間を下回ることは許されません」から、例えば1日の所定労働時間が7.5時間の会社の場合には、端数は切り上げて「8時間」としなければなりません。

④の年休取得の単位を1時間以外にする場合（例えば「2時間」等）には、その時間数を協定します。

労使協定を締結した上で、就業規則には以下のような時間単位年休の規定を追加して実施してください。

【規定例】（時間単位年休）

　従業員は労使協定の定めるところにより、年次有給休暇の日数のうち、一年間に5日を限度として、1時間を単位として、年次有給休暇を取得することができる。

時間単位年休は年5日の確実な取得の対象外

時間単位に小刻みに年休がとれるのは便利ですが、年休の本来の目的である十分な休養（疲労回復やリフレッシュ）をとるという点で問題があるので、時間単位年休は会社が認める場合でも年間5日までという規制があるのでしょうね。
ところで、半日単位や時間単位で取得した年休は前述の「年休5日の確実な取得」の日数から差し引くことは可能ですか？

A　その点に関しては、厚生労働省がQ&Aを公表しています。半日の年休取得については労働者の意見を聞いた際に、半日単位の年休取得の希望があった場合には、使用者が半日年休を与えることは差し支えありません。その場合には日数は0.5日として扱い年5日の年休の確実な取得の日数から控除できます。

しかし、使用者による時季指定を時間単位で行うことはできません。社員が時間単位で自主的に取得した年休や、会社が独自に設けた特別休暇のような休暇は、「年5日の年休の確実な取得」の対象外とされているので注意して運用してください。

年休取得時の賃金

年休5日の確実な取得のカウントでは1日または半日で取得した年休だけが対象になり、時間単位年休は労働者が自ら取得した場合であっても対象にならないのですね。しっかり覚えておく必要がありますね。

次の質問ですが、年休は有給休暇ですから取得日の賃金が保障されるわけですが、就業規則ではどのように定めるのがよいでしょうか？

年休を取得した日の賃金については、以下の3つのいずれかを支払うこととされています（労基法39条9項）。

①平均賃金
②所定労働時間労働した場合に支払われる通常の賃金
③健康保険法による標準報酬日額に相当する金額（労使協定が必要）

このうち通常は「②所定労働時間労働した場合に支払われる通常の賃金」を選択する会社が多いと思いますのでモデル規定20条8項ではその旨を定めています。この場合、別途年休手当を計算して支払うのではなく、事務の簡素化のため通常どおりの出勤をしたものとして取り扱えばよいという特例が認められています（昭27.9.20基発675号）。

ただ、パートタイマーなどで一日の労働時間が毎回のシフト表によって異なるような場合には、一日の所定労働時間が何時間なのか不明確になることもあるので、その場合は「①

ひとこと解説

平均賃金

解雇予告手当、休業手当、また災害補償などでは「平均賃金」を用います。

平均賃金は、原則として直近3カ月間にその労働者に支払われた賃金（賞与や臨時支払の賃金は除く）の総額を、その期間の総日数で除した金額となります。

算定事由が発生した日における現実の収入に近い金額を労働者に補償することを基本に、長過ぎず、短か過ぎずの3カ月間の総収入を、その期間の総日数で均等にならして、一日あたりの金額を求めるのです（な

第4章
勤務

119

平均賃金を支払う」という規定方法も考えられます。

　①から③までの方法があるといっても、その都度会社が任意に変更はできず、必ず、いずれの方法によるのかを就業規則で定める必要があります。

お、実際に労働した日数が少ない場合、原則の算定式では極端に低額になる場合があり最低保障として別の式が設けられています）。

年休の斉一的付与（基準日方式）

Q 年休については、入社してからの勤続年数に応じて付与日数が決まるわけですが、当社では中途採用者も多く、入社時期がまちまちです。その点、管理部の女性から社員の年休の管理が面倒という声を聞いたことがありますが、何かよい方法はありますか？

A 　確かに正社員やパートタイマーの数が多い場合など、入社年月日を起点に社員毎に年休を個別管理するとなるとかなり面倒です。

　そこで、全社員一律に基準日（4月1日等）を定めて斉一的に年休を与える取扱いにしたい会社も多いと思います。管理の煩雑さを回避するために、このような方法をとることは認められます。ただし、その場合注意したいのは、労基法で定められている勤続年数に応じた年休付与日数は最低基準ですから、これを下回る決め方は法違反になってしまいます。基準日を決めて斉一的な管理をする場合には、たとえ一瞬であっても法を下回るケースが発生しないよう、十分検討の上で導入する必要があります。

　例えば年度の途中で10月1日前と以後に入社した2人の社員がいた場合、当年度の年休付与の扱いはどうすればよいか考えてみましょう。10月1日以降入社の社員の場合は3月末時点で勤務期間は6カ月未満なので、新年度の初日（4月1日）に勤続6カ月とみなして10日の年休を与えれば特段問題はありません。

　しかし、9月30日以前に入社した社員の場合には当年度中に勤続6カ月を経過するので翌新年度を待って初めて年休を与えるような方法では労基法違

反になってしまいます。そのため、たとえば4月1日から9月30日までに入社した正社員は初年度の10月1日に勤続6カ月を経過したとみなして、10日の年休を付与し、さらに翌新年度の4月1日には1年6カ月を経過したものとみなして11日の年休を付与するといった方法をとる必要がでてきます。

基準日方式（シンプルな規定例）

> **Q** その場合10月1日以降に入社した社員は翌年4月1日の新年度まで年休はゼロである一方で、例えば9月中に入社した社員は翌月の10月1日に10日、さらに翌年4月1日には11日の年休が取得できるわけですね。

　この例はやや極端で、10月1日を挟んで入社日が数日違うだけで年休付与の待遇が大きく違ってしまい不公平といえますが、斉一的管理をするためにはある程度いびつになるのはやむを得ません。なるべく不公平を減らす種々の方法が考えられますが、入社初年度の年休付与をどのようにするのかをよく検討して決める必要があります。

　例えば、次のような規定方法は比較的シンプルで会社も管理しやすく、法律の条件も満たしているので4月1日を基準にした斉一的年休の付与として社員の納得が得られやすいのではないでしょうか。

【規定例】（年次有給休暇）

1．年次有給休暇は、4月1日を基準日とし、計算期間は当年4月1日より翌年3月31日までとする。

2．入社初年度については3カ月経過した場合に5日、更に3カ月経過した場合に5日の年次有給休暇を与える。

3．入社後最初に到来する4月1日には勤続1年6カ月経過したとみなし、以降勤続年数（1年未満は切上げ）に応じて次表のとおり付与する。

勤続年数	1	2	3	4	5	6以上
休暇日数	11	12	14	16	18	20

Q なるほど、これならすべての新入社員が法定以上に年休付与されることになるので問題ないのですね。基準日を決めて運用する方法について、当社でもいろいろと検討してみたいと思います。年休の取得については、会社実務の中で何かと問題が発生することが多いように思います。先日も、1カ月後に退職が決まっている社員が業務の引継ぎも不十分なままで残りの就労日をすべて年休で休むと言ってきて、ちょっとした騒動になりました。

A 　1カ月後に退職することが決まっている社員の場合は、退職予定日を超えて振り替えるべき日を指定するわけにはいきませんので、いわゆる会社の時季変更権を行使することはできません。

　このような問題を回避するためには日頃から社員の計画的な年休取得を進め、退職直前に多くの年休が残ることを未然に防ぐ対策が必要でしょう。また退職者の業務の引継ぎに関しては、きちんと業務引継ぎの義務付けを就業規則に明記しておくことも有効だと考えます。この点はモデル規定の41条2項（自己都合による退職手続き）を参照してください。

年休の買い上げ

Q 退職時のトラブルとして、退職が決まった社員から未消化の年休を買い取ってほしいという要望が出たことがありますが、どう対応すればよいでしょうか？

A 　原則として会社が年休を買い上げることは違法とされていますが、法定日数を超える部分、2年の時効で消滅した日数、または退職・解雇によって消滅する残日数については買い上げることも可能とされています。

　年休を買い上げる場合の単価については、「1日単価＝1日分の給料」である必要はなく、特に法的な定めもないので退職する社員との話し合いの中で任意に決めても構いません。例えば「1日5千円とか1日1万円」などですが、退職者にとって魅力ある金額でなければ拒否され「年休をすべて取得

して退職します。」といわれてしまえば、会社として対抗手段はありません。

年休の買い上げについては会社側にも退職者にもそれぞれ、次のようなメリットがあると考えられるので、両者の利益のバランスで話し合うことになるでしょう。

退職者のメリット	会社のメリット
● 退職日が早まることで失業手当の早期受給や次の転職先へのスムーズな移行ができる ● 待たずに現金が受け取れ税制面でも有利（退職所得扱いなので原則、所得税がかからない）	● 早期に雇用関係を打切りそれ以上のトラブルが回避できる ● 年休消化期間の会社の社会保険料負担等が軽減する

なお、事前に年休の買い上げを予定するような定めをすることは適切ではありませんから「年休の買い上げ」については就業規則で触れる話ではありません。

7 その他の休暇

法定休暇の種類

 年次有給休暇は法律で定められた休暇ですが、年休以外にも法律で決められた休暇があるはずです。どんな休暇があるのでしょうか？

 はい、それでは年休以外に会社が法に基づいて必ず定めなければならない休暇について説明しましょう。まず、労働基準法では以下の休暇・休業を定めています。

● 公民権行使の保障（労基法7条）
● 産前産後の休暇（同65条）
● 育児時間（同67条）
● 生理休暇（同68条）

さらに、育児・介護休業法等では以下の休暇・休業を定めています。

- 育児休業（育児・介護休業法5条以下）
- 介護休業（同11条以下）
- 子の看護休暇（同16条の2以下）
- 介護休暇（同16条の5以下）
- 母性健康管理のための休暇等（均等法12、13条）

Q なるほど、年休以外にも法律には結構たくさんの休暇・休業の定めがあるのですね。妊産婦とか育児・介護にからむものが多いですね。それぞれ休暇期間の長さや休暇中の賃金の支払などが気になります。

A 確かに労基法で定めているのは（年次有給休暇は別として）「公民権の行使」以外は妊産婦など女性の休暇になりますね。育児・介護休業法の休暇・休業を含め、以上の法定休暇・休業は有給を保障していません。つまり年次有給休暇だけは例外的に有給保障がされますが、それ以外の法定休暇は「ノーワーク・ノーペイの原則」に従って無給と定める会社も多く法的にもそれで問題はないのです。

　例えば、産前産後の休暇や育児休業のように健康保険や雇用保険から一定の保険給付がなされる場合があります。そのような休業期間中に賃金が支払われると保険給付が停止または減額調整されることになるので無給にしている会社が多いのです。

　もちろん以上のような法定休暇を、法律よりもさらに期間を長く（多く）

認めたり有給にしたりするのは、企業の裁量で自由に決めてよいので就業規則上どのように定めるかは企業ごとに検討してください。

裁判員休暇規程は必要か？

 それでは順に質問します。まず「公民権の行使」ですが、社員が裁判員制度の裁判員に選出されたような場合も含まれると考えてよいのでしょうか？

（公民権行使の時間）

第21条　勤務時間中に選挙その他公民としての権利を行使するため、また、裁判員その他公の職務に就くため、あらかじめ申し出た場合は、それに必要な時間を与える。ただし、業務の都合により、時刻を変更する場合がある。

2．前項の時間又は日は、原則として無給とするが、会社が認めるときは有給とすることができる。

 はい、労基法ではつぎのように規定されています。

労基法（公民権行使の保障）

第7条　使用者は、労働者が労働時間中に、選挙権その他公民としての権利を行使し、又は公の職務を執行するために必要な時間を請求した場合においては、拒んではならない。但し、権利の行使又は公の職務の執行に妨げがない限り、請求された時刻を変更することができる。

　裁判員制度は2009年5月21日から実施されていますが、原則として「正当な理由なく裁判所への出頭を拒むことはできず」、上記中の「公の職務」には裁判員制度への参加も含まれます。裁判員制度が導入された当初は、特別に「裁判員休暇規程」のようなものを作成する会社も多かったと思います。ただ、中小企業の場合などは、そのようなケースは比較的稀でしょうし、仮

に裁判員裁判で休暇が必要な社員がでた場合は、従前からある上記の「公民権行使による休暇」で扱えば特に問題はありません。

　賃金に関しては裁判員としての公の職務を執行している間は、会社に対して労務の提供をしているわけではないので有給にする必要はありません。社員が裁判員裁判の関係で裁判所に出頭しなければならないケースとしては、①裁判員の選任手続きと、②裁判員の審理に参加する場合があります。

　①の裁判員の選任手続は半日程度で終わりますし、②の裁判員が参加する刑事裁判の多くは５日前後で終わることが多いようです。これらの間は裁判所から日当が支払われますし、その社員に年休が残っていれば年休を利用することも考えられますね。

　もちろん事件によっては、裁判員裁判の日数が８日を超えるような場合もあり、裁判所からの日当（１日１万円程度）だけでは社員の生活に支障をきたす場合があるかもしれません。そこで一定日数以上（たとえば５日以上）裁判員として休暇が必要な場合には、通常の賃金（または通常の賃金から裁判所で支給される日当を差し引いた額）を保障してあげるような規定があれば、社員にはより優しい扱いになると思います。

生理休暇の与え方

 なるほど、裁判員に選ばれるケースは社員数が多い企業では十分起こりえる話ですから検討しておく方がよさそうですね。さて、次に女性の生理休暇の扱いについてお聞きしたいのですが、これは請求されたら必ず与える必要があるのでしょうか？

（生理休暇）
第23条　生理日の就業が著しく困難な女性が休暇を請求したときには、
　　１日又は半日若しくは請求があった時間における就労を免除する。
　２．生理休暇中は無給とする。

 労基法では「使用者は、生理日の就業が著しく困難な女性が休暇を請求したときは、その者を生理日に就業させてはならない（労基

126

法68条）。」としています。したがって、請求があれば会社としてはこれを拒むことはできません。ただ、法律条文にもあるように単に生理日だから請求できるわけではなく、あくまで「就業が著しく困難な場合」に与える必要があるのです。就業規則でもモデル規定にあるように同様の文言を忘れずに入れてください。

　生理休暇の期間については生理期間、苦痛の程度、就労の難易は各人ごとに異なるので、日数を限定することはできません。また取得単位は必ずしも暦日である必要はなく、女性社員から半日または請求のあった時間について与えるようにすればよいのです。

　生理休暇中の賃金の扱いについては中堅・中小企業では無給としている場合が多いのではないでしょうか。

Q 生理休暇といっても半日や時間単位で与えても差し支えないわけですね。賃金に関しては「１回につき１日を有給とする。」といった扱いをしている会社があり、その場合「生理日で就業が著しく困難」という点に疑義があるような社員が出た場合はどうすればよいのでしょうか？

A 生理休暇の場合は医師の診断書のような厳格な証明を求めることは不適切なので、あくまでも本人の意思表示によるしかありません。あとは女性社員が生理休暇の目的にしたがって正しく使用する「信義則上の義務」があるということだと思います。

　なお、年休取得の出勤率の計算にあたっては、生理休暇の期間を出勤したとみなす必要は法律上ありませんが、労使間の合意で出勤したとみなしても結構です。また精皆勤手当があるような会社で生理休暇を取った場合、精皆勤手当を減額することは法違反とはいえませんが、好ましいことではないでしょう。なお、賞与や昇給の査定などで極端に不利に扱うことは法の趣旨から許されないとした裁判例もあるので注意してください（日本シェーリング事件　最高裁　平元.12.14　⇒P.267参照）。

産前産後休暇

 妊産婦の休暇として、まず「産前産後の休暇」がありますね。就業規則に規定する上でのポイントを教えてください。

（産前・産後の休暇）
第22条　出産する女性が請求したときは、産前6週間（多胎妊娠の場合は14週間）の産前休暇を与える。
2．出産した女性には、本人の請求の有無にかかわらず、出産後8週間の産後休暇を与える。ただし、産後6週間を経過した女性が請求した場合で、かつ医師が支障がないと認めた業務については就労を認めることがある。
3．産前・産後の休暇中は無給とする。

A　労基法65条1項には「使用者は、6週間（多胎妊娠の場合にあっては、14週間）以内に出産する予定の女性が休業を請求した場合においては、その者を就業させてはならない。」と規定されています。

また同条2項には「使用者は、産後8週間を経過しない女性を就業させてはならない。ただし、産後6週間を経過した女性が請求した場合において、その者について医師が支障がないと認めた業務に就かせることは、差し支えない。」としています。

モデル規定22条はこのことを規定していますが、産前の休業は本人の請求を待って与えられるのに対し、産後の休業は請求の有無を問わず与えねばならない強制休業である点に注意してください。この際、産前6週間の期間は出産予定日を基準（出産が遅れた場合は予定日から出産日までは産前休業に含まれる）にし、産後8週間は、実際の出産日を基準に計算します。

なお、母性保護の観点から会社の就業規則では「産後8週間を経過するまで就業させない。」と規定しても結構です。また流産や死産のような場合でも妊娠4カ月目以降の場合は出産と解されます（昭23.12.23基発1885号）。したがって会社がその事実を知った上で産後の6週間以内に働かせれば法違反になるので、ご注意ください。

育児休業

> 　産後休業が終わると子が１歳になるまで子育てのために育児休業を取る女性社員が多いですね。育児休業についてはどのように規定すればよいのでしょうか？

（育児休業及び子の看護休暇）

第25条　子を養育する従業員に与える育児休業並びに子の看護休暇に関する具体的事項は、育児・介護休業規程に定める。

A　産前産後の休暇は妊娠・出産する女性のための休暇ですが、育児休業については女性だけが対象ではありません。社員（男女いずれも）が１歳（保育所に入所できない等、一定の場合には、１歳６カ月、さらには２歳）未満の子を養育するために「育児休業」を申し出た時には会社はこれを与えなければなりません。

　近年では国も男性の育児休業取得促進のためにいろいろな施策を講じています。例えば、2010年６月30日に施行された「改正育児・介護休業法」では父母が協力してともに育児休業を取得する場合は子が１歳２カ月になるまで利用可能な「パパママ育休プラス特例」や妻の出産後８週間以内（健康保険の出産手当金が支給される産後休業期間）に父親が育児休業を取った場合には、後日再度、育児休業の取得が可能な「育児休業再取得の特例」などが盛り込まれました。

育児のための短時間勤務制度

> 　夫婦が子育てしながら働き続けられる雇用環境整備が狙いですね。「女性のパワーを生かすこと」が今後の日本社会ではますます重要になると思います。
>
> 育児休業が終了して、育児短時間勤務制度を利用する社員も多いようですね。

A 　育児をする社員のニーズとして「短時間勤務制度」や「所定外労働の免除」が高いです。３歳に満たない子を養育する労働者は、育児のための所定労働時間の短縮措置や残業の免除を申し出ることができます。短時間勤務は、原則として１日６時間勤務をいいますが、６時間を含む選択式で規定しても差し支えありません。

　短時間勤務の場合の給与の支払いについては、短縮された所定労働時間に対する部分の給与は無給とし、実労働時間に応じて支給するといった定めをするとよいでしょう。

介護休業

Q 　最近は高齢化社会の進展に伴い親の介護のために休暇をとる社員も増えていますね。その点、法律ではどのように定められているのですか？

A 　これも「育児・介護休業法」に規定されています。労働者が家族の介護を行うために「介護休業」を申し出た時には、会社は対象となる家族一人につき、要介護状態（負傷・疾病または身体上・精神上の障害により、２週間以上の期間にわたり常時介護を必要とする状態）に至るごとに、通算して93日まで３回を上限として介護休業を分割して与えなければなりません。

　以前は従業員が家族のための介護休業を取得できるのは１回限りでしたが、2017年１月からは要介護状態の開始、途中、最終（看取り）といったように３回を上限に分割取得できるように使いやすくなりました。

　介護休業はある程度まとまった期間の休業を取得する制度ですが、このほ

ひとこと解説

規程と規定

　モデル規定25条と26条は就業規則本則とは別規程で定める委任規定としています。

　ところで「規程」と「規定」の違いですが、会社の規則などで一連の条文の総体を表す場合には「規程」を使い、個々の条文を指すときは「規定」を使うことが多く、本書もこれに従っています。「規定」は「規定する」と動詞になりますが、「規程」は動詞の使い方はありません。

かに要介護状態の家族の通院の付添いなどのために短期の「介護休暇（介護する家族が一人なら年5日、二人以上なら年10日を限度）」の制度もあります。「介護休暇」（及び「子の看護休暇」）は時間単位での取得が可能になりました（2021年1月1日施行）。

　それから、介護を必要とする家族を抱える労働者については育児の場合と同様に「短時間勤務制度」や「所定外労働の免除」が認められています。

　以上の育児・介護に関する休業については手続などを含めると多岐に渡り相当数の条文になります。したがって就業規則の本則の中ですべてを記載するのではなく、本則では簡単に要旨だけを記載して、委任規定を設けて別に定めるのがよいと思います。

　「育児・介護休業規程」を作成する場合ですが、国の育児・介護休業法の頻繁な法改正に追従して正確な規定を作成するのは我々社労士のような専門家でも容易なことではありません。そこで厚生労働省が「育児・介護休業等に関する規則の規定例」を公開しているので、そういうものを参考にするとよいでしょう。

特別休暇（法定外休暇）

> **Q** 厚生労働省のモデル規定はインターネットからダウンロードができるようなので検討してみます。さて、次に「特別休暇」について教えていただけますか？

（特別休暇）

第28条　特別休暇は、次の各号のいずれかに該当し、本人の請求があった場合に、当該事由の発生した日から起算して、それぞれの日数を限度として与える。この場合、それぞれの日数は継続した日数とし、休日は算入しない。

(1)　本人が結婚するとき（ただし、結婚式又は入籍日から起算して6カ月以内に取得するものとする）　　　　　　　　　　5日

(2)　子が結婚するとき　　　　　　　　　　　　　　　　　2日

(3)　妻が出産するとき　　　　　　　　　　　　　　　　　2日

（4）　親族が死亡したとき

　　父母、配偶者、又は子のとき　　　　　　　　　　　　　　5日

　　祖父母、兄弟姉妹、又は配偶者の父母のとき　　　　　　2日

　2．特別休暇期間中は通常の賃金を支払う。

A　「特別休暇」には勤続年数の節目に与える「リフレッシュ休暇」など、会社ごとに種々あると思いますが、ここでは最も一般的な「慶弔休暇」について説明します。使用者は年次有給休暇を付与する義務はありますが、慶弔を理由とした休暇を別途付与する法的義務はありません。つまり法定外の休暇というわけですが、多くの会社では慶弔事由が生じた場合の休暇を付与する例が一般的だと思います。

　慶弔事由としては、①本人の結婚、②子の結婚、③妻の出産、④父母、配偶者及び子の死亡、⑤祖父母及び配偶者の父母並びに兄弟姉妹の死亡、などが考えられます。それぞれ、何日間与えるかは個々の企業の裁量で決めることになります。

　その際、特別休暇中に土日などの所定休日が含まれる場合の扱いに注意すべきでしょう。休日も含める場合には、トラブルを防ぐため「特別休暇は暦日で計算し、日数には休日を含めるものとする。」と明確に規定してください。

　一方、モデル規定28条では会社休日は別カウントとして「休日は算入しない。」と定めています。同様に、特別休暇は「○○労働日」与えるというような記載にしても休日を含めないことが明確になります。

Q　慶弔事由として「本人が結婚するとき　5労働日」与えるといった規定をした場合ですが、最近では入籍と結婚式、また新婚旅行の時期は同一でない場合がよくあるようです。1年以上前に入籍した社員が新婚旅行に行くので結婚休暇を取得したいといわれて、困惑したケースがあります。

　そうですね、そんな通常の常識を超えた時期に請求されては会社の負担が大きくなると思います。モデル規定28条1号では、結婚休

暇は「結婚式又は入籍日から起算して6か月以内に取得するものとする。」といった但し書きを入れています。

　なお、慶弔事由による休暇は当然「有給」と思っている方も多いでしょうが、特に中小零細企業の場合などは「慶弔休暇（又は特別休暇）」を無給としている例もあると思います。これも会社の裁量で決めるべきことですが、日数が比較的少ないこと、また人生の中でそれほど頻繁に発生することではないと思われるので、導入する以上は「有給」としてあげるのがよいと考えます。

 本節のポイント

(6)　年次有給休暇

- 年次有給休暇（年休）は労基法で定められた有給の休暇制度で継続勤務要件（6カ月以上）と出勤率要件（8割以上）を満たした労働者に与えられる
- 出勤率を計算する上で、出勤したものとして扱わなければならない場合（産前産後の休暇期間など）がある
- 年休の事前申請を求める規定は有効だが、使用者が年休の時季変更を命じるためには「事業の正常な運営を妨げる場合」に該当する必要がある
- 当日の朝になって突然年休請求があった場合などは必ずしも承認する必要はないが、状況に応じ会社の裁量で認めることも必要
- 年休の時効は取得が可能になった日から2年
- 年休のうち5日を超える日について「年次有給休暇の計画的付与」を定めることができる
- 働き方改革関連法で10日以上年休が付与される者に対しては、年5日の年休を確実に取得させることが義務付けられた（2019年4月施行）
- 年休は会社の裁量で「半日単位」、または「時間単位」で与えることができる

- 年休取得日の賃金は「所定労働時間労働した場合に支払う通常の賃金」、「平均賃金」などを就業規則に定めた上で支払う
- 年休について基準日を設けて斉一的に管理する場合には、法律の要件を下回らないように注意する
- 法定を上回る年休や退職時に未消化の年休を買い上げることは可能

(7)　その他の休暇

- 年休以外にも労基法や育児・介護休業法では必ず定めなければならない休暇・休業が法律で定められている
- 年休以外の休暇・休業における賃金は「無給」と定めても適法
- 公民権行使の保障（労基法7条）は裁判員裁判への参加に必要な時間に対しても適用される
- 「生理日に就業が著しく困難な場合」に本人の請求があれば「生理休暇」を与えなければならない
- 妊産婦には労基法に基づき産前産後の休暇を与えなければならない
- 1歳（原則）未満の子を養育する従業員、または要介護状態にある家族を介護する従業員が申し出た場合には育児・介護休業を与えなければならない（育児・介護休業法）
- 「特別休暇（又は慶弔休暇）」は法で義務付けられた休暇ではなく有給を保障する義務はない。定める内容や期間などは会社が自由に決める

〈年次有給休暇〉

 &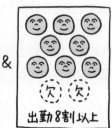

勤務6ヶ月以上　出勤8割以上

第4節　人事異動及び出張

第29条　配置転換及び出向
第30条　出張

8 人事異動

Q ここでは人事異動について、就業規則でどのように扱ったらよいか質問します。まず、人事異動の言葉の意味を教えてください。

A 　人事異動とは企業が社員の配置・地位や勤務状態を変えることで、毎年3月末や事業年度の末日を節目にして実施されることが多いでしょう。異動は労働者の不利益を伴うことも多いので、就業規則にきちんと定めを置き、これに基づいて行う必要があります。

　まず、人事異動といった場合には、大きく「配置転換」と「出向」が考えられます。

　「配置転換」すなわち「配転」は、同じ企業内の異動で職種・職務内容または勤務場所が変わることをいいます。勤務場所が変わる場合は、特に「転勤」という言葉が一般的ですね。

　「出向」は、企業をまたがる異動を伴い「在籍出向」と「移籍出向」がありますが、出向については後ほど検討しましょう。

Q 配置転換ですが、モデル規定（29条1項）では次のようになっています。このような簡潔な記述をしておけば特に問題はないでしょうか？

（配置転換及び出向）
第29条　会社は、業務上必要がある場合は、従業員の就業する場所又は従事する職務の変更を命ずることがある。

135

> 2.　会社は、業務上必要がある場合は、従業員を在籍のまま他の会
> 社へ出向させることがある。

A　「配転」は本人の生活にとっては重要な問題ですし、労働条件（業務内容・就業場所など）の変更になるので就業規則には配転を行うための根拠規定を置くのが適切です。上記1項のような職務の変更規定があって、入社時にも就業規則が周知されていれば、原則的には本人の個別同意がなくても、会社が配転命令を出すことは可能と考えられます。

　会社は正社員に対しては長期の雇用保障をした上で採用しています。その見返りとして職種や勤務地を特定せずに採用し、経営の柔軟性と人材活用の活性化を目的に配転を行うことができるというのが一般的な考え方です。

無効な配転命令とは？

Q　一般論としてよくわかりました。ただ、個人の事情などによっては、会社の配転命令が認められないケースもあると思いますがいかがでしょうか？

A　配転が認められない場合というのは、①業務上の必要性がない場合、また、②不当な動機や目的でなされた場合です。例えば退職を迫るために故意に本人が望まない業務に追いやるような行為は「不当な動機や目的」となるので認められません。

　さらに労働者に対し、③「通常甘受すべき程度を著しく超える不利益を負わせる場合」も、権利の濫用として無効になります。いろいろなケースが考えられますが、例えば親の介護が必要な社員に転勤命令を出すような場合、本人が転勤してしまうとその家庭の生活を維持することが困難になる場合は著しい不利益と判断され、転勤命令が無効になる場合もあり得ます。

　育児・介護休業法では、転勤に関し「子の養育又は家族の介護を行うことが困難となることとなる労働者がいるときは、当該労働者の子の養育又は家族の介護の状況に配慮しなければばらない（同法26条）。」との定めがあります。

　会社の配転命令は、以上のような事情がある場合を除き原則可能と考えら

れますが、配転は本人にしてみれば、生活上の影響が大きい場合もあるので十分な理由の説明をした上で、気持ちよく新たな仕事に取り組める環境を作ってあげるべきでしょう（東亜ペイント事件など「人事異動」に関係する裁判例は資料１のP.267を参照してください）。

職種・エリア限定採用

Q そうですね。ところで、社員によっては職種やエリアを限定して雇用されている場合があると思います。一定の職種や一定のエリアの中での勤務を約束している場合、配転させることは難しいのではありませんか？

A 　それはおっしゃるとおりですね。個別の労働契約で職種や勤務地を限定して採用する場合は、たとえ就業規則に「配転（転勤）を命ずることがある。」と書かれていても、個別の契約が優先されます。

業務の都合でどうしても配転が必要になる場合には、本人とよく話をした上で同意があれば可能ですが、そうでなければ職種の変更や転勤させることは困難になるでしょう。そんなことにならないためにも、採用時に職種の変更や転勤の有無をきちんと本人と話し合って合意しておくべきです。

海外勤務の留意事項

Q 近年ではアジア地区に工場を設立した企業も多いですね。海外への出張や転勤は国内と同一に考えることはできない気がしますが、その点何か留意事項はありますか？

（出　張）

第30条　会社は、業務上必要があるときは、従業員に対し国内又は国外への出張を命ずることがある。

２．出張中は、所定労働時間を勤務したものとみなす。ただし、会社が別段の指示をした場合はこの限りではない。

> 3．従業員の出張旅費及び転勤旅費については、別に定める旅費規
> 程による。

A　　海外での勤務には「海外出張」と「海外転勤」があります。海外出張といえども数カ月とか、ある程度長期間の出張の場合には社員にはかなりの負担になる場合があるので、比較的長期の海外出張が予想される会社の就業規則には「海外への出張を命ずることがある」と明記しておくことが望ましいでしょう。

さらに、海外転勤ともなれば通常は数年間の長期に渡り社員を慣れない海外での環境に置くわけですから、国内での転勤とは意味合いが変わってきます。

海外転勤用の規定を作成して、会社の海外転勤命令権を定めた上で、転勤期間は3年以内に制限し、延長の場合は本人同意を必要とするなど、社員の被る不利益を緩和する配慮が必要だと考えます。

なお、海外出張中のケガや病気は国内の事業場の労災保険により給付が受けられますが、海外転勤の場合には業務災害における労災保険の適用がないので、労災の海外派遣者のための特別加入制度に加入させるなど、実務上の扱いにも配慮が必要です。

事業場外労働のみなし（出張）

Q　出張（30条）の2項の前半では「出張中は、所定労働時間を勤務したものとみなす。」となっていますね。出張中の労働時間は算定が難しいことからこのように扱うわけですね。

A　　これは「労働時間の全部又は一部について事業場外で業務に従事した場合において、労働時間を算定し難いときは、所定労働時間労働したものとみなす（労基法38条の2第1項）。」という事業場外労働のみなし労働時間制による扱いを定めたものです（この場合、労使協定の締結は不要です）。事業場外で労働するために使用者の指揮監督が及ばない外回りの営業社員などで使われることがよくありますが、内勤者の場合でも、出張のような場合には、事業場外労働のみなしの適用が可能です。

　なお、巻末（資料2）のモデル旅費規程では出張旅費、転勤、また単身赴任者の帰省旅費などについての規定例を掲載しているので、ご参考にしてください。

9 出向

Q 人事異動の続きで、社員を「出向」させる場合に就業規則で定めておくべき内容や注意事項などについて教えてください。

A　「配転」や「転勤」は同じ企業の中での職務、地位、勤務場所の変更でしたが「出向」は企業間を異動することをいいます。通常、「出向」という場合には、元の企業に在籍のまま別の企業（出向先）との間で新たな労働契約関係に入ることをいい、これを特に「在籍出向」と呼びます。モデル規定では29条2項で「会社は、業務上必要がある場合は、従業員を在籍のまま他の会社へ出向させることがある。」と在籍出向について規定しています。在籍出向の場合、出向元・出向先の双方に雇用関係が生じるので、派遣元だけに雇用関係が生じる「労働者派遣」とはその点が異なります。

　「在籍出向」では、労働時間、休暇等の労働条件は出向先の条件（出向先の就業規則など）に従いますし、労務遂行上の指揮命令権も出向先が持つことになります。しかし、就業規則のうち労務提供を前提としない部分（例えば「定年の定め」や「雇用形態」など）は依然として出向元の就業規則の適用を受け続けることになります。

　出向を命じられた社員は出向先企業と雇用関係に入ることになり社内異動とは異なりますから、出向を命じる場合には就業規則の定め（定めがない場合は「個別の同意」）が必要ですし、その上で、出向期間、出向中の賃金などの労働条件について、本人の納得が得られるようにすることが大切です。

出向の留意事項

Q 出向者は出向元と出向先の二つの就業規則が適用されるとなると、少々複雑ですね。その点で本人に不利益が生じるような場合はどのように考えればよいのでしょうか？

A 　原則として、出向期間中の勤務時間、休日、また休暇など労務提供に関する労働条件は出向先の就業規則が適用されます。その結果、出向社員に不利益が発生する場合には、出向元の使用者はできるだけ不利益の解消に努めるべきでしょう。

　出向中の社員は出向元企業では労務の提供が停止されますから「休職」扱いになっている場合が多いと思います。「休職」の場合であっても、定年や解雇などの雇用形態や勤務の態様に関する事項については出向元の労働条件（「就業規則」などの規定）が適用される必要があるでしょうし、例えば将来の退職金の支払については、出向中の期間も通算して不利益がないような配慮（「就業規則（退職金規程）」などの規定）が重要になります。

　出向が多くトラブルも懸念される企業の場合には「出向規程」などを設け、出向における労働条件を細かく定めておく必要があるでしょう。その際、出向期間、出向期間中の社員の地位、処遇などについて規定し「労働条件が低下しないよう必要な措置を講ずる。」旨の規定を置けば社員も安心できるのではないでしょうか。

　出向の目的は、社員の能力開発・キャリア形成、雇用調整、中高年齢者の処遇など様々なケースが考えられますが、いずれにしても会社として権利の濫用にならないように配慮する必要があります。労契法では、（在籍）出向に関して、次のように規定されているので覚えておきましょう。

労契法（出向）
第14条　使用者が労働者に出向を命ずることができる場合において、当該出向の命令が、その必要性、対象労働者の選定に係る事情その他の事情に照らして、その権利を濫用したものと認められる場合には、当該命令は、無効とする。

転籍出向には個別同意が必要

 それでは、転籍出向についてはどのように考えればよいのでしょうか？

　　直前で引用した労契法における「出向」とは「在籍出向」を指しています。在籍出向の場合には、出向元と労働者との労働契約関係が終了するわけではないので、就業規則に「出向させることがある」旨の規定があって、業務上の必要性や人選に合理性があり、かつ出向の内容や条件が著しく不利益であったり、将来不利益を招くことが明白な場合でなければ、社員の個別同意は必要ないと考えてよいと思います。

　一方「転籍」の場合には、出向元企業との雇用関係は終了し転籍先との新たな雇用関係に移行するわけですから、たとえ転籍出向がある旨を就業規則に定めたとしても、それが入社時の包括的同意と認められるわけではなく転籍させるためにはその都度、対象となる社員の個別同意が必要になります。

　本節のポイント

(8)　人事異動

- 人事異動には「配転」と「出向」があり、勤務場所が変わる配転を特に「転勤」という
- 就業規則に「配転」させることがある旨の定めがあれば、本人の個別同意がなくても配転命令は原則有効
- 業務上の必要性がない場合、また必要性はあっても不当な動機や目的を伴っている場合、配転命令は無効
- 親族の介護などがある場合で、配転によりその家庭の生活を維持することが困難になるような場合、著しい不利益と判断され無効になる場合がある
- 個別の労働契約で職種や勤務地を限定して採用する場合は、個別の契約が優先される

- 「海外転勤」（及び長期の「海外出張」）が予想される場合は、就業規則の定めに加え「海外転勤規程」などを作成し社員への十分な配慮を行う

(9)　出向
- 「（在籍）出向」とは元の企業に在籍のまま、別の企業（出向先）との間で新たな労働契約関係に入ることをいう
- 「出向」の場合、労働時間、休暇などの労働条件は出向先の就業規則が適用され、労務提供を前提としない部分（例えば定年の定め等々）は出向元の就業規則が適用される
- 出向を命じる場合があることを就業規則に定め、出向中の労働条件が低下しないように十分配慮する
- 出向は本人にとって著しい不利益等がなければ、社員の個別同意は原則として不要だが、権利の濫用が認められる場合、出向命令は無効になる（労契法14条）
- 「転籍（出向）」の場合には、必ず、事前に当該社員の同意が必要

〈人事異動〉

第4章
勤務

第5節　教育

第31条　教育

> **Q** モデル規定第5節では「教育」の定めがありますね。会社が行う教育について規定する上での留意事項を教えてください。

（教　育）

第31条　会社は、従業員が職務を遂行するために必要な知識、技能等の向上を目的として教育を行う。

2．従業員は、会社が行う教育を受講しなければならず、正当な理由がある場合を除き、これを拒むことができない。

3．上記の教育は、原則として勤務時間内に実施する。教育が所定労働時間を超えるときは、時間外勤務とし、会社の休日に行われるときは、あらかじめ他の勤務日と振り替える。

A　　職業能力を高めるための社員教育は、計画的に実施することが望ましいですね。どんな教育を行うのか、また実施方法などの詳細については就業規則とは別に定めるのがよいでしょう。

特定の資格、講習を必要とする業務については外部の研修などに参加させることも必要で、会社が命じた場合には、正当な理由がない限りは受講することを義務付けるように規定します。

会社が行う教育は当然、業務の一環として行うので、原則として勤務時間内に実施し、また、教育が所定労働時間を超えるときは、時間外勤務として取り扱う必要があります。それから、外部研修などが会社の休日に行われる場合は、あらかじめ他の勤務日と振り替えるような規定にするとよいでしょう。

なお、教育訓練について女性であることを理由に男性社員と比べ差別的な扱いをすると均等法（6条1号）に違反することになるので注意してください。

休職にはどんな種類があるのか

> **Q** この章では「休職・復職」について教えてください。まず、休職とはどのような制度でしょうか？

（休職の種類）

第32条　従業員（試用期間中の者を除く）が、次の各号のいずれかに該当すると認められるときは、会社は休職を命ずる。

(1) 業務外の傷病により欠勤が、継続、断続を問わず日常業務に支障をきたす程度に続く（原則として1カ月とする。）とき

(2) 精神又は身体上の疾患により労務提供が不完全なとき

(3) 業務命令により他社に出向になったとき

(4) その他前各号に準ずる特別の事情があって休職させることが適当と認められるとき

A 　休職とは、社員が職務に従事することが不能であるとか適当でない場合に、社員としての身分を保有しながら、一定期間労働義務を免除あるいは労働を禁止する制度です。休職の事由としては、①私傷病、②私事、③逮捕・起訴、④出向などが考えられます。

休職といって最初に頭に浮かぶのは、①私傷病休職だと思います。業務外の傷病により長期間にわたり業務に従事することが困難になった場合などで、

休職のほとんどはこのケースを指す事になるので、後ほど詳しく説明します。

　古い就業規則等で②の私事休職（または、私事と明に書いていなくても「自己都合による欠勤が○カ月以上に及んだとき」等々）といった規定を見かけることがありますが、具体的な内容が限定されていない場合が多く、そのような規定を置くと社員から相当期間の休職を権利として主張されかねないので、あまり適切とはいえません。親の介護などやむを得ない事情で欠勤が続くような場合やボランティア活動への参加などが考えられますが、休職事由の最後に「その他業務上の必要性又は特別の事情があって休職させることが適当と認められるとき」といった包括規定にしておけばよいので、あいまいな形で「私事」による休職を規定するのは避けるべきでしょう。

　③は逮捕、拘留または起訴され業務につくことができないケースでの休職です。ただ中小企業において社員が逮捕され長期間拘留されるために休職が必要になる事態は比較的稀でしょうし、起訴されたという事実だけで休職を命じる規定は不適当とされた裁判例もあり「逮捕・起訴」による休職の定めは不用と考えます。

　④は前章で説明した（在籍）出向のケースです。これは本人ではなく会社側の理由による休職になります。休職（出向）中の身分や復帰後の扱いについては出向規程を設けるなどして社員が不利にならないように留意する必要があります。

休職は法定外の制度

なるほど、出向のように会社側の都合により休職扱いにするケースもあるわけですね。ただ、当社でこれまであった休職事例のほとんどは社員個人の病気・ケガに関わる休職でした。
病気やケガで長期間勤務不能になった場合、会社は必ず休職制度を設けて社員の休職を認めなければならないものなのでしょうか？

　休職は私傷病を理由にする場合が最も一般的です。社員が病気やケガで一時的に働けなくなった場合に、一定期間休職させることに

よって健康を取り戻し、再び就労するチャンスを与えることを目的としています。これは一定（休職）期間、解雇を猶予する制度ともいえ、一定期間経過しても職場復帰が困難であれば、はじめて退職となるわけです。

　労基法では採用の際の労働条件で、休職制度がある場合にはそれを明示する義務「休職に関する事項」（労基法15条、労基則5条1項11号）がありますが、休職制度はあくまで会社が任意的・恩恵的に与えるもので、そのような制度を設ける法的義務はありません。

　それでも、多くの会社の正社員用の就業規則では休職規定があるのが普通ですし、制度として実施されていれば労働契約上の労働条件であって、その会社の在籍社員の権利にもなっているわけです。

休職の規定内容

> **Q** 休職制度は病気やケガにより働けなくなった際の解雇猶予制度になるわけですから社員にとって重要ですね。「休職」について就業規則に定める場合、どのような内容が必要になるでしょうか？

A　「休職」の規定では、①休職事由、②休職期間、③休職期間中の扱い、④復職、及び、⑤休職期間満了時の取扱いなどを定めることになります。

　①の休職事由については、先程述べたように「私傷病休職」、「出向休職」といったものを具体的にあげ、最後には「その他会社が特に認めたとき」といった包括規定を加えておけばよいでしょう。

　休職は通常、会社が命ずることによって開始されます。社員との合意が必要な規定になっていたり、社員の権利であるかのような規定方法は避けるべきです。「従業員（試用期間中の者を除く）が、次の各号のいずれかに該当すると認められるときは、会社は休職を命ずる。」といった簡潔な記載で、休職命令権が会社にあることを明確にしておきましょう。

休職開始の条件とは？

Q 「休職」の開始ですが、当社の就業規則では「私傷病による欠勤が３カ月を超え、なお療養を継続する必要があるため勤務できない場合」に休職が命じられて休職期間が開始することになっています。最初の３カ月間が欠勤で、それを過ぎてからはじめて休職期間が開始します。

A　例えば、休職期間が１年の場合、御社の休職規定では、まず３カ月間は通常の欠勤扱いになり、そしてその時点ではじめて休職が命じられることになるので、当初の欠勤から１年３カ月が経過した時点で職場復帰不能なら退職になります。

当初、残っていた年次有給休暇もフルに使える場合であれば、休職がスタートするまでに出勤不能から４カ月を超える長期間になってしまうこともあり得るでしょう。

このように欠勤が一定期間（１～３カ月程度）続いたことを休職発令の絶対条件として定めているケースをよく見かけますが、少し問題があると思います。例えば、最近多い精神疾患の場合には毎日のように遅刻をしてきたり、週に２～３日欠勤するといったように連続して欠勤するとは限らず、その場合いつまでたっても休職を命じることができないことになってしまいます。

欠勤が継続していなくても不完全な労務提供しかできない場合には会社の裁量権で休職が命じられるような規定にすべきでしょう。モデル規定の32条１号で「欠勤が、継続、断続を問わず日常業務に支障をきたす程度に続く（原則として１カ月とする。）とき」、また32条２号で「精神又は身体上の疾患により労務提供が不完全なとき」としているのは、そのような場合を想定した規定です。

そして休職が発令された場合には、休職開始日が明確になるものを書面で残しておきましょう。そうすることが、将来の労使トラブル発生防止に役立ちます。

第5章
休職・復職

休職期間の長さ

 私傷病での休職の場合、休職期間の長さはどの位が妥当でしょうか？

（休職期間）

第33条　前条の休職期間は次のとおりとする。ただし、復職の可能性が少ないものと会社が判断した場合は、裁量により、その休職を認めず、又はその期間を短縮することがある。

　(1)　前条第1号及び第2号のとき

　　　　勤続　　　5年未満　　　3カ月

　　　　勤続　　10年未満　　　6カ月

　　　　勤続　　10年以上　　　1年

　(2)　前条第3号及び第4号のとき　必要と認められる期間

2．同一又は類似の事由による休職の中断期間が6カ月未満の場合は前後の休職した期間を通算し、連続しているものとみなす。この場合、通算後の休職期間は、復職前の休職期間の残存期間とし、残存期間が30日未満のときは30日とする。

3．休職期間は、原則として、勤続年数に通算しない。ただし、会社の業務の都合による場合及び会社が特別な事情を認めた場合はこの限りでない。

4．休職期間中は無給とする。

A　　前述したように、休職制度は法で義務付けられたものではないので、その長さについても会社が自由に決めてよいのです。この期間については、その会社の規模などに応じて扱いが変わってくると思います。大企業であれば2年とか長期の休職期間を設定しても、代員の問題はある程度融通が利くと思いますが、中小企業のように社員数が限られている中であまり長期の休職期間を設定するのは問題があると思います。

　それから、私傷病による休職は「解雇猶予措置」と申し上げました。休職期間に入っても病気が治癒回復する見込みがまったくないような場合には、

そもそも休職を認めない、または期間を短縮する選択肢も残した方がよいと考えますので、モデル規定の33条1項（「ただし、復職の可能性が少ないものと会社が判断した場合は、裁量により、その休職を認めず、又はその期間を短縮することがある。」）はそのための規定となります。

　ただし、復職の可能性が少ないからといって、ただちに退職となれば社員やその家族と様々なトラブルが発生するリスクも考えられるので、実務上は退職（または解雇）とすべき特別な事情がある場合に限った方がよいでしょう。

Q 回復の見込みがないからといって安易に退職とするのはやはり問題が生じるケースが懸念されますね。
休職期間の長さですが例えば社員が約50名程度の会社で、休職期間が原則1年となっているようなケースはいかがでしょうか？

A 　実際には1年程度と定めている中小企業は多いと思いますが、50名規模の中小企業の場合には、やや長い感じがします。なぜならその程度の規模の会社で休職者が出た場合、どのタイミングで代りの人を雇うべきか判断が難しいからです。

　新たに雇い入れた途端に休職していた社員が職場復帰してくる可能性もありますね。そんな場合、大企業ならともかく中小企業では一人分の仕事を作り出すのは容易ではありません。したがって社員数が50名以内の会社なら休職期間は長くても1年以内、できたら3～6カ月程度とするのが妥当と考えます。

　なお、例外も時には必要で、能力の高い社員が運悪く私傷病で働けなくなってしまった場合には、会社の判断で休職期間の延長を認めるような例外規定を用意してもかまいません。モデル規定にはありませんが、次のような定めも考えられます。

【規定例】
　傷病による休職期間は○カ月とする。ただし、事情によって会社が特に認めた場合、期間を延長することがある。

　またモデル規定のように勤続年数に応じて、例えば、勤続5年未満は3カ月、5年から10年未満なら6カ月、勤続10年以上なら1年といったように、社員の勤続年数によって段階的に定めるのも適切でしょう。勤続1年足らずの社員が私傷病（例えば精神疾患等）で1年間休職できるような規定は中小企業には負担がかかりすぎると考えます。

休職・復職の繰返しを防ぐ

 休職期間の長さは会社の規模や経営体力を考慮して検討すべきですね。
さて、メンタル不調での休職の場合、休職・復職が繰り返されるケースがよくあると思います。就業規則ではどのような点に注意したらよいでしょうか？

A　おっしゃるように、メンタル不調の場合、休職・復職が繰り返される可能性はかなり高いといえます。いろいろな会社の昔作られた就業規則を見ると、私傷病休職は通常1回限りのもので病気が再発することを想定していない場合が多いように感じます。

　ところが、最近増加している精神疾患の場合には復職の判断も難しいですし、診断書で治癒したと記載され会社もこれを根拠に復職させても、実際には治癒しておらず、勤務することによって再び以前の症状や類似の症状が出てしまう場合が多いのです。

　結果として、休職と復職を繰り返すことにもなりかねず、企業にとっては大きな負担になってしまいます。

休職期間の通算規定

 休職と復職の繰り返しにならないような規定が必要ですね。

　はい。そのための規定の仕方としては「休職期間の通算」という方法をとるのが妥当です。社員が一旦復職し、その後◯カ月を経過

する前に再び同一または類似の病気によって欠勤ないし通常の労務が提供できない事態になった場合は、再度、休職を命じるものとし、休職期間は以前の期間と通算することとします。

　モデル規定33条2項はそのようなケースを規定していますが、この際、「同一又は類似の事由による……」としているのは、精神疾患の場合には、様々な病名があり、診断する医師によって診断の判断が異なる場合も考えられるからです。実質的に同一の原因であれば、このような規定内容で休職期間を通算することができるので、いつまでも休職と復職を繰り返すといったことは防げます。

Q 休職期間を通算する場合、休職と休職の中断期間は何カ月程度とすればよいでしょうか？　モデル規定では6カ月となっていますね。

A 　これは、精神疾患の病気で休職後に復職してから、どのくらいの期間、平常の労務が続けられれば再発のリスクが少なくなるのかということと関連します。通常は復職後6カ月程度の期間を見れば再発するか否かが判断できるので、6カ月と定めるのが適切と考えます。復職後、この期間が過ぎて通常の勤務ができていれば、以前の休職期間を一旦リセットして通算の対象からはずすわけです。このリセットに要する期間が半年では少し長いので2〜3カ月程度としている規定を見かけますが、再発のリスクが高くそれでは少し短いように感じます。

休職中の給与

Q ところで、休職期間中の給与の支払いはどうなるのでしょうか？

A 　私傷病の場合、通常は健康保険から（継続3日間の待期後）「傷病手当金」が支給されるはずで賃金を支払うとその分調整されるので、中小企業では「無給」とするのが普通です（モデル規定33条4項）。そ

の場合、会社は賃金支払いの負担はありませんが休職期間中の社会保険料は労使双方で負担することになり、会社がまとめて納付する義務を負います。あまり長期間の休職を認めるのは特に中小企業にとっては経費（社会保険料負担など）支払いの面でも影響が大きいことになります。

　また休職期間を勤続年数に算入するか否かも明確に規定しておきましょう。私傷病の休職については、勤続年数（退職金の計算などに影響）には算入しないのが一般的だと考えます（モデル規定33条3項）。ただし、年休の付与に関する勤続年数（モデル規定20条2項）については休職期間中も労働契約は存続しているので期間を通算しなければなりません。

復職での留意事項

> **Q** 次に、モデル規定の34条は復職についての規定となりますね。復職についてはどのような点に注意すればよいでしょうか？

（復　職）
第34条　休職の事由が消滅した場合は、旧職務に復職させる。ただし、やむを得ない事情のある場合は、旧職務と異なる職務に配置することがある。
2.　休職期間満了時に復職できないときは、自然退職とする。

A　私傷病休職は社員側の事情で休職になるわけですから、休職事由が消滅（「治癒」）したことの証明も社員側が行うのが原則です。「復職を希望する者は復職願いを提出しなければならない。この場合、休職事由が私傷病の場合は医師による診断書を添えて提出しなければならない。」といった規定をすることも考えられます。その上で、復職できるか否かの最終判断は会社が行います。

　職場復帰にあたっては本人の従前の職場に復帰させるのが原則ですが、復帰時の人員配置状況や当人の労働能力などを勘案して、会社側の判断で決定できるように規定するとよいでしょう。

休職期間満了で自然退職

Q さて、休職期間が満了しても私傷病が治癒せず職場復帰できない場合は「解雇」ということになりますか？

A 「休職期間が満了しても復職できないときは、解雇する。」といった定めを見かけることがありますが、「解雇」は会社から本人への一方的な労働契約の打ち切りの意思表示になるので、解雇予告手続き（労基法20条）が必要になります。

休職期間の満了については「解雇」ではなく「自然退職」と定めておくのが適当で、モデル規定34条の２項はその旨を定めています。

なお、自然退職の場合でも休職期間が満了する前には、よく連絡を取り合って本人も納得して退職となるよう解雇予告手続きに準じた配慮をするようにしてください。

会社指定医の診察

Q 休職した社員が復職できるか否かの判断が難しいことがありますね。特にメンタル不調の場合などは、主治医の診断書によって職場復帰させても実際には業務遂行が困難だったりしたことがあります。

A メンタル不調のような場合、主治医の診断書が提出され「職場復帰可能」との記載があった場合でも、患者の意向が反映されたものになっていることも多いのです。「復職可否」の判断に際して主治医の判断に疑問があれば、会社の指定医（産業医など）の意見を聴けるようにしておくことが重要です。

モデル規定の35条は会社の指定医師の診察を受けることを命じることができる旨を規定しています。そして、復職についても休職と同様に会社が休職事由の消滅を認めたうえで復職を命ずるというのが手続きの流れになります。

（指定医師の診察）

第35条　頻繁な欠勤、遅刻、早退等により、従業員の健康状態に問題があると認められる場合、又は傷病休職者の復職の際に必要があると認められる場合、会社は当該従業員に対し、産業医又は会社が指定する医師の診察を受けることを命ずることができる。

休職規定の見直し

Q 休職・復職規定についてはいろいろと見直しをした方がよいケースが多そうですね。休職規定を見直して休職期間を短期間に変更するような場合「就業規則の不利益変更」の問題が気になりますが、その点はどのように考えたらよいでしょうか？

A　確かに、今までは繰り返し休職できたものができないように変更されたり、休職可能期間が短縮される場合「就業規則の不利益変更」の問題が発生する可能性があるでしょう。しかし、休職制度の場合、全社員一律に明日から労働時間が30分延長になったり、退職金が一律に減額になるのとは異なるので、通常の健康な社員が受ける不利益の程度がそれほど大きいとはいえないと考えます。

〈精神疾患〉

1ヶ月復職　　2ヶ月復職

休職期間を通算！

　精神疾患が急増していて度々休職する社員が増えては企業としての競争力維持も困難になる情勢であることから、休職規定変更の必要性・合理性は増していると考えます。また同種の企業規模の会社と比べて不相応に長期の休職期間が設定されている場合は変更（期間短縮）の合理性は認められやすいと考えます。

　もちろん、現在長期療養中の社員がいる場合などは、新規定の適用から除外するなどの一定の猶予措置は必要でしょう。そういった配慮を前提としつつ労使でよく話し合いをすれば、休職制度の見直しや変更を行うことは可能だと考えます。

 本章のポイント

- 休職は、社員が職務に従事できない場合に社員としての身分を保有しながら一定期間労働義務を免除（または禁止）する制度
- 休職の事由には、①私傷病、②私事、③逮捕・起訴、④出向、などが考えられるが、②私事や③逮捕・起訴は不要で「その他、会社が特に認めた場合」といった包括規定を置けばよい
- 休職は私傷病を理由にする場合が最も一般的。私傷病休職は任意的・恩恵的な制度だが就業規則で定められていれば重要な労働条件（社員の権利）になる
- 欠勤が一定期間続かなくても、労務提供が不完全な場合には会社が休職を命じられるよう定める
- 私傷病休職の休職期間は会社の規模や経営体力によって会社の裁量で決める
- 勤続年数に応じて段階的に休職可能期間を設定することができる
- 私傷病休職期間の賃金は「無給」とする。休職期間は勤続年数に算入しないのが一般的
- 休職期間を満了しても復帰できない場合「解雇」ではなく「自然退職」とする

- 精神疾患など休職・復職が繰り返されることを想定した規定とすることが重要になる
- 職場復帰の判断に疑義があれば、会社指定の医師の診断を受けるよう命じることができる旨を定める
- 休職規定を変更する場合には、就業規則の不利益変更の問題が起こりえる。休職中の社員への適用猶予措置などに配慮しつつ、労使でよく話し合いをする

第6章 **賃金・退職金**

第36条　賃金
第37条　退職金

❶ 賃金

社員にとっても会社にとっても大変重要な、賃金に関する規定について教えてください。

　　　賃金は労働時間と並んで最も重要な労働条件です。特に社員にとっては最大の関心事と言えるでしょう。労基法11条では「賃金とは、賃金、給料、手当、賞与その他名称の如何を問わず、労働の対償として使用者が労働者に支払うすべてのものをいう。」と定義されています。したがって、賞与（ボーナス）や退職金も支払うことが就業規則等に明示されていれば労働の対償としての「賃金」になります。

　そして、賃金に関して就業規則の絶対的必要記載事項と相対的必要記載事項（定める場合には必ず記載が必要）が次のように決められています（労基法89条）。

```
（絶対的必要記載事項）
　①賃金（臨時の賃金等を除く）の決定
　②計算及び支払の方法
　③賃金の締切り及び支払いの時期
　④昇給に関する事項
（相対的必要記載事項）
　⑤退職手当に関する事項
　⑥臨時の賃金、すなわち賞与等
```

　賃金に関する事項は項目が多岐に渡るので、就業規則の本則から切り離し

て別の規程として記載されるのが一般的です。

> **（賃　金）**
> 第36条　従業員の賃金に関する具体的事項は、賃金規程に定める。

このように別規程にした場合でも就業規則の一部であることに変わりはな
く、したがって賃金規程を作成し行政機関に届け出る義務があります。就業
規則としての効力や社員への周知義務についても同様です。

 Q 別規程にした場合でも賃金規程は就業規則の重要な一部ですね。
それでは賃金については具体的にどのように規定したらよいの
でしょうか？

 A 　労基法24条（賃金の支払）では、賃金について次のようないわゆ
る「賃金支払いの5原則」が定められています。

> ①通貨払い　　　　　　　②直接払い
> ③全額払い　　　　　　　④毎月1回以上
> ⑤一定の期日払い（ただし、④⑤は臨時払いの賃金、賞与等を除く）

これは生活保障の手段である賃金を確実に労働者が受け取れるようにする
ために賃金の支払い方法を規制した原則ですから、法律を正しく認識して自
社の実態に合わせて定めることが必要です。

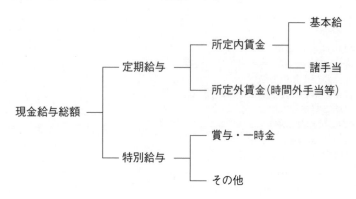

　まず賃金の決定ですが、賃金の構成（賃金体系）がどのようになっているのかを定めることになります。通常、賃金は所定内賃金としての「基本給」、「諸手当（住宅手当、家族手当、通勤手当、役職手当等）」、また所定外賃金としての「時間外勤務手当、休日勤務手当、深夜勤務手当等」があり、また特別給与としての「賞与（ボーナス）・一時金等」があります。

基本給の決定方法

　まず、どんな種類の賃金項目があるのか賃金体系を明確に記述する必要がありますね。そして、それぞれの項目の決定方法を記載することになると思います。
　家族手当や通勤手当は比較的明確に規定できると思いますが、「基本給」については、いろいろな決定方法があると思います。賃金表まで載せる必要があるかなど含め、どこまで具体的に記載する必要があるのでしょうか？

A　基本給は賃金の大部分を占めるもので、その決定方法は最も重要でまた記載が難しい部分といえます。社員の年齢や勤続年数を加味した属人的要素（年齢給、勤続給等）、また職務遂行能力や職務の重要度・困難度を加味した職能給・職務給・役割給など、会社ごとに様々でしょう。

　実際のところ社員の皆さんも自分の賃金が何を基準に決定され、また昇給はどのようになされるのかを知りたいはずです。賃金規程では、この「社員の知りたい事項」をできるだけ詳細に記載すべきと考えますが、賃金の決定方法は会社の人事制度・評価制度などとも深く関連するので、賃金規程の中にすべてを記載するのは容易ではありません。

　そこでモデル賃金規程では基本給の決定について次のような記載にとどめています。

（基本給）
第11条　従業員の基本給は、次の点等を考慮して各人別に定める。
　⑴　職務の重要度・困難度

(2)　年齢・経験・能力

(3)　勤務成績・勤務態度

しかし、この程度の規定方法では実際に自分の基本給がどのように決定されるのかわかりませんね。これでは社員の納得性も高まりませんし、また、どのように努力すれば自分の賃金が上昇するのかといった見極めもつかずモラールの高揚につなげることもできないと思います。

賃金の具体的な管理方法については、詳細な決定方法や賃金テーブルなどを賃金規程に盛り込むかまたは別途内規を作成するなどして、できるだけ社員にも詳しく説明することが必要でしょう。賃金については仕事への「動機付け」という以上に「衛生要因（少しでも欠けると不平・不満につながる）」になりやすいので会社として十分に検討が必要です。信頼できる専門家やコンサルタント会社に相談したり、世の中で実績のある賃金管理手法について評価・検討し、その会社に適した制度を導入することが大切だと考えます。

賃金締切日・支払日

Q 当社としても賃金制度や評価制度については、人事管理上もっとも重要な課題と認識して取り組む必要があると考えています。さて、賃金規程では、賃金の締切り日と支払日を定める必要がありますね。

（賃金の計算期間及び支給日）

第5条　賃金は、前月21日から当月20日までを一賃金計算期間とし、当月20日をもって締切る。

2．賃金は、毎月末日に支給する。ただし、支給の日が休日にあたるときは、その前日に繰り上げて支給する。

A 「賃金の締切り日」とは、月の何日から何日までの労働に対して毎月賃金を支払うのか、その計算の対象となる期間の締日を指すことになります。

　賃金の支払い日は「毎月○日」とか「月の末日」のように支払日が特定され、その期日が周期的に到来するように定めなければなりません。例えば「毎月20日から25日までの間」のように日が特定しない定めは無効ですし、「毎月第4金曜日」といった定め方は、毎月の暦によって支払日が月7日の範囲で変動し、労働者の生活の安定上問題があるので認められません。ただし、モデル賃金規程の5条のように所定支払日が休日にあたる場合には、その支給日を繰り上げる（または繰り下げる）ことを定めるのは問題ありません。

　それから、退職者への賃金支払いにも注意しましょう。通常、退職後の最初に到来する賃金支払日に支払うこと等で差し支えありませんが、退職者（権利者）から請求があった場合は、退職（または死亡）から7日以内に賃金を支払う必要があります（労基法23条1項）。

給与の口座振込み

Q　わかりました。次に毎月の給与の支払い方法は口座振込みが一般的だと思いますが、「賃金支払いの5原則」にある「通貨払い」という点をどのように考えればよいのでしょうか？

A　労基法には「賃金は、通貨で、直接労働者に、その全額を支払わなければならない（同法24条1項）」と規定されています。つまり本来は給料日に社員本人に通貨で手渡すのが原則で、この場合、代理人などに賃金を支払うことは禁止されます（ただし、病気療養中の社員の賃金をその社員の妻子が「使者」として受け取りに来た場合などは、支払いが可能）。

　しかし、賃金支払いが本人への手渡しのような方法しか許されないのでは会社も社員も不便ですから、「労働者の同意を得た場合には、その労働者の預金口座に振り込むことができる（労基則7条の2）」との例外規定が盛り込まれています。

　したがって賃金規定では次のように定めておけばよいでしょう。

（賃金の支払及び控除）
第4条　賃金は、これを全額通貨で直接従業員に支給する。ただし、

次の各号に掲げるものは賃金から控除する。

(1)　社会保険料など法令で定められた保険料

(2)　会社の支給する賃金にかかる所得税及び地方税

(3)　従業員の過半数を代表する者との協定により定めたもの

2．前項の規定にかかわらず、本人の同意を得た場合、本人が指定する銀行その他の金融機関の本人名義の口座に振り込むことができる。

　ここで、社員本人名義の口座であることは必須条件で、家庭内の遣り繰りはすべて奥さんにまかせているので、社員本人が配偶者の口座に振り込んでほしいと希望したとしても、賃金の「直接払いの原則」に違反することになり認められません。

　それから、振り込まれた賃金は所定の賃金支払日の午前10時頃までに払い出しができるようになっていること、取扱い金融機関を複数にするなど社員の便宜に十分配慮することが望ましいといった行政の通達がでています。したがって会社が給与の振込金融機関を一つに限定するようなやり方は問題があることになります。また会社が振込手数料を徴収するような行為は、社員本人からの依頼による口座振込みであっても労基法（「賃金の全額払いの原則」）違反となります。

　賃金は、その全額を支払わなければなりませんが、法令に別段の定めがある場合（社会保険料や所得税）または「賃金の控除（例えば、社宅・寮その他の福利厚生施設の費用、社内預金、旅行積立金、組合費など）」についての労使協定がある場合は、賃金の一部を控除して支払うことができます（労基法24条）。

賃金の改定

 Q　賃金規程には賃金の改定時期についても記載がありますが、近年では必ずしも昇給がある会社ばかりではないのが実情のようです。

「昇給」に関する事項は就業規則の絶対的必要記載事項と決められています。ただ、法律条文にあるように「昇給」とだけ書くのは問題があると思います。むしろ「賃金改定」として時期（例えば毎年4月等）を記すようにするのがよいでしょう。そして昇給だけでなく会社業績や人事考課結果によっては降給の可能性もあるように規定しておくことが重要です。もちろん、降給規定があれば降給がいつでも可能というわけではありません。対象者の不利益の程度に配慮し、かつ使用者の恣意的な解釈に左右されないようなルールを定める必要があります。なお、昇給や降給という場合、通常は各人ごとの「基本給」に対して行うことになります。

（賃金の改定）

第12条　賃金の改定（昇給・降給）は、毎年4月に、会社の業績及び従業員の勤務成績等を勘案して各人毎に決定する。

2．前項のほか、特別に必要があるときは、臨時に賃金の改定を行うことがある。

第6章　賃金・退職金

諸手当と割増賃金の算定

　それでは次に「手当」について伺います。例えば「家族手当」、「住宅手当」、「通勤手当」などは割増賃金の算定基礎額から除外できると聞いていますがその点いかがでしょうか？

　　　まず、基本的な知識として割増賃金の計算の基礎から除外してもよいとされるのは次の手当と決められています（労基法37条5項）。

- 家族手当　　　● 通勤手当　　　● 別居手当
- 子女教育手当　● 住宅手当
- 臨時に支払われた賃金（賞与など）
- 1カ月を超える期間ごとに支払われる賃金

労働の成果とは直接関係ない個人的事情等によって支払われる手当は、算定基礎額に入れることは必ずしも妥当とは言えず、上記の手当は割増賃金の

163

計算基礎額から除外してよいことになっています。

　ただ、ここで少し注意が必要になるのは、例えば会社によっては「住宅手当」と称していても実質は世帯主に定額（または全員一律に定額）で支払っているような場合も多く、そのような場合は算定基礎額から除外することはできません。

　割増賃金の算定基礎額から除外できる「住宅手当」とするためには、各社員ごとに住宅に要する費用に応じて支給額が異なるような支払い形態が求められます。例えば「家賃の○○％、持家者にはローン月額の△△％」といったように実際の負担額と連動するような定め方であれば有効です。

　「家族手当」や「通勤手当」についても考え方は同じで、例えば「家族手当」の場合、扶養家族の数に応じて支給額が決められていれば問題ありませんが、扶養家族数に無関係に支払われているのであれば、割増賃金計算時の算定基礎額から除外することは認められません。

配偶者手当の見直し

Q　手当の名称だけでなく実態が問われるわけですね。ところで、家族手当ですが特に配偶者の手当については見直しをする会社も多いと聞きました。

A　おっしゃるとおりです。配偶者手当については厚生労働省が有識者による検討会を開催し、「女性の活躍促進に向けた配偶者手当の在り方の検討会報告書（平成28年4月）」をホームページ上に公表しています。

　「配偶者手当」は多数の企業で導入されていますが、これが女性の十分な能力発揮を阻害し女性就労促進対策を進める上で一つのネックになっているのではないかという指摘があります。すなわち、女性の就労拡大を妨げるとされるのが年収の壁の問題です。それ以上稼ぐと、かえって本人の手取りや夫婦合わせての総収入が減ってしまうという意味で「年収の壁」といわれています。

　「配偶者手当は、扶養する配偶者のある従業員に支給する。」と規定しているケースが多いと思います。この場合の扶養とは、税法上の被扶養者であっ

たり、健康保険法上の被扶養者であったりする場合が多いのですが、今後、税制・社会保険制度の配偶者控除の仕組みが改正されれば、配偶者の所得の多寡によって配偶者手当がもらえなくなるといった問題が発生する可能性があります。厚生労働省の検討会の報告書では「配偶者手当については、配偶者の働き方に中立的な制度となるよう見直しを進めることが望まれる。」とあります。配偶者手当があることで、女性が年収の壁を意識して労働時間を制限して働くといったことが発生しないような制度にしてほしいというのが国の考え方と言えます。

とはいえ、家族手当は法で定められた手当ではなく各企業の判断に委ねられる任意制度です。国が直接、民間企業に強制するようなことはできないわけですが、企業側も独自に家族手当や配偶者手当の見直しに取り組んでいる会社も多いのです。例えば、配偶者手当は廃止（縮小）するが賃金原資の総額は維持し、基本給や能力給に組み入れたり、子供など他の扶養者の手当に組み入れるといった変更です。変更によって不利益になる社員には段階的に減額・廃止するなど経過措置を講じることも必要かもしれません。いずれにせよ、配偶者手当の見直しには労使の十分な話し合いと合意、そして社員への丁寧な説明が必要になると考えます。

通勤手当は法定外の手当

> **Q** わかりました。次に通勤手当ですが当社では通勤定期代相当額を毎月支払っています。そもそも通勤にかかる費用は会社が必ず支払うべきものなのでしょうか？

「時間外勤務手当」のように必ず支払わなければならない手当もありますが、多くの手当は法的に会社に支払い義務があるわけではなく、支払うか否かは使用者が任意に決めてよいのです。

通勤に関する費用は原則的には労働者が負担すべきもので、会社に通勤にかかる費用の支払い義務はありません。あくまで会社の裁量の範囲内ということになります。

そうはいっても、ほとんどの会社では上限額を設けているケースはあるに

せよ、通勤手当を支払っていると思います。通勤手当を支払っているのであれば、それも労働条件の一部であって、労務提供の対価としての賃金として扱われることになるので、就業規則（賃金規程）にはきちんと支払う条件等を明記してください。

割増賃金の規定方法

 それでは法的にも支払いが必要になると考えられる、いわゆる残業割増手当についてはどのように規定すればよいでしょうか。

　所定時間外、休日、深夜に勤務した場合に支払われる割増賃金については、モデル賃金規程では次のように定めています。

（割増賃金）

第16条　所定労働時間を超えて又は休日に勤務した場合には時間外勤務手当又は休日勤務手当を、深夜（午後10時から午前5時まで）に勤務した場合には、深夜勤務手当を支給する。

2．割増賃金を計算する際の時給単価は以下とする。

時間外勤務手当（所定労働時間を超えて勤務した場合）

算定基礎額の125％

休日勤務手当（法定休日に勤務した場合）

算定基礎額の135％

深夜勤務手当（午後10時から午前5時までの間に勤務した場合）

算定基礎額の25％

3．時間外又は休日勤務が深夜に及んだ場合は、前項の時間外又は休日勤務手当の額に深夜勤務手当の額を加算する。

4．第2項にかかわらず、1カ月の時間外労働及び法定外休日労働のうち、法定時間外労働となる時間数の合計が60時間を超える部分については算定基礎額の150％を支給する。

（注）中小企業は2023年4月1日から適用する

上記16条2項では、所定労働時間を超えて勤務した場合の時間外割増賃金

は2割5分増しを定めています。しかし、第4章第2節（P.99）で説明したように1日の所定労働時間が7時間30分の会社では、この規定の場合7時間30分と8時間までの30分の労働についても2割5分増しの割増賃金を支払う必要があります。この30分については、割増し分の支払いをしたくない場合には、所定労働時間ではなく「法定労働時間を超えて勤務した場合」と規定してください。

それから、2010年4月の労基法改正で中小企業以外の企業の場合は、月間60時間を超えて時間外労働させた場合には、割増率は5割以上となりました（「表. 時間外労働と割増率」を参照）。そして、猶予されていた中小企業においても2023年4月1日からは大企業と同様の扱いになります（モデル規定16条4項）。中小企業でも月間60時間を超える時間外労働をしている社員はかなりの数いると思われますので、これを機に長時間労働の是正に取り組んでいただきたいですね。

【表. 時間外労働と割増率】

時間外労働時間数	割　増　率	
	大企業など	中小企業（2023年4月1日からは大企業と同様になる）
限度時間（45時間）以内	2割5分以上	2割5分以上
45時間を超え60時間以下	2割5分を超える率（努力義務）	2割5分を超える率（努力義務）
60時間超	5割以上	

なお、60時間超の割増率が50％以上とされたことにともない、その上積み（25％を超える）部分の割増し賃金の支払いに代えてその労働者に休暇を付与する「代替休暇」の制度が法律に規定されています（労基法37条3項）。しかし、この制度は代替休暇の時間数の算定方法や休暇取得の単位、休暇取得日の決定方法などについて労使協定を締結する必要があるなど複雑で、取得するか否かの最終判断も労働者であることから、実際に導入する企業の数は限られているようです。

休日割増賃金

 働いた分は「代替休暇」ではなくきちんと賃金でもらいたいと考える労働者も多いでしょうね。では、休日勤務の賃金についての割増率はどうなりますか？

A 休日勤務では「法定休日」なのか「法定外休日」なのかが問題になり、それによって賃金の支払いに区別をつけたい場合には、モデル規定のように「法定休日に勤務した場合」と明確に記載する必要があります。

第4章第1節 **3** 休日（P.84）でも説明したように、法定休日は毎週1日（または4週に4日）与えなければならない休日ですが、その法定休日に労働させた場合には3割5分の割増賃金の支払いが必要になります。しかし、毎週一回、法定休日の休みが取れていれば、それ以外の休日は法定外休日労働になりますから、3割5分増しの賃金を支払う法的義務はありません。その場合、法定時間外労働（1日8時間または週40時間超）に該当する場合には時間外割増賃金（2割5分増し）を支払うことになります。

ひとこと解説

管理監督者

労働基準法41条に規定する監督もしくは管理の地位にある者には「時間外勤務手当」と「休日勤務手当」の支払は適用されません（ただし「深夜勤務手当」の支払は必要です）。

「監督または管理の地位にあるものとは、一般的には局長、部長、工場長等労働時間の決定、その他の労務管理について経営者と一体的な立場に在る者の意であるが、名称にとらわれず出社退社等について厳格な制限を受けない者について実体的に判別すべきものである」（昭22.9.13発基17号）とする行政の通達があります。

実務上管理監督者として扱うためには以下のような要件が満たされている必要があります。

①業務上の指揮命令権や相当程度の人事権がある

②労働時間の厳格な拘束を受けない

③管理監督者にふさわしい待遇（給与等）を受けている

会社は「名ばかり管理職」を作らないように注意が必要です。

深夜割増賃金

Q 休日勤務の割増し率についてはよくわかりました。最後に深夜勤務手当ですが、これは時給分に加え5割増しで支払うと考えていますが正しいでしょうか？

 深夜勤務手当は労基法の規定どおり、深夜時間帯（午後10時から明け方5時）の労働に対する割増賃金です。これは5割増しではなく、算定基礎賃金（時給）の2割5分増しの支払いが必要と覚えてください。そして深夜に労働した時間が1日8時間を超えるなど法定時間外労働（2割5分増し）として行われた場合は、その賃金との合算で「基礎賃金額×（1.25＋0.25（深夜）＝1.5）」となるのであって、深夜勤務が直ちに5割増しというわけではないのです。

例えば、日中は働かず深夜勤務だけであれば法律上は2割5分増しの賃金を支払えばよいことになります。

以上説明してきたモデル規定の割増賃金計算での割増率は労基法で定める最低基準ですから、これを上回って支払うこともももちろん可能です。例えば、深夜の勤務は体力的にもきついので、法定割増率の2割5分増し以上に支払っている会社も多いと思います。

固定残業代の留意事項

Q 当社では主任クラスの社員に「主任手当」を支払っていますが、これは「固定残業代」という意味付けにしています。このような支払い方法で法的に問題はありませんか？

A いわゆる「固定残業代」または「定額残業代」といわれるものでしょうか？　規定の内容を詳しく見ないと合法・違法の判断はできませんが、賃金（手当）のうちどの部分が割増賃金に該当するのかが明確に規定されている必要があります。例えばその主任手当は全額が時間外割増賃金と規定されている場合「①固定残業手当として毎月支給する」ことが明記されていて「②当月の実際の残業代がこれを超えた場合には差額を別途支払

う」というのであれば、適法と考えられます。

　特に、②が肝要で、毎月の残業時間をきちんと捕捉した上で未払い残業代が発生しないことが必要です。「主任手当」を支払っているから、長時間残業の月があっても超過分を支払っていないのであれば違法となります。固定残業代は、長時間労働が顕在化している業界（飲食、情報、運輸、建設業など）を中心に制度を悪用しているという指摘があります。ブラック企業と呼ばれないように、その運用には十分気を付けてください。

　適法な固定（定額）残業代は実際にその月の残業時間が少ない場合にも全額支払い、その月の残業が多く残業代の総額がその額を超えた場合には、その差額もきちんと支払うわけですから、会社にとってみれば「割が悪い（＝損得勘定がひき合わない）」手当といえます。したがって、あまり積極的にお勧めできる方法とは思われません。

　しかし、社員からすれば、規定の時間内で、より短時間で効率的に業務を遂行すれば労働単価を高めることができますし、使用者側としても社員が「ダラダラ残業」せず、そのようなインセンティブをもって労働してくれれば業務効率を高める効果は期待できそうです（日本ケミカル事件など「固定残業代」に関係する裁判例は資料1のP.269を参照してください）。

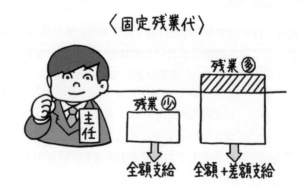

〈固定残業代〉

【規定例】（固定残業手当）

第○条　固定残業手当は、一賃金計算期間において○○時間分の時間外勤務があったものとみなして、その全額を割増賃金の代わりに支給する。なお、その期間に時間外勤務・休日勤務・深夜勤務の割増賃金の総額がこの額を超えた場合には、その超えた差分を割増賃金として別に支給する。

欠勤控除の規定方法

Ｑ なるほど使い方によっては効果がありそうですね。また給与を支払う側からすると、給料支払い額を毎月ある程度固定化できるメリットもあるかもしれません。
さて、賃金規程では欠勤や遅刻など、不就労に対する賃金の減額（欠勤控除）の仕方についても定めが必要ですね。

Ａ 完全月給制を採る場合は、欠勤、遅刻、早退等があっても賃金は控除しません。しかし「ノーワーク・ノーペイ（働かなければ、賃金はもらえない）原則」で欠勤・遅刻等がある場合にはその部分の賃金を控除するのが一般的で、例えば事業所の求人票等に「日給月給制」と書いてあるのはそういう賃金控除があるという意味だと思います。

割増賃金の計算では労基法や労基則で様々な規制が定められていますが、遅刻・欠勤した時間分の賃金を控除する場合の欠勤控除の計算方法については、法令上の規定があるわけではありません。合理的で社会通念上妥当な方法であれば問題ありませんが、どのような計算方法に基づいて控除するのかを規定しておく必要があります。

例えば、減額する際の賃金項目では「基本給」だけなのか、各種手当を含むのかも重要です。一般的には「基本給」部分のみを減額する場合が多いかもしれませんが、割増賃金の計算方法と同じように、その他の手当も含めた「（割増賃金の）算定基礎額」から算出するような方法でもかまいません。いずれにせよ、その旨を就業規則（賃金規程）などで明文化してください。

> **Q** 減額の計算の対象になる賃金項目を明確にしないと賃金控除の正確な計算ができませんね。それと、月給制の場合で減額の際の「日額」や「時間単価」を計算する際の分母（日数や時間）をどう設定するのかも問題になりそうです。

> **A** そうですね。例えば日額の計算では、その月（一賃金支払期）の所定労働日数、または年間の所定労働日数の月間平均（またはその近似値）などが考えられるので、きちんと定めるようにしましょう。

欠勤・遅刻・早退の場合以外にも、例えば賃金計算期間の途中に入退職する社員の賃金計算もこのような日割り計算によって支払う必要があるでしょう。

休業手当の支払い義務

> **Q** 完全月給制でなければ遅刻や欠勤など不就労の時間に対しては減額して差し支えないことはわかりましたが、会社の都合により休業させる場合の賃金の支払はどうすればよいのでしょうか？

> **A** 例えばリーマンショックや新型コロナウイルス感染拡大の際など、景気の大幅な悪化により雇用調整（社員の休業）を余儀なくされた会社も多かったですね。この点に関しては「使用者の責めに帰すべき事由による休業の場合においては、使用者は、休業期間中当該労働者に、その平均賃金の百分の六十以上の手当を支払わなければならない（労基法26条）。」との法規定があります。したがってモデル賃金規程でも次のように休業手当の支払を定めています（10条3項）。

> **（休業手当）**
> 　会社の責めに帰すべき事由により休業したときは、休業手当を支給する。休業手当の額は、1日につき平均賃金の6割とする。

賞与の規定方法

 賃金規程には賞与支給に関する内容が記載されると思いますが、規定上の留意点を教えてください。

（賞　与）

第17条　賞与は会社の業績、従業員の勤務成績等に基づいて毎年原則として夏季（６月）及び冬季（12月）に支給するものとする。ただし、会社の業績状況等により支給日を変更し、又は支給しない場合がある。

2．賞与支給にあたっての算定対象期間は、次のとおりとする。
　　夏　季　　下期決算期（前年10月１日から当年３月31日まで）
　　冬　季　　上期決算期（当年４月１日から当年９月30日まで）

3．賞与の支給対象者は、賞与支給日に在籍する者とする。

 　賞与は退職金と同様に、法律上当然に使用者が支払い義務を負うものではありません。しかし、賃金規程（就業規則）に支給することが明示されている場合には労働契約上支払い義務が生じます。

　規定する際の留意事項としては、賞与は会社の業績の悪化によっては支払うことが困難であったり、支給日を変更せざるをえない場合もあり得るでしょうから、モデル賃金規程17条１項ではその旨を定めています。

賞与の支給日在籍要件は有効

賞与の支払日前に退職した者には賞与は支給しないという「支給日在籍要件」は有効と聞いたのですが、モデル規定でも３項でその旨を規定していますね。賞与支給日を目前とする時期に定年で退職になるような社員から不公平という声も聞くのですが、その点はいかがでしょうか？

　賞与の算定対象期間に勤務していたにもかかわらず、賞与の支給日に在籍しない者に賞与を支給しなくてもよいのかは時々問題にな

ります。しかし賞与は過去（算定対象期間）の労働に対する報酬としての意義だけでなく、将来の労働に対する期待等も勘案されるものと考えられるため、「賞与支給日に在籍する者に支給する」と規定することは有効です（大和銀行事件　最高裁　昭57.10.7　⇒P.268参照）。

　しかし、こうした規定は社員が退職の日を自由に選択できる自発的退職者については有効ですが、人員整理等の会社都合による退職の場合は、本人が退職日を選択できない以上、その合理性判断は微妙になる場合があります。

　例えば、会社都合により賞与支給日が遅れた場合や、賞与支給月の直前に整理解雇するような場合は、本人が不利益にならないように十分配慮する必要があるでしょう。なお、定年退職者も退職の日を自由に選択できないわけですが、支給日在籍要件の定めを有効と認めた裁判例（カッデン事件　東京地裁　平8.10.29　⇒P.268参照）もあるので、定年退職者については原則として許されると考えてよいでしょう。

　なお、定年後再雇用され引き続き在籍する場合も多いでしょうから、正社員であった期間の賞与分を日割り計算により支給するといった規定を設ければ継続雇用者の納得性が高まるものと考えます。

賃金請求権の消滅時効の延長

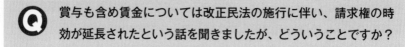

賞与も含め賃金については改正民法の施行に伴い、請求権の時効が延長されたという話を聞きましたが、どういうことですか？

　　2020年4月1日に施行された改正民法により賃金請求権に対する消滅時効が2年から5年（当面3年）に延長されました。

　消滅時効とは時の経過によって権利が消滅する制度のことで、「権利の上に眠る者は保護しない」という理念が法律の背景にあります。改正前の民法では労働者の賃金は1年の短期消滅時効とされていましたが、労働者の重要な賃金請求権が1年で消滅するのは保護に欠けるとして労基法では2年の消滅時効とされてきました。

　2020年4月施行の改正民法では1年の短期消滅時効が廃止されたため、「賃金」も原則として5年の消滅時効が適用されることになります。しかし、賃

金請求権の時効を直ちに従前の２年から倍以上の５年に延長してしまうと労使の権利関係を不安定にするとの使用者側の主張があり、結局、労基法では、原則５年とした上で「当分の間は３年」とし、施行５年後に見直しを検討するという折衷案で折り合うことになりました。賃金台帳のような記録の保存義務についても原則は５年としつつ、当面は従来通りの３年に据え置かれました。

　なお、年休の消滅時効については５年とするとかえって休暇の取得率を下げることになりかねず、従来通り２年のままとなっています。また、退職金の請求権は従来通り５年のままとなります。

② 退職金

退職金の規定方法

Q なるほど、未払い残業代の請求訴訟なども過去２年分が1.5倍の３年分になるわけでしょうから、会社は労働時間管理や賃金制度の再点検が必要といえそうですね。
さて、退職金の消滅時効は５年のままで変更がないとのことですが、退職金規程について教えてください。普段はあまり意識していなくても退職が近づいた社員には大いに気になるのが退職金ですね。

A 　退職金は、賞与と同様に、法律で支払いが義務付けられるものではありません。しかし退職金規程を作り制度として導入している場合には、従業員にとっては重要な労働条件の一つで「労働の対償としての賃金」に該当すると考えられます。

　したがって退職金の規定においては、①適用される労働者の範囲、②退職金の決定、計算及び支払いの方法、③支払い時期、を明確に記載しなければなりません。通常、規定内容はかなりの条文数になるので就業規則の本則とは別に委任規定とするケースが多いでしょう。

　（退職金）

　第37条　従業員の退職金に関する具体的事項は、退職金規程に定める。

　まず、退職金の支給対象になる従業員の範囲を明確にする必要があります。退職金の支給対象を正社員に限定するのであれば、「正社員に適用する。」または「パートタイマー・嘱託には適用しない。」などと規定します。

　退職金の決定、計算の方法については様々な方法があります。確定給付型の退職金制度には「最終給与比例方式」、「ポイント制」、「定額制」などがありますし、最近では確定拠出型の退職金制度を採用する企業も増えています。

退職金の意義とは？

> **Q** 当社の退職金制度では、退職時の「基本給」に勤続年数に応じた乗率をかけて退職金額を算出する方式だったと思います。

A　そのような方式が最も多く「最終給与比例方式」の退職金制度といったりすることがあります。勤続年数については勤続3年未満の退職者には支給しない場合が多いと思いますし、休職期間、育児・介護休業期間、出向期間などをどのように扱うのかなどを明確にしておかないとトラブルが発生しやすいので注意が必要です。

　退職金は法律で必ず支払いを求めているわけではないので、それでは企業が退職金制度を設ける意義は何なのかという疑問がわきますね。その点については諸説あり、代表的なのは次の3つです。

【退職金の意義】
- 功労報償説　…………　在籍中の功労に対する報奨金として支給
- 老後生活保障説　……　老後の生活の保障として支給
- 賃金後払い説　………　在職中に支払うべき賃金の一部を退職時に支給

　定年など会社都合退職の場合に比べ、自己都合退職の場合には一定の減額率を乗じて支払いをする規定になっている場合も多いと思いますが、これは、退職金が「功労報償」的な意味合いを持っていることと関連していると思い

ます。

　なお、退職事由によって退職金を減額する場合には、退職事由について明確に定めておく必要があります。解雇や退職勧奨の場合、休職期間満了による退職の場合、また本人死亡の場合の計算方法などが曖昧になっている規定も見受けられるので注意が必要です。

懲戒解雇と退職金の減額

 当社では「懲戒解雇された場合には退職金を不支給にする。」と定めていますが、このような規定は有効ですか？

　　　自己都合退職の場合に一定の減額が認められているので「懲戒解雇」の場合には一切退職金を支払わないと規定している例も多いのですが、実務としては少々問題があります。

　裁判例などをみると、懲戒解雇が有効な場合でも「労働者のそれまでの功労を無にするほどの重大な背信性があったか否か」が問題になっています。多額の業務上横領や著しい背任行為などの場合は可能でしょうが、それ以外の場合には全額不支給とするのは無効となる可能性があります（小田急電鉄事件　東京高裁　平15. 12. 11　⇒P. 269参照）。

　したがって「懲戒解雇された場合には、退職金額の減額又は支給しない場合がある。」といった規定内容とし、事案に応じて柔軟な対応をとるのが適切だと考えます。

　実際、中小企業退職金共済制度（以下、「中退共」）を使って社員ごとに退職金の積み立てを実施している場合には、懲戒解雇になった社員の退職金支払いについて、会社から中退共に対し減額を請求することはできますが、全額不支給といった扱いはできません。なお、減額が認められる場合でも減額された分が会社に払い戻されることはなく、共済制度全体の運用の中で他の退職金支払財源に振り向けられることになります。

退職金の支払時期

 退職する社員への退職金の支払い時期について、法律上何らかの制約がありますか？

　退職金も支給条件が明確になっていれば「労働の対価としての報酬」すなわち賃金としての性格を持ちます。労基法では「使用者は、労働者の死亡または退職の場合において、権利者の請求があった場合においては、7日以内に賃金を支払い……（労基法23条1項）」との規定があります。通常の賃金は労務の提供があった後、それに応じて当然要求できる性質のものですので、すぐに（請求があれば7日以内に）支払いが必要になるのです。

　退職金の場合も、支払い時期を定めていない場合には退職者から請求があれば7日以内に支払わなければなりませんが、退職金規程に支払い時期を明記すればこの限りではありません。

　実際の規定例を見ると、退職後1カ月以内程度のものが多いですが、懲戒解雇事由にあたる行為がなかったかの確認調査のために退職後2〜3カ月程度の余裕を設けて定める会社もあり、そのような支払方法も可能です。

退職金制度の見直し

 退職金については減額や廃止を検討している企業も多いと思います。退職金制度の改定は可能でしょうか？

　バブル期と比べ低金利が続く昨今の経済情勢や会社を取り巻く経営環境の変化により、退職金制度の見直しや廃止を余儀なくされる例も増えています。退職金は法的に支払い義務がないといっても、一度規定を定めれば従業員との重要な労働契約の一部になりますから、減額や廃止を行う際には「労働条件の不利益変更」の問題が生じます。そこで、少なくとも退職金規程においては、支給額の見直し等について規定しておくことが大切です。

（規程の改廃）

第10条　この規程は、会社の経営状況及び社会情勢の変化等により
必要と認めたときは、支給条件・支給水準等を見直すことがある。

就業規則の不利益改定を行う場合には「第1編第2章　就業規則と労働契約」（P.15）でも説明したように、一定の合理的理由が不可欠です。

なお、巻末（資料2）のモデル退職金規程では中小企業に適すると考えられる、中退共を利用した掛金拠出建て制度の規定例を掲載しているので、ご参考にしてください。

 本章のポイント

(1)　賃金

- 「賃金規程」には、賃金の決定、計算及び支払いの方法、賃金の締切り及び支払の時期並びに昇給に関する事項を必ず定める（絶対的必要記載事項）

- 労基法の「賃金支払いの5原則」を遵守して自社の実態に即して規定する

- 「通貨払いの原則」について、従業員本人の同意を得て銀行口座振り込みにすることができる

- 「昇給」に関する事項は必ず記載が必要だが「賃金改定（昇給・降給）」として降給の可能性も含めて規定する

- 「通勤手当」、「家族手当」、「住宅手当」など割増賃金の算定基礎額から除外できる賃金が労基法で決められている。実際に除外できるか否かは支払いの実態による

- 配偶者手当については、近年、見直しをする会社も多い（女性が年収の壁を意識して労働時間を制限して働くといったことが発生しないような制度が望ましい）

- 一月に60時間を超える時間外労働については5割増しの割増賃金を

支払う必要がある（中小企業は2023年４月以降適用）

- 休日労働に対して支払われる賃金の計算では「法定休日」か「法定外休日」かを区別する場合にはその旨を明確に規定する
- 深夜勤務手当は算定基礎賃金（時給）の２割５分の割増しの支払いが必要になる
- 「固定（定額）残業代」は、賃金（手当）のどの部分が割増賃金に該当するのかが明確で、当月の実際の残業代がこれを超えた場合には差額を別途支払う等であれば適法である
- 欠勤・遅刻の場合の賃金控除は、計算方法を含めきちんと定める
- 会社の責めに帰すべき理由で休業する場合は平均賃金の100分の60以上の休業手当を支払う
- 賞与の支払いは、会社業績の悪化などの場合は、支払い時期を遅らせたり支払わない場合があることを明記する

(2)　退職金

- 退職金制度を定める場合には、①適用される従業員の範囲、②計算方法、③支払い方法や時期を明確に定める
- 退職金の意義には、①功労報償説、②老後生活保障説、③賃金後払い説、などがある
- 懲戒解雇者に退職金の全額を支給しない旨を定めても無効になる場合がある（また、中退共制度などを利用している場合には全額不支給にはできない）
- 会社の経営状況や社会情勢の変化等で退職金制度を見直すことがある旨を定める

第7章 定年、退職及び解雇

―――――――――――――― **第1節　定年、退職** ――――――――――――――

第38条　退職基準

第39条　定年

第40条　定年後の再雇用制度

第41条　自己都合による退職手続

退職と解雇の違い

Q ここでは「退職」について伺います。就業規則の絶対的必要記載事項の最後に「退職に関する事項（解雇の事由を含む）」とあります。「退職」と「解雇」はどのように違うのでしょうか？

A 　会社と社員の間でトラブルが最も多いのは出入りの時、特に退職時ではないでしょうか。退職直前はその社員のモチベーション（やる気）や会社へのロイヤルティ（忠誠心）が一番低くなる時なので、会社としても慎重な対応が求められます。

　さて「解雇」ですが、これも「退職」の一形態といえますが「解雇」は使用者の一方的な意思表示による労働契約の解約のことで、それに対して「退職」は通常は解雇以外の理由による労働契約の終了と分類する場合が多いと思います。

退職の種類

Q 「解雇」は社員の意思とは無関係に使用者の意思により労働契約を解約することなのですね。懲戒解雇、普通解雇、また整理

181

解雇といった解雇が思い浮かびます。

A　解雇は会社側からの一方的な労働契約の解約ですが、解雇する場合の「解雇事由」などは就業規則に事細かに規定する必要があるので、別途検討することにしましょう。

そこで、まず「退職」の規定についてですが、退職には社員の意思による退職、また「期間満了」、「定年」、「死亡」、「役員就任」といった一定の事実の到来による退職（自然退職・当然退職・自動退職などといったりします）があります。

そこで、就業規則では「退職基準（退職事由）」について、きちんと規定しておくことが大切です。

> **（退職基準）**
> 第38条　従業員が、次の各号のいずれかに該当するときは退職とする。
> (1)　定年に達したとき
> (2)　退職を願い出て、会社がこれを承認したとき
> (3)　死亡したとき
> (4)　休職期間が満了しても復職できないとき
> (5)　会社役員に就任したとき
> (6)　行方不明になって30日が経過し、解雇手続きをとらないとき

(1)は定年年齢に達した場合です。定年後嘱託として再雇用される場合でも、定年で一旦は退職となります。

(2)は自己都合退職のケースで、(3)は本人死亡の場合の退職を定めています。

(4)は休職期間が満了しても、休職事由が解消しない場合で「解雇」ではなく「自然退職」としています。これは第5章「休職・復職」でも詳しく説明しました。

それから、最後の(6)について少し解説しましょう。このような規定をおいていない就業規則も多いと思いますが、もしこのような規定がないと、社員が行方不明になって連絡がつかない場合の退職手続きが少々面倒になると考えられます。

　社員を解雇する場合は会社側から「解雇の意思表示」を相手側に伝える必要がありますが、行方不明の場合には伝える手段がないので、民法に定められている「公示送達」（裁判所の掲示場に掲示し、かつ掲示があったことを官報に掲載等する手続き）といった方法をとる必要があるとされています。

　しかし、そのような手続きはかなり面倒なので、実務上は行方不明になった日から「無断欠勤」が続いているとして一定期間（１～２カ月程度）経過後に会社が解雇手続をとる場合が多いと思います。

　そこで、(6)のような規定があれば、行方不明から一定期間（30日等）が経過すれば、（解雇でなく）自然退職として処理できるので、社員との無用なトラブルを回避できるのです。

行方不明者の退職手続き

Q 突然会社に来なくなって、ずっと本人と連絡が取れなくなるといった事態が発生することは十分想定されますね。会社に行くのがいやになったとか、退職を告げる勇気がないとか入社して間もない社員に多いかもしれません。
それから以前、東日本大震災の際に津波にのみこまれて行方不明になった会社員がいると新聞で読んだことがありますが、そのようなケースでもこの規定は有効になりますか？

A 　そうですね。そのような場合、上記「(6)行方不明になって30日が経過し、解雇手続きをとらないとき」といった規定があれば「無断欠勤」による解雇ではなく、行方不明後、一定期間（上記例は30日）の経過により自然（当然）退職とすることで対応ができると考えます。

定年と再雇用制度

Q それでは、退職事由の最初にある「定年」について伺います。定年は満60歳と規定している会社が多いようですね。

（定　年）

第39条　従業員の定年は満60歳とし、満60歳に達した日の属する
　　　　賃金計算期間の末日をもって退職とする。

A　　定年は、一定年齢に達した従業員は自動的に雇用関係が終了する
　　ものです。現在の法律では、定年を定める場合には60歳を下回るこ
とはできません（高年法8条）。そのため下限年齢の60歳を定年としている
会社が多くモデル規定39条でもそのように定めています。もちろん、今後は
定年を65歳とする企業も増加していくことが予想されるので、定年年齢につ
いては会社の状況に応じて適宜、変更してください。

　そして続く40条では定年退職後の再雇用制度について規定しています。

（定年後の再雇用制度）

第40条　定年退職した者が希望した場合には、5年を上限として嘱
　　　　託社員として再雇用する。

2．嘱託社員として継続雇用されることを希望する者は、定年に達
　　する6カ月前までに、会社に申し出なければならない。

3．継続雇用後の労働条件は、別に定める継続雇用規程及び嘱託雇
　　用契約書に定める。

4．第1項の規定にかかわらず、従業員が希望する場合であっても、
　　第42条（解雇）に規定する「解雇事由」に該当する者については、
　　定年をもって退職とし継続雇用は行わない。

Q　「定年」は解雇ではないので、いわゆる「解雇予告」などの手
　　続きは不要と考えてよいでしょうか？

A　　はい、定年退職は社員が一定年齢に達したとき当然に労働契約が
　　終了する制度で「解雇予告」の問題は生じません。ただ、本人に定
年退職を自覚させるため、会社は定年の半年程度前には本人に通知し、継続
雇用を希望する場合には会社への申し出をするルールを設けておくとよいで

しょう。

　それから、60歳が定年といっても退職日の定めにはいくつかの選択肢があります。

　①満60歳の誕生日

　②満60歳の誕生日の後の最初の賃金締切り日

　③満60歳の誕生日の属する年度の末日（３月31日）

　このあたりは、企業ごとにルールを定めて就業規則（「定年等」）に明記してください（モデル規定では②の最初に到来する賃金締切り日と規定しています）。

自己都合退職の手続き

 それでは、退職に関連して「自己都合退職」の場合について伺います。当社では自己都合で退職する場合「１カ月前までに届け出て会社の承認を得ること」としています。ところが、ある社員から「退職は２週間前に申し出ればよいはず。民法でそうなっているので当社の規定はおかしいのではないか」とのクレームがあったのですが、その点はいかがでしょうか？

（自己都合による退職手続）

第41条　従業員が自己の都合により退職しようとするときは、原則
　　として１カ月前（遅くとも２週間前）までに会社に退職願を提出し、
　　会社の承認を受けなければならない。

２．退職願を提出した者は、会社の承認があるまで従前の業務に服
　　さなければならず、また退職までの間に必要な業務の引継ぎを完
　　了しなければならない。

 「自己都合退職」という言葉がよく使われますが、これは厳密には「合意退職（合意解約）」と「辞職」に分けて考えるとよいでしょう。

　「合意退職」の場合には、社員が「退職願」のような文書で退職の申し込

みの意思表示をし、会社側がこれを承認することで、労働契約が解消、すなわち退職に至ると考えられます。したがって、御社の就業規則で「1カ月前までに届け出ること」としているとすると「合意退職」を前提にして「1カ月前」と規定していると考えてよいと思います。

　この場合、1カ月前までに「退職の申し込み」の意思表示をすれば、会社がこれを承認し「合意退職」が成立するのが前提ですが、もし、会社が承認しない、あるいは承認を遅らせるようなことがあって社員がすぐに退職できないと、その間地位が不安定になってしまいます。

　そこで、民法では雇用の期間を定めなかった場合、解約の申し入れの日から2週間を経過することによって雇用契約は終了するとしています（民法627条1項）。社員の方は、そのことを知っていて「2週間前までに届け出ればよい」と言っておられるのだと思います。その場合は「合意退職」ではなく社員側からの一方的な退職の意思表示（辞職）と考えられます。

合意退職と辞職の違い

> **Q**　そうすると「辞職」ということであれば、その社員が主張していることは正しいのですね。

A　はい、社員には、退職の自由があるので、会社が退職の希望を強制的に拒むことはできません。2週間という点について、以前の民法では完全月給制の場合などには2週間以上の予告期間が必要になるケースがありましたが、民法改正（2020年4月施行）により、期間の定めのない雇用契約の場合には、例外なく労働者からの解約申し入れから2週間の経過により契約終了になります。

　会社としては合意退職を前提に「原則として1カ月前までに届け出ること」と規定することで、急な退職の申出を抑制する効果はあると思いますので、原則1カ月前と定めるのは特に問題はないと考えます。

　そこでモデル規定41条では民法の規定も考慮して「原則として1カ月前（遅くとも2週間前）までに……」とやや幅を持たせた記載にしました。

　「自己都合退職」には「合意退職」と「辞職」があると説明しましたので

モデル規定以外に、次のような規定方法も考えられます。これなら原則は「合意退職の申し込み」として扱い、会社の承諾がない場合は、民法の規定（辞職）によることが明確になります。

【別規定例】（自己都合退職）

第○条　従業員が自己の都合で退職する場合は、原則として１カ月前までに退職願いを提出し会社の承諾を得なければならない。ただし、退職の届出に対し、会社の承諾がない場合には、民法第627条の手続きにより、労働契約を消滅させることができる。

〈自己都合退職〉

「合意退職」
１ヶ月前までに届出

「辞職」
２週間前までに提出

退職願の撤回の扱い

Q 「退職願」を出した社員が、それを撤回したいと言ってきたという話を聞いたことがありますが、そのような場合、会社はどう対応すればよいでしょうか？

A 上司から怒られて「カッ」となって辞表をだしてはみたが、やはり冷静に考えてみてそれを撤回したいというようなことは会社実務の中では比較的よく発生することかもしれません。

「合意退職」の申し込みの場合には、会社が承諾の意思表示をするまでの間は、社員は一度提出した「退職の意思表示」を撤回することができるとされています。「退職願」をだしてきた社員から再び「撤回」したいという申

し入れをされても困るようであれば、会社は承諾の意思表示を早めに出すのがよいでしょう。

　なお「辞職」の場合には、提出後の撤回は原則できないものとされています。「退職届」なら辞職（撤回できず）で、「退職願」なら合意退職の申し込みと使い分けることも考えられますが、本人がそこまで意識して書いているかは疑問で実務上大きな意味の違いはないでしょう。状況に応じてケース・バイ・ケースに考える必要があります。

　それから「年休」の際にも説明しましたが、自己都合退職の届出をした社員が、業務の引き継ぎもせずに残った年次有給休暇をすべて消化してから退職したいと申し出る場合があります。このような行動を完全に阻止することは難しいのですが、モデル規定41条2項では「退職までの間に必要な業務の引き継ぎを完了しなければならない。」としています。

　さらに会社からより強いメッセージが必要なら、これに続けて「この規定に反して引継ぎを完了せず、業務に支障をきたした場合、懲戒処分を行うことがある。」としてもよいでしょう。ただし、実際問題として退職時までに懲戒処分ができるケースは限定的だと思います。

退職勧奨とは？

退職に関連して「退職勧奨」という言葉を聞くことがありますが、これは何を意味しますか？

　　　会社として解雇を通告する前に、退職勧奨をすることがよくあります。社員に対して退職を促す行為のことですが、俗に言う「肩たたき」のことです。社員が退職勧奨に応じて退職する場合は、解雇にはならず、前述した「合意退職（合意解約）」ということになります。ただし、退職勧奨の場合には、離職票の退職理由は「自己都合」ではなく「会社都合（事業主からの働きかけによるもの）」となります。

　退職については、会社からの意思表示であれ、社員からの意思表示であれ、労使で話し合いをもって、合意解約で解決するのが望ましいのはいうまでもありません。退職勧奨も雇用の終了について労使で話合いによって解決を図

ることが狙いです。ただし、退職勧奨に応じるか否かは労働者が任意に決められるので、自由な意思決定を妨げるような使用者の執拗で強制的な言動は違法な権利侵害になり、紛争に繋がりかねないので十分注意する必要があります。

本節のポイント

- 「退職に関する事項（解雇の事由を含む）」は就業規則の絶対的必要記載事項なので必ず定める
- 「退職」には社員の意思による退職と「期間満了」、「定年」、「死亡」、「役員就任」といった一定の事実の到来による退職（自然退職・当然退職）がある
- 会社に連絡がなく従業員が行方不明になった場合には、一定期間の経過後に自然退職となる旨を規定する
- 「定年」を定める場合には、定年年齢（60歳以上）と実際の退職日（誕生日、誕生日後の最初の賃金締切日など）を明記する
- 「自己都合退職」には「合意退職」と「辞職」がある
- 原則は「合意退職の申し込み」として扱い、原則1カ月程度の期間の余裕をもって届出を出す定めは有効
- 会社が承諾の意思を示さない場合は民法の規定（辞職）が有効になる
- 退職に際して「業務の引き継ぎ義務」をきちんと定める
- 「退職勧奨」は会社が社員に退職を促し、話し合いによって雇用の終了（合意解約）を図る制度。会社は違法な権利侵害にならないように注意する必要がある

第2節　解雇

第42条　解雇
第43条　解雇の予告
第44条　退職及び解雇時の手続き

普通解雇の事由

Q 「退職」に続いて「解雇」の規定方法について教えてください。
解雇とは使用者の一方的な意思表示で労働契約を終了させることでしたね。

（解　雇）

第42条　従業員が、次の各号のいずれかに該当するときは解雇する。

(1) 能力不足又は勤務成績不良で就業に適さないと認められるとき

(2) 精神又は心身の障害、若しくは虚弱、疾病等によって業務に耐えられないと認められるとき

(3) 勤務態度が不良で従業員として不適格なとき

(4) 協調性を欠き、他の従業員の業務遂行に悪影響を及ぼすとき

(5) 事業の縮小その他やむを得ない事由により雇用を維持することができなくなったとき

(6) その他、前各号に準ずるやむを得ない事由があるとき

A はい、「解雇」には「普通解雇」と「懲戒解雇」がありますが、どちらにしても社員は解雇されれば直ちに生活に困窮することになるでしょうから、合理的な理由もなく解雇するようなことは認められません。その意味で、労契法の次の規定はしっかりと頭に入れておきましょう。

労契法（解雇）

第16条　解雇は、客観的に合理的な理由を欠き、社会通念上相当で
　　あると認められない場合は、その権利を濫用したものとして、無
　　効とする。

　社員としての地位の安全を保障するためにも、就業規則にはどのような場
合に「解雇」が行われるのか、解雇事由を具体的に定めておかなければなり
ません。

　この場合によく問題になるのは、解雇事由をすべて限定的に列挙するべき
か（限定列挙説：列記された事由以外の解雇は不可）、あるいは例示的に列
挙すればよいか（例示列挙説：記載漏れ等で直接該当しない場合でも解雇可）
という点です。

　限定列挙説の場合には、想定されるあらゆる解雇ケースを記載しなければ
ならないので、解雇事由は多岐に及んで事細かく規定することになります。
特に「懲戒解雇」の場合には就業規則に記載されていない理由で行うことは
できない、すなわち「限定列挙」が必要とされているので注意してください。

　なお、普通解雇の場合でも「例示列挙」では不十分で「限定列挙」が必要
とする裁判例も多いので、解雇事由の最後には「その他前各号に準ずるやむ
を得ない事由が生じたとき」といった包括的な解雇事由を定めておくことが
重要です。

> **Q** 解雇には「普通解雇」と「懲戒解雇」があるとのお話ですが、
> モデル規定42条で定める解雇は普通解雇と考えてよいのでしょ
> うか。その場合、懲戒解雇の事由とはどんな点が異なりますか？

　はい、42条は普通解雇について定めています。「懲戒解雇」につ
いてはこれとは別に「表彰・懲戒」といった章で定めることが多い
と思います（モデル規定53条参照）。懲戒解雇は会社の秩序を乱した懲罰と
して労働契約を解消することなので、その点「普通解雇」とは意味合いが異
なります。

「普通解雇」になるケースとしては大きく次の２種類が考えられます。

(1)　労働者の責任によるもの
(2)　経営上の必要性によるもの

モデル規定42条の１号から４号までは(1)の「労働者の責任による」理由を規定しています。これらは、労働契約上の業務遂行の義務が労働者の責任で果たせない（債務不履行）ことを理由に解雇するものです。

一方(2)の「経営上の必要性による」というのは「整理解雇」とも呼ばれるもので、労働者に責はなく、会社の経営上の理由により労働契約を解消することでモデル規定では42条５号がこれにあたります。整理解雇の有効性について判例では、①解雇の必要性、②解雇回避の努力、③人選の合理性、④手続きの妥当性、のいわゆる「整理解雇の４要素」が事案ごとに考慮されることになります。

そして、最後の６号は包括規定ですから、必ず入れるようにしましょう。

> ### ひとこと解説
>
> #### 内定の取り消し
>
> 内定の多くは学生の在学中に締結される卒業後を始期とした労働契約のことをいいます。労基法や労契法に「内定」という言葉はありませんが、過去に最高裁は、労働契約は成立しているとの判断をしています。
>
> 東日本大震災や、新型コロナウイルス感染症の拡大の際、内定の取り消しが大きな問題になりましたが、会社側の一方的な内定取り消しは「解雇」にあたります。したがって、「客観的に合理的な理由を欠き、社会通念上相当であると認められない解雇（内定取り消し）」は無効となります。業績の悪化や事業の縮小など、会社側の事情で内定を取り消す場合の有効性判断では、「整理解雇」の４要素が事案ごとに考慮されることになります。

普通解雇と懲戒解雇の関係

 当社の就業規則の（普通）解雇の条文には「第○条第×項の懲戒解雇事由に該当するとき」という定めがあるのですが、モデル規定にはありません。このような条項は入れなくてもよいのでしょうか？

A　通常の就業規則では「懲戒解雇」の事由については多数の項目を限定的に記載するのに対して、普通解雇では比較的簡単な内容しか定めないことが多いと思います。そのために、限定列挙を確実にする意味で「懲戒解雇事由に該当するとき」といった定めを「普通解雇」の条文の中にも入れておこうという趣旨と考えられます。

しかし「懲戒解雇」と「普通解雇」は本来別物ですから、そのような条項を定めると両者の線引きが分かりにくくなると考え、モデル規定には入れていません。

もちろん、懲戒解雇になり得るような非違行為は普通解雇事由にもなり得ると考えられます。懲戒解雇に列挙されている事由に該当する場合に、より軽い普通解雇を行うことは当然に許されると考えてよいでしょう。その場合は、普通解雇の「(1)労働者の責任によるもの」の事由（モデル規定42条3号及び4号）のいずれかに該当する場合がほとんどでしょうし、普通解雇事由の最後の包括規定「(6)その他、前各号に準ずるやむを得ない事由があるとき」の適用も可能だと思います。

それから、普通解雇の事由については、あまり事細かに定めすぎたり厳格に記載しすぎると、かえって会社側の解雇権の行使が制約されてしまうリスクが考えられるので気をつけましょう。例えば、普通解雇の理由記載では、勤務成績が「極めて」劣悪とか「再三にわたる」注意にもかかわらずとかいった修飾語もなるべく避けてモデル規定のようにシンプルな表現にすることをお勧めします。

解雇制限

 解雇理由の記載方法にも細心の注意が必要なことがわかりました。ところで、業務中に負傷して休業している間は解雇が禁止されているという話をきいたことがあります。この点について解説してください。

 はい、個別の法令で解雇が禁止される場合があります。まず、労基法ですが以下の場合には解雇が禁止されています（同法19条）。

①業務上のケガや病気によって休業している期間、及び復職後30日間
②女性が産前産後の休業をする期間、及びその後の30日間

　この解雇制限は、労働者が労働能力を喪失（ケガ、病気や出産）し、または十分回復していない期間に解雇されると、新規の就職先を探すことが困難で、生活を脅かされることになりかねないため、労働者保護の観点で定められたものです。

【解雇制限期間】

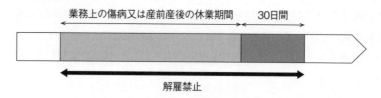

　なお、①業務上の傷病による解雇制限については、あくまで「業務上」の負傷や疾病の場合なので、私生活上の事故や病気の場合はもちろんですが、通勤災害（労災適用有）の場合にも解雇からの保護は受けられません。
　上記の労基法19条の解雇制限は天災事変（暴風、地震、落雷、洪水等の災害）のような止むを得ない理由のため事業の継続が不可能になった場合には例外として解雇制限が解除されます（労基署長の認定が必要）。
　労基法以外にも種々の法律で解雇が禁止される場合があります。例えば、労働者が監督機関などに対して行った告発行為や正当な組合活動等を理由に

した解雇は禁止されているので以下に整理してみましょう。

（法律で解雇が禁止される例）

- 労働者が労働基準法や労働安全衛生法違反の事実を労基署等に申告したことを理由にする解雇（労基法、安衛法）
- 公益通報者保護法に基づいて内部告発（公益通報）をした者に対するその事業主による解雇（公益通報者保護法）
- 労働者が都道府県労働局に紛争解決の援助、又はあっせんを申請したことを理由にする解雇（個別労働紛争解決促進法）
- 労働組合員であること、組合への加入や正当な行為をしたことを理由にする解雇（不当労働行為に該当し無効）（労働組合法）

　それから、均等法では性別を理由にした解雇等を禁じており、また女性労働者が婚姻、妊娠・出産・産前産後休暇の請求等をしたことを理由とした解雇を禁止しています。さらに育児・介護休業法では、育児休業・介護休業の申出をしたり、取得したことを理由とする解雇を禁止しています。

解雇予告手続き

Q　なるほど、法律ではいろいろな解雇制限があるので人事労務担当者はしっかり理解しておく必要がありますね。それでは次に、解雇予告など「解雇手続き」についての定めについて教えてください。

（解雇の予告）

第43条　前条の定めにより従業員を解雇する場合は、30日前に予告し、又は平均賃金の30日分に相当する解雇予告手当を支給する。ただし、天災事変その他やむを得ない事由のために事業の継続が不可能となった場合又は従業員の責めに帰すべき事由に基づいて解雇する場合で、それぞれ所轄労働基準監督署長の認定を受けたとき、又は試用期間14日以内の従業員を解雇する場合は、この限りではない。

　　2．前項の予告日数については、解雇予告手当を支払った日数だけ
　　　短縮することができる。
　　3．解雇制限その他の解雇に関する事項については、労働基準法等
　　　の定めるところによる。

A 　労基法には「解雇制限（19条）」、「解雇の予告（20条）」及び「解雇予告の適用除外（21条）」が定められています。労基法は労働契約上の最低基準を定める法律なので、就業規則に記載がなくても必ず適用されることになります。その点、法律の内容をすべて就業規則に盛り込む必要はありません。例えば、前述した解雇制限については多数の法律が関係するので、モデル規定では43条3項のみでこれを表しています。

　なお「解雇予告手当」についてはトラブルを避ける意味でモデル規定でも明確に記載しています（モデル規定43条1項、2項）。

解雇予告30日前のカウント方法

Q 　解雇予告日と解雇予告手当支払いの関係は実務でも重要ですね。例えば、4月30日付けで解雇したい場合には、解雇予告手当の支払いが不要な30日前とはいつになりますか？

A 　予告した日は含まれないので、解雇日が4月30日なら遅くても3月31日に解雇予告する必要があります。30日のカウントは労働日数ではなく暦日です。それから、例えば4月15日に4月30日の解雇予告をする場合には、予告の際に予告手当で支払う日数（15日分）を明示して、解雇の日までにそれを支払います。なお、即時解雇の場合には、予告手当は解雇の意思表示と同時に平均賃金の30日分を支払う必要があります。

　予告する際は口頭でも可能ですが、トラブルが懸念されるので、書面で本人に直接交付するか内容証明付き郵便を利用するのがよいでしょう。

　なお、当たり前のことですが解雇予告手当を支払えば解雇できると誤解している社長さんがいてビックリしたことがあるので付け加えておきます。

退職証明書、解雇理由証明書とは何？

はい。どんな場合でも社員を解雇するには「客観的に合理的な理由、社会通念上相当」という要件が必須でしたね。

さて、退職・解雇の最後の条文は「退職及び解雇時の手続き」ですね。この２項にある退職証明書や解雇理由証明書というのは何ですか？

（退職及び解雇時の手続き）

第44条　従業員は退職、又は解雇された場合には、すみやかに会社から支給された物品等を返還し、その他会社に対する債務を精算しなければならない。

2．退職、又は解雇された従業員が、労働基準法に基づく退職証明書又は解雇理由証明書を請求したときは、会社は遅滞なくこれを交付するものとする。

A　退職した社員が「退職証明書」を請求してくるというのは比較的稀かもしれませんが、請求があれば会社は「遅滞なく交付する」ことが必要です（労基法22条1項）。退職証明書の形式は決められたフォーマットがあるわけではありませんが、「使用期間、業務の種類、その事業における地位、賃金、退職の事由（解雇の場合にあってはその理由を含む）」が法定記載事項になっています。ただし、「労働者の請求しない事項を記載してはならない」ともなっているので注意してください。これは再就職先の会社に提出するために交付するような場合、本人が望まない再就職に不利な事項が記載されないように配慮されたものです。

また、退職前であっても解雇予告通知を受けた者は退職日までの間に、解雇の理由についての「解雇理由証明書」の交付を請求できるので、本人から請求があった場合、会社は「遅滞なく交付する」必要があります（労基法22条2項）。

いずれにしても、解雇の場合には本人が紛争等を準備することが考えられるため、会社としては解雇事由について漏れがないように慎重に記載する必

第7章　定年、退職及び解雇

要があります。

本節のポイント

- •「解雇」には「普通解雇」と「懲戒解雇」があり、就業規則にはどのような場合にそれぞれの「解雇」が行われるのか事由を定める必要がある
- •普通解雇事由には、⑴労働者の責任によるもの、と⑵経営上の必要性によるもの（整理解雇）がある
- •普通解雇事由の定めでは必要以上に厳格な記載は避けるようにする（解雇権の行使が制限されてしまう恐れがあるため）
- •解雇事由の最後には必ず包括的な解雇事由を定める
- •種々の法律で解雇制限（禁止）事項が定められているので、注意する必要がある
- •社員を解雇する場合には少なくとも30日前に予告するかまたは平均賃金の30日分の解雇予告手当を支払う
- •退職者が「退職証明書」や「解雇理由証明書」を請求した場合は遅滞なく交付しなければならない。特に解雇の場合は解雇事由に漏れがないように記載することが重要になる

第8章　安全衛生・災害補償

第45条　安全の確保・心得
第46条　従業員の遵守事項
第47条　健康診断
第48条　就業の禁止
第49条　災害補償

1 安全衛生

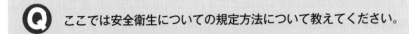

Q ここでは安全衛生についての規定方法について教えてください。

A 　安全衛生は就業規則の相対的必要記載事項で「安全及び衛生に関する定めをする場合においては、就業規則に明記しなければならない（労基法89条）。」とされています。しかし、例えば「健康診断」は会社が社員の雇入れ時及び毎年定期に健康診断を受診させることが義務付けられていますから、就業規則には必ず記載されるべき事項といえますね。

　「健康診断」以外には安全衛生に関する「遵守義務」などについて規定することになりますが、安全遵守に関しては、基本的な心構えについてのみ簡潔に規定する場合と、会社の業務内容や作業実態に沿って具体的な定めをする場合とがあります。

　例えば、建設業・土木業、また有害物を取り扱う業種などでは、安全衛生法上の規制も多いので、詳細に定める必要がある場合も多いでしょう。

　ただ、就業規則の本則にあまり事細かに安全衛生に関する事項を記載するのは賛成できませんので、そのような業種では「安全衛生管理規程」などを別に作成するのが実務的にも適切だと思います。

第8章 安全衛生・災害補償

安全配慮義務と自己保健義務

 職場によってはかなりの危険を伴う場合もあるでしょうから、そこで働く社員の生命・身体を守るうえで、安全衛生に関する事項をきちんと定めたり社員への教育を行うことは重要ですね。

（安全の確保・心得）

第45条　会社は、従業員の安全衛生の確保及び改善を図り、快適な職場の形成のための必要な措置を講ずる。

2．従業員は安全衛生に関する会社の行う措置に協力し、安全の確保及び健康の保持増進に努めなければならない。

 そのとおりですね。労契法5条には「使用者は、労働契約に伴い、労働者がその生命、身体等の安全を確保しつつ労働することができるよう、必要な配慮をするものとする。」と使用者の安全配慮義務が規定されています。

きちんとした安全衛生管理をしないと、事故が発生したとき会社の安全配慮義務違反が問われかねません。就業規則（または別管理規程）には安全衛生に関する作業手順や危険回避措置等、必要に応じて遵守すべき事項や安全衛生教育についてしっかり定めておくようにしましょう（「安全配慮義務」に関係する裁判例は資料1のP. 270を参照してください）。

会社の安全配慮義務と同時に、労働者にも健康に働くための健康保持に関する自己保健義務があると考えられます。社員自らも会社が行う措置に協力し、安全の確保及び健康の保持増進に勤めなければならない旨を規定すべきです。

健康診断の確実な実施

 安全衛生の章では、健康診断についての記載が必要ですね。どのような規定内容にすべきでしょうか？

（健康診断）

第47条　従業員に対しては、採用時及び毎年1回、健康診断を実施

　　し、その結果を通知する。

２．前項に定める場合のほか、法令の定めるところに従い必要な健
　　康診断を実施する。

３．健康診断の結果、特に必要があると認められる場合には、医師
　　の意見を聴き、就業場所の変更、作業の転換、勤務時間の短縮、
　　作業環境の測定、施設の整備等の措置を講ずることがある。

４．従業員は、自ら進んで健康の保持に努めるとともに、会社の指
　　示に従わなければならない。

A　　会社は採用時と毎年定期に健康診断を実施することが義務付けら
れているので、モデル規定の47条ではその定めをしています。健康
管理は労務管理上の重要なテーマですから、定期健康診断により社員の健康
状態を正確に把握し適切な労務管理を実施するようにしてください。

特殊健康診断と報告義務

Q　定期健康診断の実施が会社に義務付けられていることはわかり
ましたが、これに従わない社員がいるという話を聞くことがあ
ります。会社としてこれを放置してはまずいのでしょうね。

A　　事業者が行う健康診断は社員側にも受診義務が課せられています
（安衛法66条5項）。ただし、社員が会社の行う健康診断を受けるこ
とを希望しない場合に、他の医師の行う安衛法の規定による健康診断に相当
する健康診断を受け、その結果を証明する書面を会社に提出するという「医
師選択の自由」は認められています。

　ただ、実際にはそのようなケースは稀でしょうし、多忙だとか自分は健康
だとか言って社員が受診拒否したままになるような場合が多いと思います。
しかし、会社もそのまま放置すると社員に対する安全配慮義務を怠ったこと
になり、万一、過労死などの労災事故が発生した場合には、その責任を問わ
れかねません。

　就業規則では会社が行う健康診断を受けることは社員の義務であって「会

社の指示に従わなければならない」旨を明記しておきましょう。

　それから、放射線や鉛を扱うような有害業務に従事する労働者には定期に特殊健康診断（通常6月以内ごとに1回）を実施しなければなりません。従事する有害業務に応じて実施してください。通常の定期健康診断については50人以上の労働者を使用する事業者は労基署長への結果報告書の提出が必要ですが、特殊健康診断（定期のもの）は事業所の規模に関係なく報告義務があるので注意してください。

健康診断の費用負担

 健康診断を行う場合、その費用や診断受診中を労働時間として扱うべきか否かについてはどのように考えればよいでしょうか？

A　まず、健康診断の受診費用については会社が全額負担する必要があります。一方、受診時間を労働時間として扱うか否かについては、一般健康診断は業務だけでなく日常生活における健康障害を把握するものなので労働時間外（無給）としても法律違反にはあたりません。しかし、所定労働時間内に定期健康診断を行う場合は、通常の労働時間と同様（有給）に取り扱うことが望ましいでしょう。

　一方、一定の有害業務従事者を対象とする特殊健康診断の受診時間については業務に起因する健康障害を調べるのが目的ですから、所定労働時間外に実施した場合であっても、これを無給扱いにするわけにはいか

ひとこと解説

ストレスチェック

　従業員のメンタル不調を未然に防ぐため、医師・保健師等による心理的負担を把握するための検査のことです（安衛法66条の10）。

　事業者は常時使用する従業員に対して年1回のストレスチェックを行わなければなりません（産業医の選任義務のない50人未満の事業場は当分の間は、努力義務）。

　心理的負担の程度が一定程度に達している従業員については、本人の申出に基づいて、医師による面接指導が行われます。

　就業規則（社内規定）を作成する場合は、厚生労働省が公表している「ストレスチェック制度実施規程（例）」などを参考にするとよいでしょう。

ず必ず有給にする必要があります。

長時間労働者に対する面接指導（働き方改革）

Q 今般、働き方改革関連法で会社には管理職を含め、すべての労働者の労働時間の把握義務が課せられたと聞きました。長時間労働に対する医師による面接指導制度の強化のためと聞きましたが？

A はい、安衛法の改正（同法66条の８）で事業者は労働者（管理職やみなし労働時間制の適用者を含む）の「労働時間の状況の客観的な把握」を行う必要があります（2019年４月施行）。内容は、時間外・休日労働が月80時間を超え、かつ、疲労の蓄積が認められる労働者から申し出があった場合には、会社は医師による面接指導を受けさせなければなりません。

　従来、管理監督者等については会社が労働時間の状況を把握していない場合も多かったのですが、時間外・休日労働時間数の判断を労働者に委ねる取扱いでは、医師による面接指導を適切に行うことは困難です。そこで、管理監督者等を含め、すべての労働者（「健康管理時間」という労働時間と異なる概念で管理される高度プロフェッショナル制度適用者は除く）について、労働時間の状況を一定の方法で把握しなければならないとされたのです。タイムカード等による労働時間管理が行われている事業場であれば、管理監督者等についても同様の方法により労働時間の状況の把握を行うのが望ましいと考えます。

　長時間にわたる労働に関する医師による面接指導について就業規則に定める場合、「厚生労働省のモデル就業規則（平成31年３月版）」では以下のように規定しているので参考にしてください。

【厚生労働省モデル就業規則】（長時間労働者に対する面接指導）

第58条　会社は、労働者の労働時間の状況を把握する。

２．長時間の労働により疲労の蓄積が認められる労働者に対し、その者の申出により医師による面接指導を行う。

3．前項の面接指導の結果必要と認めるときは、一定期間の就業禁止、労働時間の短縮、配置転換その他健康保持上必要な措置を命ずることがある。

病者の就業禁止

 Q 新型コロナウイルスや以前には新型インフルエンザが流行して社会が大混乱に陥りました。社員がこのような伝染性の強い病気に感染した場合に就業を禁止する規定を定めておく必要があると思いますが。

（就業の禁止）

第48条　次の各号のいずれかに該当する従業員は、その就業を禁止する。

(1)　病毒伝ぱのおそれのある伝染病の疾病にかかった者

(2)　心臓、腎臓、肺等の疾病で労働のため病勢が著しく増悪するおそれのあるものにかかった者

(3)　前各号に準ずる疾病で厚生労働大臣が定めるもの及び感染症法で定める疾病にかかった者

2．前項の規定にかかわらず、会社は、従業員の心身の状況が業務に適しないと判断した場合、その就業を禁止することがある。

3．第1項、第2項の就業の禁止の間は無給とする。

A　はい、他の社員に対する安全配慮義務の観点からも、そのような規定を定める必要があります。安衛法では「事業者は、伝染病の疾病その他の疾病で、厚生労働省令で定めるものにかかった労働者については、厚生労働省令で定めるところにより、その就業を禁止しなければならない（同68条）。」として「病者の就業の禁止」を定めています。これを受けた安衛法の施行規則61条の内容、また、安衛法とは別に感染症法の就業制限に基づき、モデル規定48条1項では就業禁止の項目（(1)～(3)）を定めています。

　例えば、新型コロナウイルスに罹患しているような場合には、本人の意思にかかわらず行政の指示に基づき会社は強制的に就業を禁止できます。その場合は「使用者の責に帰すべき事由による休業」には該当しないので、会社に休業手当の支払い義務等は生じません（一定の要件を満たせば、健康保険から傷病手当金が支給されます）。

　なお、実務的には感染が疑われるような場合「新型」か否か等は難しい判断になるので会社の判断によらず最寄りの保健所や医療機関などに連絡して、その指示により対応することになるでしょう。そのような場合は、通常の体調不良による欠勤や早退と同様の扱いで、会社に賃金の支払い義務は生じないと考えられます。

　また2項では安衛法や感染症法等に基づく法令上の就業禁止や就業制限に限らず、従業員の心身の状況が業務に適さないと判断される場合は、会社は就業を禁止する旨を定めています。

　そして、3項では本規定に基づき就業禁止とした場合、ノーワーク・ノーペイの原則から、就業の禁止期間中は無給と規定しています。

② 災害補償

Q 次に「災害補償」について伺います。モデル規則では短い規定が一条あるだけですね。これだけで特に問題はないのでしょうか？

（災害補償）
第49条　従業員が業務上の事由又は通勤により負傷し、疾病にかかり、又は死亡した場合は、労働基準法及び労働者災害補償保険法に定めるところにより災害補償を行う。

A 　災害補償については労基法、及び労災法で災害補償に関する定めがあるので、法律上の規定と会社の補償内容が同じということであれば、極端に言えば、就業規則にまったく規定がなくても特段支障はないこ

とになります。ちなみにモデル規定49条では法律上の規定の範囲で補償することを定めています。

なお、災害補償に関することは、就業規則の相対的必要記載事項になっていて、法律で定められた以上の上積補償を行う場合には、その内容を規定する必要があります。

労基法と労災法の補償範囲（災害補償）

Q わかりました。ところで業務中のケガについては労災保険があるので、会社としては基本的には労災補償を使えば足りると考えているのですが、上記の規定例で労基法及び労災法と併記されているのはどのように考えればよいのでしょうか？

A 労基法では労働者が業務上負傷した場合の災害補償が定められています（労基法第8章「災害補償」）。この災害補償は無過失責任といって会社には非がない場合であっても、災害の発生が「業務上」のものであれば使用者は労働者に対して、その補償（労基法で定める最低補償）をしなければなりません。

業務中の負傷といえども、労働者に過失があれば補償は不要（または減額）という考え方もできるわけですが、労働中の災害は企業の営利活動に伴い発生する現象ですから、企業活動で利益を得ている会社に損害の補償をさせ、労働者を保護すべきというのが日本の法律の考え方です。

そこで労基法上で定められた災害補償がきちんと、且つすみやかに履行されるために国は労災保険の保険者となって災害補償を行っています。個人経営の農業・林業・水産業でごく小規模なもの（暫定任意適用事業所）を除き、労災はあらゆる事業者に加入が義務付けられています。

制定当初の労災法は、労基法上の災害補償とほぼ同一の内容・水準の補償しか規定していませんでしたが、1960年代以降幾度かの法改正が行われ、現在では、労災保険では労基法の補償（最低補償）を上回る補償が行われています。例えば労基法での休業補償は平均賃金の60％ですが労災保険では80％の給付があるとか、労災では障害補償の一部が年金化されていて補償内容が

充実しています。

　また労災法では通勤災害（通勤途上のケガ等）についても必要な給付が行われますが、労基法の災害補償では通勤中の災害は対象外です。

　したがって、基本的には「使用者は労災保険法の定めるところにより災害補償を行う。」と記載しても同じことになりそうですが、労災では休業する場合の初日から3日目までは待期期間になっていて給付が行われません。業務災害の場合、この通算した3日間については使用者側でその労働者の平均賃金の60%以上の休業補償をしないと労基法76条で定める休業補償を満たさなくなってしまうのです。

会社の無過失責任

 なるほど、それでモデル就業規則では「労働基準法及び労働者災害補償保険法に基づく」と二つの法律を規定しているのですね。ところで、この休業補償の3日分ですが、以前、当社の社員が業務中に負傷した際、本人の100％過失で会社に責任はなく、その場合でも会社が支払う必要があるのかといった議論が社内でありました。

 　これは、先ほども説明したように業務中のケガであれば無過失責任で会社が補償する必要があり、必ず支払わなければなりません。

　なお、通勤災害については、最初の3日間の休業補償については会社でこれを支給する義務等は生じません。また通勤災害は業務上の災害ではないので療養のため休業中の労働者を解雇してはならないという解雇制限規定（労基法19条1項）や、年休の出勤率の算定に関する規定（注：業務災害で休業した場合には出勤したものとして取扱う必要がある）の適用は受けないことになります。

労災の打切補償

 業務災害で負傷し療養中の社員には解雇制限がありましたね。そうすると業務災害を負ってずっと働けない休業状態が続いた場合は会社に長期間留まることになると思います。そのような場合「打切補償」を行えば解雇が可能になると聞いたことがありますが、これはどういうことですか？

A 労基法では業務災害で療養補償を受ける労働者が、療養開始後3年を経過しても負傷または疾病が治らない場合には、平均賃金の1,200日分の打切補償を行えば、それ以上の補償を行わなくてもよいと規定しています（労基法81条）。そして打切補償を行えば、解雇制限もなくなるので解雇が可能になります。

通常、そのような長期療養中で治癒していない労働者の場合、労災保険から傷病補償年金を受ける場合も多いと思います。療養の開始後3年経過時点（またはその後）で傷病補償年金を受けている場合には、労基法で定める打切補償を支払ったもの

ひとこと解説

労災での給与差額支給

労災保険では休業補償給付として給付基礎日額（平均賃金額に相当）の60％の支給に加え、休業特別支給金として20％が支給されます（合計で給付基礎日額の80％）。したがって、例えば会社から別途20％分の賃金を支払えば、平均賃金100％が補償される計算になります。

なお、会社からの賃金支払いが給付基礎日額の60％未満であれば労災給付との調整（減額）はありませんが、60％以上になる場合は、労基法上の休業補償がなされているものとみなされ、休業補償給付が打ち切られることになるので注意が必要です。

とみなす（労災法19条）と規定されているので、その時点で解雇が可能になります。

このような打切補償についても、労基法及び労災法の規定範囲になります。会社で別途「特別見舞金」のような上積補償をする場合以外は、就業規則に規定する必要は特にはありません。

会社独自の上積補償

 それでは上積補償について伺います。当社では業務中のケガ等の事故に備え任意保険に加入していて、会社独自の上積み補償をする場合があり、そのことを就業規則に定めています。そのような規定をする上での注意点を教えてください。

A 労働災害についての補償は労災保険で相当範囲がカバーされるので、通常はそれ以上の災害賠償責任が追及されることは比較的稀です。御社のように任意保険に加入して法定外の会社独自の上積補償を行うのは、社員に対する福利厚生を厚くし、それによって社員全員の士気向上を狙いとしているものと考えられます。

結局は任意の上積なので、支給対象事由を通勤災害は除いて業務災害だけにしたり、あるいは死亡災害のみとすることも可能です。

上積補償を行うか否かの支給要件は会社独自に決めてもかまいませんが、客観的判断という点で通常は労基署の労災の認定を得た場合とすることが多いのではないでしょうか。

 本章のポイント

(1)　安全衛生

- 安全衛生に関する定めをする場合には就業規則に明記する必要がある（「相対的必要記載事項」）
- 建設・土木業、また有害物を扱う業種など安全衛生について詳細に定める必要がある場合は委任規定（別規程）を作成し安全衛生教育を徹底する
- 労契法5条には「使用者は社員が安全を確保しつつ労働できるよう必要な配慮をする（安全配慮義務）」ことが規定されている
- 定期健康診断は従業員にも受診義務があり会社の指示に従わなくてはならない

- 安衛法や感染症法に基づき伝染性の強い病気にかかった者、また、心身の状況が業務に適しないと判断される者への就業禁止の規定を定める

(2)　災害補償

- 災害補償については労基法、及び労災保険の範囲内であれば、就業規則に事細かな規定を置く必要はない
- 労災保険では労基法以上の補償が行われるが、業務災害の場合の初日からの通算3日間（待期期間）は事業主が平均賃金の60%以上の支払い負担をしなければならない
- 法律で定められた補償を上回る上積補償を実施する場合には、就業規則にその内容を規定する

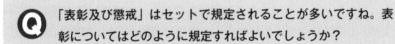

1 表彰

> **Q** 「表彰及び懲戒」はセットで規定されることが多いですね。表彰についてはどのように規定すればよいでしょうか?

（表　彰）

第50条　従業員が次の各号のいずれかに該当するときは選考の上これを表彰する。

(1) 勤務に誠実で他の模範と認められたとき

(2) 災害防止、災害救助等により特に功労があったとき

(3) 業務上有益な発明、改良があったとき

(4) 社会的に会社の名誉になるような行為があったとき

(5) その他前各号に準ずると認められたとき

2．前項の表彰は、賞状、賞金又は賞品を授与する。

A 　ほとんどの会社では「懲戒」についての規定は注意深く検討して作成すると思いますが、それに反して「表彰」の部分はシンプルな記述にとどまっている場合が多いと思われます。「懲戒」だけではバランス

が悪いので「信賞必罰（功績があれば賞を与え、罪があれば罰すること）」でとりあえず「表彰」も入れておこうということも多く、不熱心で規定は定めても実際に表彰を行ったことはないという中小企業も少なくないかもしれません。

　しかし、社員の「やる気」を引き出すためには、賃金などの金銭面の待遇も大切ですが「頑張りを認める」ことも必要です。一般的には大人になってから「表彰される機会」は少ないと思いますので、会社に認められ表彰される機会が多くなれば社員の意識も大きく変わっていくことが期待できます。企業はもっと表彰制度を充実させ、運用を活発にすることを考えてもよいでしょう。

　表彰制度は法律的な制限はなく、使用者の裁量に委ねられますが、労基法では「表彰制度」を設ける場合には、就業規則にその「種類と程度」を記載しなければならないとされています（労基法89条）。

　多くの就業規則では表彰に関し「業務上有益な発明、改良又は工夫・考案があったとき。」とか「永年誠実に勤務したとき。」に表彰すると規定していますが、一般的な表現にとどまっていて、やや曖昧な感じです。

　そこで、どういう場合に表彰されるかなど、できるだけ内容を具体的に規定するのも一法です。例えば、以下のように記述すれば表彰のイメージがわきやすくなるでしょう。

> **【別規定例】（表彰）**
> ①業績表彰………業務上有益な開発や改良又は工夫のあったもの、各部署で個人目標を達成したもの、又は会社に対する貢献度が極めて高いと判断されたもの。毎年、所属長からの推薦により役員会で決定する。
> ②功労表彰………防災、衛生、事故防止等で貢献度が高いもの。毎年、所属長からの推薦により役員会で決定する。
> ③永年勤続表彰…10年間、20年間、30年間継続勤務したもの。

　表彰の仕方としては、毎年、創立記念日とか表彰の日を決めて賞状や、ある程度多額の見返り（賞金）をするのも、社員のやる気を高め組織の活性化

につながるのではないでしょうか。

❷ 懲戒

懲戒処分の意味

 表彰の規定方法は、いろいろと検討の余地がありそうです。企業を発展させるためには、大切な戦力である社員のモチベーションを高めることが必要ですが、その際、表彰制度の充実は有効だと思います。

表彰制度は会社ごとに個別の考え方・判断になると思いますのでこのくらいにして、「懲戒」規定について教えてください。「懲戒」とはどういう意味を持つのでしょうか?

A 懲戒は、企業秩序に違反した社員が行った行為に対する制裁罰で使用者側から社員に対し行うものです。本来「労働条件は、労働者と使用者が、対等の立場において決定すべきものである(労基法2条1項)。」とあるように、使用者が対等なはずの労働者に対し制裁を一方的に行うことが当然にできるのかという疑問が生じます。

この点について裁判例などを見ると、労働者は労働契約を締結したことによって「労務の提供義務」を負うと同時に「企業秩序維持義務」を負っており、使用者は労働者が企業秩序違反行為を行った場合には制裁罰として懲戒を科すことができるとしています。

そのうえで、最高裁判決では懲戒権について「使用者が労働者を懲戒するには、あらかじめ就業規則において懲戒の種類及び事由を定めておくことを必要とする(フジ興産事件 最高裁 平15.10.10 ⇒P.264参照)。」としています。

また労基法でも「表彰及び制裁の定めをする場合においては、その種類及び程度に関する事項」を相対的必要記載事項と定めています(労基法89条)。

> **Q** 社員の企業秩序違反をとがめて懲戒処分を行うためには、就業規則で「懲戒」の定めをしてそれを社員に周知しておくことが必要なのですね。

A　「懲戒」は会社が行う通常の業務命令や手段とは異なります。前述した、普通解雇（モデル規定42条）などとも根本的に異なる特別の制裁罰なので、明確な根拠もなく社員を安易に懲戒処分にできると考えるのは大きな間違いです。

「懲戒」については労契法に次のような規定があります。

労契法（懲戒）
第15条　使用者が労働者を懲戒することができる場合において、当該懲戒が、当該懲戒に係る労働者の行為の性質及び態様その他の事情に照らして、客観的に合理的な理由を欠き、社会通念上相当であると認められない場合は、その権利を濫用したものとして、当該懲戒は、無効とする。

> **Q** この条文はたとえ社員に非があったとしても、度が過ぎた懲戒処分は権利の濫用で無効という意味でしょうか。ここで「客観的に合理的な理由」とか「社会通念上相当」というのはよく耳にする言葉ですね。

A　はい、労契法の16条（解雇）でも同様の言葉（条件）がでてきます。通常の普通解雇にしろ、懲戒処分にしろ「客観的に合理的な理由」と「社会通念上相当」という二つの基準を満たしていなければ権利の濫用で処分は無効になってしまいます。

会社業務の中で起こる「懲戒」についてもその種類は多いですし、程度も様々ですから個々の行為の判断は微妙にならざるを得ません。そこで労契法15条では「労働者の行為の性質及び態様その他の事情に照らして」という一般的・包括的な言い方をしているものと考えられます。

制裁と教育（懲戒処分の意味）

Q 「懲戒」の規定では懲戒の種類と各々の定義を定めることになりますね。軽いものから重いものまでありますが、そもそも懲戒処分をすることの意味についてはどう考えればよいでしょうか？

 懲戒処分をすることの意味としては「制裁」と「教育」の二面があると考えます。制裁は言葉通り「企業秩序違反に対するこらしめの罰」ですが、懲戒解雇や諭旨退職は別ですがそれ以外の企業にとどまることを前提にした懲戒処分は「本人の非違行為を戒め、企業の構成員としてふさわしい行動を促し、立ち直りの機会を与える」という教育的な意味があると考えます。また「周囲の社員に対しても本来あるべき行動を明確にし、類似事例の再発防止など企業秩序維持のための教育的効果」があるのではないでしょうか。

そういう意味では、懲戒処分の種類は大きく次の2種類に分けて考えるとよいでしょう。

(1)　労働契約の存続を前提とするもの

(2)　労働契約の解消を行うもの

懲戒処分の種類

Q なるほど、懲戒解雇は「(2)労働契約の解消」になると思いますが、減給や出勤停止は企業にとどまる前提での懲戒なので本人の立ち直りにも配慮すべきですね。

それでは懲戒の種類と意味について教えてください。

（懲戒の種類）

第51条　懲戒は、次の区分に従い行う。

(1)　けん責……始末書をとり、将来を戒める。

(2)　減給……始末書をとり、賃金を減額する。ただし、1回につき平均賃金の1日分の半額、総額が一賃金支払期における賃金

総額の10分の1を超えない範囲でこれを行う。

(3)　出勤停止……始末書をとり、10労働日以内の出勤を停止し、その期間中の賃金は支給しない。

(4)　諭旨退職……懲戒解雇相当の事由がある場合で、本人に反省が認められるときは退職願を提出するよう勧告し、従った場合には諭旨退職とする。

(5)　懲戒解雇……予告期間を設けることなく即時に解雇する。所轄労働基準監督署長の認定を受けたときは、解雇予告手当を支給しない。

A　一般的には、懲戒は「けん責」から「懲戒解雇」まで種々の段階があります。規定に定めのない懲戒処分を行うことはできませんから、就業規則にしっかりと規定しておく必要があります。

まず、(1)労働契約の存続を前提とするものとしては、軽いものから「けん責」、「減給」、そして「出勤停止」があげられます。

もっとも軽い懲戒処分は「①けん責」で、始末書を提出させて将来を戒めることです。類似の「戒告」という制裁もあり「けん責」との違いは口頭による注意で始末書の提出を求めないものを言ったりします。

ひとこと解説

昇給停止と降格

懲戒の種類については、モデル規定以外に「昇給停止」や「降格」を定める就業規則もあります。「昇給停止」は次回の昇給を一定期間停止する、「降格」は職務上の地位・資格を下位に異動することを意味します。

非違行為があった社員には懲戒処分の他に会社の人事権の行使として昇給停止や降格を行える場合があり、あえて懲戒処分に入れなくてもよい場合がほとんどです（海遊館事件 最高裁 平27.2.26 ⇒P.265参照）。

懲戒の種類が多すぎると使いにくいケースも多く、本モデル規定でもこれらの処分を懲戒に入れていません。

始末書提出を拒否する社員への対応

 始末書についてですが、提出を拒む社員がいる場合の会社の対応はどうすればよいでしょうか？

　始末書については社員が自分の非を認めず提出しない場合があり、その際の会社の対応がよく問題になるところです。始末書の提出も業務上の指示命令と捉えれば、それに違反したことに対して再び懲戒を行うことが可能かもしれませんが、実務上の対応としてはお勧めできません。始末書を提出しないのは社員に反省の態度が認められないわけですから、人事考課でのマイナス評価とか、その後の状況によっては普通解雇の事由の一つにするといった対応を検討すべきでしょう。

　それから、次の「②減給」については労働者の生活を脅かすことがないように「１回の額が平均賃金の１日分の半額以内、総額が一賃金支払い期における賃金総額の10分の１以内」と決められています（労基法91条）。

　「③出勤停止」は、就労を一定期間禁止し、その間は原則無給とするものです。停止の期間については「減給」のような法律上の規制はありません。しかし、出勤停止中は賃金が支払われず、社員の生活に大きな影響が及ぶことから、あまりに長期の期間を定めるのは「公序良俗」に違反すると判断される可能性があります。多くの就業規則では上限７〜10日程度を定めることが多いようです。この際、暦日なのか労働日なのか曖昧になりがちなので「10労働日」といった明確な記載にしておきましょう。

　７〜10日程度の出勤停止では短すぎて不十分で２〜３カ月程度の出勤停止処分を行いたい場合も稀にあるかもしれません。そのような場合には、完全無給とすると社員の生活権を脅かすことにもなりかねないので、例えば月収の４割を超えない範囲で賃金を減額するといったやり方が考えられます。

懲戒の種類と事由の対応関係

 「けん責」から「出勤停止」までの懲戒の種類とその意味はだいたいわかりました。ところで、懲戒処分をする場合、それぞ

第9章

表彰・懲戒

れの懲戒の種類ごとにどのような行為を行うとそのような処分
がなされるのか逐一厳格に定める必要があるのでしょうか？

A　　前述したように、懲戒処分を行うためにはどのような行為が懲罰事由になり、それに対してどのような種類、程度の処分をするかを就業規則に定める必要があります。ただし、懲戒の種類と事由との対応関係をどこまで厳密に行うのかは、概ね、次の3通りの方法が考えられます。

方法1：懲戒の種類（例えば、けん責、減給等）ごとに細かく懲戒事由を明記
　　　　するもの。
方法2：労働契約の継続を前提とした軽い処分（「けん責」から「出勤停止」まで）
　　　　と労働契約の解消を行う重い処分（懲戒解雇等）の2グループに分け
　　　　て明記するもの。
方法3：懲戒の種類と懲戒事由は独立してまとめて規定し、実際の懲戒処分決
　　　　定は使用者や懲罰委員会の裁量に委ねるもの。

Q　　なるほど、懲戒事由の記載方法にも3通りの類型があるわけですね。「方法1」なら個々の懲戒ごとに事細かに定めるので処分はわかりやすいと思いますが、それぞれ列記するのは少し大変そうです。

A　　はい、ひとつには処分の軽いものと重いもので矛盾がないように整合性をとる必要があります。例えば、けん責は無断欠勤5日と記載しているのに、減給は無断欠勤3日では辻褄が合いません。それと懲戒の種類ごとにあまり事細かに規定してしまうと処分の際の裁量権が狭くなり、会社の懲戒権を不必要に縛ることにもなりかねません。

　一方「方法3」のように懲戒事由だけひとまとめに列記している場合は、懲戒事由と懲戒種類は独立しているため、処分の軽いものから重いものまで裁量の幅が非常に大きくなります。「けん責」と「懲戒解雇」では処分の重さがまったく違うので処分の平等性が保てるのかという心配がありますね。

　そこで、モデル規定では「方法2」のように「けん責」から「出勤停止」

までの処分については、それぞれの処分と懲戒事由を対応させずに一つにまとめて定め、「懲戒解雇」のような労働契約の解消につながる重い処分については別途定める方法を記載しています。

けん責、減給、出勤停止の事由

Ｑ わかりました。では、まず「けん責」から「出勤停止」までの処分はどのような場合に行われるのでしょうか？

（けん責、減給、出勤停止の事由）

第52条　従業員が次の各号のいずれかに該当するときは、情状により、けん責、減給、又は出勤停止に処する。

(1)　正当な理由なく無断欠勤が３日以上に及ぶとき

(2)　正当な理由なくしばしば欠勤、遅刻、早退するなど勤務を怠ったとき

(3)　過失により会社に損害を与えたとき

(4)　素行不良で会社内の秩序又は風紀を乱したとき

(5)　第３章（服務規律）の各規定に違反したとき

(6)　その他前各号に準ずる不都合な行為があったとき

　「けん責」から「出勤停止」までの処分の事由については「正当な理由のない欠勤」、「遅刻、早退などで誠実に勤務しない」、「虚偽の申告、届出をした」、「セクハラやパワハラ行為があった」、「社内での暴行、脅迫、傷害、暴言等」、「会社の備品を無断で私的利用した」それから「過失により会社に損害を与えた」等々が考えられます。

　モデル規定52条５号では「第３章（服務規律）の各規定に違反したとき」としていて「服務規律の章」で定めた遵守事項に違反した場合に懲戒処分の対象になることを示しています。これも大事なポイントです。

　そして、最後には必ず忘れずにモデル規定52条６号のような包括規定を定めましょう。

宴席でのセクハラ行為は？

 懲戒処分は職場における行為が対象になると思いますが、就業時間後の職場の飲み会などで上司が部下にセクハラ行為に及んだというような場合はどう考えたらよいでしょうか？

 「懲戒とは企業秩序に違反する行為があった。」ことが前提になります。懲戒処分の対象は、企業施設内、就業時間内における行為が対象でそれ以外の行為については、原則として懲戒処分の対象にはなりません。

しかし、企業施設外かつ就業時間外であっても会社関係者に係る行為の場合は話が別です。均等法では「職場におけるセクシュアルハラスメント」の「職場」とは、事業主が雇用する労働者が業務を遂行する場所を指し、労働者が通常就業している以外の場所であっても、労働者が業務を遂行する場所であれば「職場」に含まれるとされています。そのため、取引先の事務所や取引先への往来における車内等も職場に該当することになります。

また勤務時間外であっても、職務との関連性があり実質上職務の延長と考えられるものは「職場」に含まれるとされていて、就業時間外の「宴席」で不適切な性的行為があればセクハラと認定される可能性は十分あり得ます。

職場外での犯罪行為は？

 わかりました。それでは会社の公休日などに社員が事業所外で傷害事件を起こして、警察沙汰になるような罪を犯した場合はいかがでしょうか？

A 　そのような犯罪行為の場合、基本的にはその社員は国家との関係で刑事罰を受けるので、会社がむやみに懲戒処分を行うことはできません。しかし、例えば運送業の会社の運転手が私的行為とはいえ酒酔い運転で重大事故を起したとか、社員が私生活上の非行で会社の社会的名誉・信用が害されたというような場合には、状況により企業秩序違反の懲戒処罰を行うことは可能と考えられます。

　このあたりの判断はケース・バイ・ケースとなりますが、例えば会社の信用が害されたとして懲戒処分を行う場合には、社員の犯した不名誉な行為により会社の社会的評価にかなりの悪影響がでていることが客観的に評価されるような場合に限られると考えるべきだと思います。

二重処罰の考え方

Q 　懲戒処分に関連して「始末書を提出させ、減給する。」というのは二重処罰になるので違法ではないかとクレームをつけてきた社員がいて手を焼いたことがあります。

A 　刑事訴訟法では、一度処罰が確定した事案について重ねて処罰をすることができないとする「一事不再理の原則（二重処分の禁止）」があります。会社の懲戒処分についても同様に、非違行為を行った社員に「減給」の処分を行い、さらに後日「停職処分（出勤停止）」を行うといった場合は「二重処罰」で権利の濫用になりかねず、問題になり得るので注意が必要です。

　しかし「始末書をとり減給する。」という場合には、同時に行うわけですから刑事罰でいえば「併科」の問題になります。実際、裁判判決で「懲役」と「罰金」が同時に科される場合もありますから、これは「一事不再理の原則」とは関係ありません。同様に「減給と同時に始末書を提出させる」ことで「二重処罰の問題」は生じないと考えてよいのです。

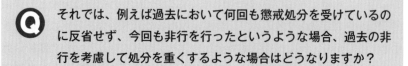

Q それでは、例えば過去において何回も懲戒処分を受けているのに反省せず、今回も非行を行ったというような場合、過去の非行を考慮して処分を重くするような場合はどうなりますか？

A 　過去の非行を情状として考慮することは二重処罰とは言えず差し支えありません。刑法においても「累犯過重」という考え方があり、一度刑を科したにもかかわらず、懲りずにまた罪を犯した場合、再犯者として初犯者よりも厳しい刑が科されることになるのが一般的です。

　懲戒規定にも「数回懲戒処分を受けたにもかかわらず、なお改悛の見込みがない場合」といった規定はよく見かけます。

懲戒処分の公表は可能か？

Q 常識的に考えても再犯の場合に処分が重くなるのは当然ですね。ところで「けん責」や「減給」などの懲戒処分を行った際、これを他の社員に知らせることは問題ありませんか？

A 　懲戒処分を受けたこと自体は、他の社員には分からないようにするのが原則だと思います。例えばセクハラのような事案では、処分を受けた者だけでなく被害者のプライバシーにも配慮する必要があります。

　ただ、前述した通り「懲戒処分」には社員への教育機能があります。企業秩序を乱す行為があれば処罰されるのだということを他の社員にも知らしめ、そのことで企業秩序の維持に資するという判断の上で公表するのは十分可能です。その場合、原則として当該社員の氏名を出す必要はなく（例外として実名を出すときは、事案が悪質重大で企業内外への影響が大きい場合に限る）、懲戒対象事実のみを記載するのがよいでしょう。

　なお、公表はあくまで社内に限るべきで社外への公表はゆきすぎとなります。社内報などに掲載する場合でも取引先などに配布する場合は適当ではありませんし、公衆の眼に触れる場所への掲示なども適切ではありません。

3 懲戒解雇

懲戒解雇と諭旨退職

Q 次に制裁処分の中でも最も重い懲戒解雇とその事由の規定方法について教えてください。

A 「けん責」、「減給」及び「出勤停止」の懲戒処分は企業にとどまることを前提にした処分ですが、懲戒解雇は「労働者側の責めに帰すべき重大な事由」があって、その社員を企業外に放逐せざるを得ない究極の処罰ですから、他の懲戒事由とは明確に分けて定めるのがよいでしょう。

ところで、多くの企業では「懲戒解雇」と類似の処分として「諭旨退職（又は諭旨解雇）」を定める場合があります。諭旨（ゆし）には「相手に言って聞かせる」という意味があります。本来であれば「懲戒解雇」が相当な非違行為と認められるが、若干軽減した懲戒処分として「諭旨退職」を設けるのです。

通常は、本人に「退職願」若しくは「辞表」を提出するように勧告し、提出した場合には「諭旨退職」にするといった処分になります（注：提出しない場合は「懲戒解雇」とする企業が多い）。本人にとっては「懲戒解雇」処分を受けたとなると、その後の転職などへの大きな障害にもなりかねず、不利益の程度は大きいと思います。その点「諭旨退職」は重大な処分であることには変わりはありませんが「懲戒解雇」よりは若干緩やかな処分といえます。

多くの会社では「退職金制度」があると思いますが、懲戒解雇の場合には退職金は全額不支給や大幅な減額になるのが一般的なのに対し「諭旨退職」であれば自己都合退職相当または一定の減額にとどめる等、温情的な措置がとられる場合が多いのではないでしょうか。それから、一般的には諭旨退職の場合、他の社員には内密にし、表面的には「依願退職」だったといった扱いにすることも多いと思われます。

諭旨退職も重大な懲戒処分であることには変わりはなく、解雇の事由としては懲戒解雇と同じと考えていいですね。そして、会社が社員を諭旨退職又は懲戒解雇処分とするためには、必ず就業規則の規定に則って行わなければならないのですね。

（諭旨退職、懲戒解雇の事由）

第53条　従業員が次の各号のいずれかに該当するときは、懲戒解雇若しくは諭旨退職に処する。ただし、情状により、前条の処分にとどめることがある。

(1)　無断欠勤が14日以上に及び、出勤の督促に応じない又は連絡が取れないとき

(2)　正当な理由なくしばしば業務上の指示又は命令に従わないとき

(3)　故意又は重大な過失により、会社に重大な損害を与えたとき

(4)　重要な経歴を偽り採用されたとき、及び重大な虚偽の届出等を行ったとき

(5)　重大な報告を疎かにした、又は虚偽報告を行った場合で、会社に損害を与えたとき又は会社の信用を害したとき

(6)　正当な理由なく配転・出向命令等の重要な職務命令に従わず、職場秩序を乱したとき

(7)　素行不良で、著しく会社内の秩序又は風紀を乱したとき（セクシュアルハラスメント、パワーハラスメントによるものを含む。）

(8)　会社内で暴行、脅迫、傷害、暴言又はこれに類する重大な行為をしたとき

(9)　会社及び会社の従業員、又は関係取引先を誹謗若しくは中傷し、又は虚偽の風説を流布若しくは宣伝し、会社業務に重大な支障を与えたとき

(10)　会社及び関係取引先の重大な秘密及びその他の情報を漏らし、あるいは漏らそうとしたとき

(11)　再三の注意及び指導にもかかわらず、職務に対する熱意又は誠意がなく、怠慢で業務に支障が及ぶと認められるとき

⑿　職務の怠慢又は不注意のため、重大な災害、傷病又はその他事故を発生させたとき

⒀　職務権限を越えて重要な契約を行い、又は会社に損害を与えたとき

⒁　刑罰法規の適用を受け、又は刑罰法規の適用を受けることが明らかとなり、会社の信用を害したとき

⒂　会計、経理、決算、契約にかかわる不正行為又は不正と認められる行為等、金銭、会計、契約等の管理上ふさわしくない行為を行い、会社に損害を与え、その信用を害したとき

⒃　前条の懲戒を受けたにもかかわらず、あるいは再三の注意、指導にもかかわらず改悛又は改善の見込みがないとき

⒄　第3章（服務規律）の各規定に違反する重大な行為があったとき

⒅　その他前各号に準ずる重大な行為があったとき

A　はい、社員に対し懲戒解雇処分のような重い処罰をするためには、いかなる事由がある場合にそのような処分がなされるのかを明確かつ限定的に定めておくことが求められます。例えば10人未満の会社で就業規則（またはそれに代わるもの）を作成していなければ、そもそも懲戒解雇のような重い処分はできないと考えられます。

　懲戒解雇事由については、多くの書籍で多数の例が記載されていると思いますので、自社の実情に即してできるだけ具体的に列挙するのがよいでしょう。一般的には、①経歴詐称、②職務遂行上の重大な怠慢、③業務命令違反・妨害、④職場規律違反など、考えられる重大な企業秩序違反行為を網羅的に記載してください。

　そして、最後には「その他前各号に準ずる程度の不適切な行為があったとき」といった「包括規定」を忘れずに入れましょう。

懲戒解雇と解雇予告手当

 「懲戒解雇」は即時解雇となり解雇予告手当の支払も不要と考えてよいでしょうか？

A　懲戒解雇であっても「解雇予告手当」を不支給にしてよいわけでは必ずしもありません。まず「予告期間を設けることなく即時解雇する。」とし、さらに「所轄労働基準監督署長の認定を受けたときは、解雇予告手当を支給しない（モデル規定51条5号）。」等と規定すべきです。

　この場合の労基署長の認定は懲戒解雇の有効無効ではなく、「解雇予告手当」の支払の除外を認めるか否かの認定になるので、懲戒解雇が有効だとしても直ちに「解雇予告手当」の支払いが不要というわけではないのです。実務的には、不支給とするのであれば、事案発生ごとに事前に所轄の労基署に確認をしておく等の手続きを取るのがよいでしょう。なお、「諭旨退職」の場合は解雇ではなく、自主的な退職として取り扱いますので解雇予告手当の支払いは不要です。

調査・審議のための就業の拒否（自宅待機）

Q　社員を「懲戒解雇」するような場合、懲戒処分決定の前に、調査や社内審議をする必要があると思います。その際、本人に就業の拒否（自宅待機）を命じる場合があると思いますが実務上、どのように対処すればよいでしょうか？

（就業の拒否）

第54条　会社は、懲戒に該当する行為のあった従業員に対して、懲戒処分が決定されるまでの間、就業を拒否することがある。

A　そうですね、例えば金品の着服・横領とかセクハラやパワハラ発生に伴う調査が必要な場合が考えられます。実際に社員が問題を起こした際の一般的な懲戒解雇の手続の流れは次図のようになると思います。

　例えば、着服・横領のケースでは、本人がその事実を否認する場合もある

でしょうから、書類・デー
タ・第三者の証言など、事
実関係を正確に把握してか
ら処分を決定することにな
ります。そのような状況で
あれば、会社は社員の就労
は適切でないとして、出勤
を拒否し自宅待機を命じる
ことが可能です。就業規則
にはモデル規定54条のよう

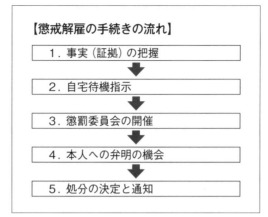

な「就業の拒否」の規定を入れておくとよいでしょう。

　なお、自宅待機中の賃金については懲戒規定の「出勤停止」における自宅
待機とは趣旨が異なるので、使用者の都合によるものと解され、原則として
会社に賃金（休業手当等）の支払い義務が生じます。ただし、懲戒解雇に相
当する重大な企業秩序違反があることが明白で、不正行為の再発、証拠隠滅
のおそれなどがあるために自宅待機させるような場合であれば、本人の責め
に帰するものとして、その間の賃金を不支給にするといった措置も許される
と考えられます。

社員の賠償責任

Q そしてモデル就業規則の最後の条文は「損害賠償」ですね。社員が会社に損害を与えた場合の賠償責任の定めですね。

（損害賠償）
第55条　従業員が、故意又は重大な過失によって会社に損害を与え
　　たときは、その全部又は一部を賠償させることがある。
2．前項の損害賠償は、懲戒を受けたことを理由として免れること
　　はできない。

A 　社員が故意または重大な過失によって会社に損害を与えた場合には、損害の公平な分担という観点から使用者に対して損害賠償責任を負うことになります。このような場合には同時に企業秩序違反による懲戒処分を受けることが想定されますが、2項は懲戒を受けた場合であっても損害賠償が免責されるものではないことを確認する規定となります。

 本章のポイント

(1)　表彰

- 表彰と懲戒（制裁）はセットで規定されることが多く、就業規則の相対的必要記載事項である
- 社員の仕事へのモチベーションを高めるために「表彰制度」の活用をはかる

(2)　懲戒

- 労働者は労働契約により「労務の提供義務」を負うのと同時に「企業秩序維持義務」を負う
- 使用者は社員が企業秩序違反行為を行った場合には制裁罰として懲戒を科すことができるが、その際、就業規則等の定めが必要になる
- 客観的に合理的な理由を欠き、社会通念上相当でない「懲戒」処分は権利の濫用で無効となる
- 懲戒処分をすることの意味には「制裁」と「教育」の二面があり、本人の「立ち直り」にも留意する
- 懲戒処分には(1)労働契約の存続を前提とするもの、と(2)労働契約の解消を行うもの、の2種があり(1)には、軽いものから「けん責」、「減給」、「出勤停止」などを定める
- 「減給」は1回の額が平均賃金の1日分の半分以内、総額が一賃金支払い期における賃金総額の10分の1以内という労基法上の制約がある
- 懲戒の種類に対する懲戒事由の記載方法には3通りの類型があるが、

軽い懲戒（「けん責」から「出勤停止」まで）と重い懲戒（懲戒解雇等）の2グループに分けて明記するのはよい方法である

- 懲戒は企業秩序違反に対する制裁で原則として企業施設内、就業時間内における行為が対象になる
- 一度処罰が確定した事案について重ねて処罰することは二重処罰になりかねず問題を生じるが、「始末書をとって減給する」等、同時に行う処罰は問題ない
- 懲戒処分を行ったことは原則として他の社員に知らせるべきではないが、企業秩序維持に資すると判断される場合、社内への公表は可能である

(3)　懲戒解雇

- 懲戒解雇は「労働者側の責めに帰すべき重大な事由」があって、その社員を企業外に放逐せざるを得ない究極の処罰なので懲戒解雇事由は厳格に規定する必要がある
- 懲戒解雇事由では、①経歴詐称、②職務遂行上の重大な怠慢、③業務命令違反・妨害、④職場規律違反など、考えられる重大な企業秩序違反行為を網羅的に記載する
- 「諭旨退職」は懲戒解雇相当の事由がある場合で、本人に反省が認められるときに「退職願」を提出させる等で処分を若干軽減する懲戒処分である
- 懲戒解雇であっても「解雇予告手当」を不支給にするためには所轄労基署長の認定が必要
- 懲戒処分決定の前に調査や社内審議をするために自宅待機（就業の拒否）を命じることがある旨を定める
- 会社に損害を与えた場合、社員は損害賠償責任を負うが、懲戒を受けたことで免責されるわけではない

第 3 編

モデル就業規則
非正規従業員用 の
Q&A解説

第1章　パートタイマー

Q 当社では正社員以外に多数のパートタイマーを雇用しています。ここではパートタイマーに適用する就業規則を作る際の留意点について教えてください。

A これまでのお話は、企業の労働力の中心は正社員という前提で正規従業員用の就業規則を中心に説明してきました。

　しかし、総務省のデータ（2018年）によれば雇用に占める非正規社員（勤め先での呼称がパート、アルバイト、派遣、契約、嘱託等）の割合は37.9%（2,120万人）に達しているとのことですから、多くの企業にとって非正規社員の労働力の割合は格段に高まっているといえます。派遣社員については、派遣元に就業規則作成義務がありますが、自社で雇っているパートタイマーや嘱託社員については当然、それらの労働者に適用される就業規則を整備する必要があります。

Q パートタイマーが企業の主戦力になっている企業も多々見られるわけですから、就業規則を整備し組織だった人事労務管理を行う必要がありますね。

A 法律的には「常時10人以上の労働者を使用する使用者は、就業規則を作成し、行政官庁への届出」をしなければなりません。正社員も含め10名以上の常用労働者がいれば、パートタイマーがその事業場に数名しかいない場合でも、パートタイマーに適用される就業規則が必要です。正社員の就業規則を適用（準用）している会社もありますが、パートタイマーと正社員では職務内容や働き方の違いによって労働条件が大きく異なるのが通例ですから、そのようなやり方には限界があります。常時一定数のパート

タイマーを雇用しているのであれば専用の就業規則を作成すべきでしょう。

同一労働同一賃金（働き方改革）

Q パートタイマーの就業規則を考える際に、働き方改革での「同一労働同一賃金」の問題がまず気になります。その点について説明してください。

A 「働き方改革関連法」の中でも最も重要な改正の一つが「同一労働同一賃金」に関するものです。元々「同一労働同一賃金」とは、等質・等量の労働に対しては、労働者の性別、年齢、雇用形態、国籍などの区別なしに同じ額の賃金を支払うべきであるとする人間の平等権に関する原則です。

　ところが、働き方改革関連法での「同一労働同一賃金」は我が国で大きな格差がある正規・非正規労働者間の待遇格差の是正に焦点があたっていて、「同一の仕事に対して同一の賃金を支払う」という元々の思想とは多少区別して考える必要があります。

　働き方改革で「同一労働同一賃金」の実現に向けてまったく新たな法律が作られたわけではなく、既存のパート労働法、労働者派遣法に修正を加えるといった現行法の維持・強化による改正になっています。

　そして有期労働者については、従前は労契法で「有期雇用と無期雇用」の違いによる不合理な格差を禁止していましたが（20条）、この条文をパート・有期労働法という形に移し替えて、正規・非正規間の不合理な待遇差の是正を図ることとしたのです。

均衡待遇と均等待遇

Q なるほど、同一労働同一賃金といっても、今回の改正はあくまで正規・非正規間の不合理な待遇差解消が焦点になっているわけですね。もう少し内容を詳しく説明してください。

A　それでは具体的に法律の内容を見てみましょう。「同一労働同一賃金」に関連するのはパート・有期労働法（「労働者派遣法」は本書では省略します）の8条（均衡待遇）と9条（均等待遇）で、特に8条の均衡待遇の定めが重要です。

●「パート・有期労働法」8条（均衡待遇）の内容とは？
①（パート・有期労働者の）基本給、賞与、その他の待遇のそれぞれについて
②通常の労働者の待遇との間において
③業務の内容及び当該業務に伴う責任の程度（以下、「職務の内容」という。）、当該職務の内容及び配置の変更範囲その他の事情のうち、当該待遇の性質及び当該待遇を行う目的に照らして適切と認められるものを考慮して
④不合理と認められる相違を設けてはならない

　すなわち、パート・有期労働者の「基本給、賞与、諸手当、福利厚生など」の待遇それぞれについて（上記①）、通常の労働者（同じ企業で働く正社員）の待遇との間において（上記②）、不合理な相違を設けてはならない（上記④）という内容です。そして、正規・非正規間で待遇に相違がある場合、不合理な相違か否かを判断する際に、「職務の内容、配置の変更範囲、その他の事情」（上記③）が考慮されることになります。

●不合理な相違か否かを判断する際の考慮要素 （上記③「職務の内容、配置の変更範囲、その他の事情」）	
職務の内容	業務の内容とその責任の程度。例えば求められるノルマや成果、トラブル発生時や緊急時に求められる対応の程度等々
変更範囲	人材活用の仕組。転勤、昇進、役割の変化等の有無や範囲
その他の事情	定年後再雇用、（正社員等への）登用制度の有無、経営判断や団体交渉等

　「職務の内容、配置の変更範囲、その他の事情」（上表）を検討する際には、各待遇それぞれの性質、当該待遇を行う目的に照らして適切なものを考慮して個別に判断します。例えば「基本給」の相違については「職務の内容」、「配置変更の有無」、「その他の事情」などすべてが考慮要素になるでしょうが、「諸手当（例えば通勤手当）」や「福利厚生（食堂や休憩室の利用等）」については「職務の内容」や「配置変更の有無」等々はその待遇の性質、目的に照ら

せば考慮要素にはならないと考えられます。したがって、正規・非正規間で通勤手当や福利厚生施設の利用に待遇差があれば不合理と認められ法違反ということになるのです。

次の9条（均等待遇）については、職務の内容や配置の変更が通常の労働者（正社員）と同一と見込まれるパート・有期労働者（「通常の労働者と同視すべき短時間・有期雇用労働者」）については、パート・有期労働者であることを理由として、基本給・賞与その他の待遇について差別的取扱いをしてはならない（すなわち、均等に扱わなくてはならない）としています。

さらにパート・有期労働法では、正規社員との待遇格差についてパート・有期労働者から求めがあった場合には、なぜ非正規には払っていない（または低くなっている）かを会社は説明しなければなりません（同法14条）。この説明義務は説明を求めた社員が納得することまでを求めたものではありませんが、単に「パートタイマー、または契約社員だから」といった理由では義務を果たしたことにはなりません。この事業主に課せられる「説明義務」は改正法において実務上、最も重要なポイントの一つといえます。

同一労働同一賃金で　不合理な待遇差是正を！

正規　非正規

同じ仕事・責任なのに…

Q 待遇差がある場合には、説明義務があるとなると会社は大変ですね。説明を求めたことを理由に「解雇その他不利益な取扱をしてはならない（パート・有期労働法14条3項）」との労働者保護の規定もあるようです。

ところで、改正された法律条文や示された「同一労働同一賃金
ガイドライン」によって、不合理な待遇差と不合理でない待遇
差の境界が明確になったといえるのでしょうか？

A 　必ずしも明確になったとは言えません。例えば、基本給に関して
の格差はどこまで認められるのか、また、賞与、退職金や家族手当
の支給についての基準が改正法や同一労働同一賃金ガイドライン（指針）に
明確に定められたわけではありません。そのような個別の問題については、
今後も裁判などの司法判断の蓄積によって不合理性の有無が定まっていくも
のと考えられます（「同一労働同一賃金」についての改正法施行日は大企業
が2020年4月、中小企業は2021年4月です）。

Q 「同一労働同一賃金」の法改正の趣旨を踏まえてパートタイマー
専用の就業規則を作る必要がありますね。まず最初にどんな点
に留意すべきでしょうか？

A 　パートタイマー用に独立した就業規則を作成する場合には、正規
従業員用の就業規則をベースにして共通に適用すべき部分は残し、
内容の異なる部分については作成・修正・削除するといった方法が考えられ
ます。

　共通に適用する規定については、将来、正規従業員用の就業規則に変更が
あった場合は、パートタイマー用の就業規則にも同様に反映が必要になるの
で規則のメンテナンスにも十分注意を払う必要があります。

パートタイマーの定義

Q パートタイマー用の就業規則を作成する場合、その規則が適用
されるパートタイマーについての定義はどうすればよいでしょ
うか？

（パートタイマーの定義）

第2条　この規則におけるパートタイマーとは、雇用期間を定めた労働契約を締結して雇い入れた者（第34条の定めにより無期労働契約に転換した者を含む）で、原則として1日若しくは1週間又は1カ月の勤務時間が正規従業員よりも短い者をいう。

　　　パートタイマーをどのように定義づけするかは慎重に検討する必要があります。正社員に比べ所定労働時間が短い場合だけでなく、フルタイムパートと呼ばれ所定労働時間は正社員と変わらない場合もあるかもしれません。その会社の実情にあった定義が必要になります。

　賃金について正社員は月給制だがパートタイマーは時給制（または日給制）という場合もあるでしょう。いずれにしても、正社員と何が違うのかをきちんと定義して適用される労働者の範囲を明確にする必要があります。

正社員と待遇が異なる事項を明確にする

Q パートタイマー就業規則では、正社員と待遇が異なる点を明確にする必要があると思いますが、どのような相違が考えられるでしょうか？

A 　　　正社員とパートタイマーの待遇の違いで通常よく見られるのは、以下のような点でしょうか。

- 退職金の有無
- 賃金体系
- 特別（慶弔）休暇の取扱い
- 契約期間、等々
- 賞与の有無
- （私傷病）休職の取扱い
- 勤務地や業務の変更

　従来はこのような点に関して、正社員と非正規社員（パートなど）の待遇で大きな格差がある企業が多かったと思います。しかし、先ほど説明したように、今後は働き方改革の法改正により「同一労働同一賃金」の考え方が広まっていきます。職務の内容や変更範囲、その他の事情を考慮して、不合理

とされないようにバランスのとれた待遇とすることが求められます。

その上で、正社員とは扱いが異なる事項については「パートタイマー就業規則」の中で明確に記載しましょう。パートタイマーとは個別の労働契約書を交わす（または「労働条件通知書」の交付）と思いますが、パートタイマー就業規則の内容に満たない契約部分は無効で就業規則の規定が適用されることになるのでご注意ください。

> **労契法（就業規則違反の労働契約）**
> 第12条　就業規則で定める基準に達しない労働条件を定める労働契約は、その部分については、無効とする。この場合において、無効となった部分は、就業規則で定める基準による。

それから、パートタイマー就業規則を作成したら個々のパートタイマーに周知するのはもちろんですが、周囲にいる正社員にもしっかり理解させておきましょう。現場の正社員がきちんとパートタイマーの就業条件を理解していなければ誤った情報を伝えてしまい、業務に混乱をきたすことになります。

労働条件の明示（パートタイマー）

Q わかりました。ところでパートタイマー契約をする際の労働条件の明示については以前（第2編第2章「採用」P. 41）にも説明がありましたね。正社員以上に文書明示項目が多いというお話でした。

> **（労働条件の明示）**
> 第7条　会社は、パートタイマーとの労働契約の締結に際しては、雇用契約書の交付およびこの就業規則を周知させることにより労働条件を明示するものとする。

A はい。短時間勤務のパートタイマー等に対しては、通常の書面による明示事項である「雇用期間、就業場所や従事する職務内容、始業・終業時間、休日・休暇、賃金の決定・計算の方法、退職に関する事項、

等々」といった事項に加えて、①昇給の有無、②退職手当の有無、③賞与の有無、④相談窓口（パート・有期労働者の雇用管理の改善等に関する事項に係る）の4つの事項について文書等により明示することがパート・有期労働法で義務付けられているので注意してください。

　それから、期間の定めのある労働契約を締結する際には、その契約の更新の有無、更新する場合がある時は、その更新の基準に関する事項を明示しなければなりません（労基則5条）。

職務やエリアの限定

 正社員と比べパートタイマーの場合は職務の変更や転勤などは少ないと思いますが、就業規則ではどのように規定したらよいでしょうか？

A 　パートタイマーや非正規社員と呼ばれる社員は正社員とは人材活用の仕組みが違う場合が多いと言えるでしょう。正社員の場合、労働契約期間に定めがなく長期の雇用保障がされていることとの見返りで職務の変更や転勤、また出向の規定などが設けられていると思います。

　一方、パートタイマー就業規則ではこのような規定を設けないことが多いと思いますが、必要に応じて、限定的な担当職務の変更があること等については定めておく場合もあると思います。

Q パートタイマーは地域限定採用が普通ですから、遠地への転勤命令等はほとんどありえないですね。それでは、残業などの労働時間についてはいかがでしょうか？

A 　パートタイマーは、通常は短時間勤務が労働契約の内容になっていると考えられますから、決められた所定労働時間を遵守すべき勤務形態といえます。したがって、パートタイマーに対しては正社員のような時間外勤務や休日勤務について使用者の強い命令権は存在せず、労働者の同意を得て行うのを基本に運用するのが適当でしょう。モデル規定では以下の

ように規定しています。

> **（時間外、及び休日勤務）**
>
> 第13条　パートタイマーは原則として、所定労働時間を超え、又は
> 　　所定休日に勤務させることはない。ただし、業務の都合によりや
> 　　むを得ない場合は、所定労働時間外に勤務をさせることがある。
> 　　この場合には、原則として本人の同意を得るものとする。
> 2．前項の所定労働時間を超える勤務が、法定の労働時間を超え、
> 　　又は法定の休日に勤務させる場合は、事前に労使協定を締結し、
> 　　これを所轄労働基準監督署長に届け出るものとする。

パートタイマーの試用期間

Q　当社の場合、パートタイマーの採用においても、ある程度、長期間の雇用を予定する場合があるので、現場からは「試用期間」を設けたいという希望が出たことがあります。パートタイマーのような非正規社員にも試用期間を設定することはできますか？

A　「試用期間」は長期間にわたって雇用する社員の適格性判断をすることを目的とした制度といえます。試用期間を設けて適格性を判断し、本採用したからにはその社員に長期雇用を保障することを前提にしているのです。

　通常、パートタイマーの場合は期間雇用で長期にわたる雇用を保障することは前提にしないと思いますので、試用期間を設けるのは適切ではないと考えられます。

　試用期間を設け、その期間内であれば「解雇がしやすい」と考えてパートタイマーにも試用期間を設定している例が見受けられますが、法律では期間の定めのある労働契約について労働者を契約期間の途中で解雇する場合は「やむを得ない事由」が必要とされています（労契法17条1項）。

　有期の雇用契約を結んだ場合は、契約期間における雇用保障が重視されるため、契約期間途中で試用期間であるということを理由に解雇することには

慎重な判断が必要になります。実際に雇用継続が難しい場合には、単に「適格性が欠けている」といった理由だけではなく、そのパートタイマーの問題点や指導事項を具体的に記録しておいて、それでも改善の余地がなく「解雇はやむを得ない」といった事由に基づき行う必要があるでしょう。

　実務的には、ある程度長期間の雇用を予定するパートタイマーの場合には「試用期間」を設定するのではなく、初回の契約期間を３カ月（または半年）程度とするなどして、その契約期間満了時にそのパートタイマーの適性を判断して、その後の更新の有無を決めるといった代替方法をとることが考えられます。

有給休暇の比例付与

有期雇用契約のパートタイマーに試用期間を設けるのは適切ではないわけですね。次に年休についてお尋ねします。パートタイマーは正社員より労働時間や労働日数が短い場合が多いのですが年休の付与日数はどうなるのでしょうか？

（年次有給休暇）

第14条　勤続６カ月以上で、かつ年次有給休暇算定期間の勤務日数
　　が所定日数の８割以上の者には、年次有給休暇を与える。

２．年次有給休暇の日数は、次のとおりとする。

週所定労働日数（又は時間）	週30時間以上	5日以上	4日	3日	2日	1日
年所定労働日数		217日以上	169〜216日	121〜168日	73〜120日	48〜72日
勤続年数　6カ月	10日	10日	7日	5日	3日	1日
1年6カ月	11日	11日	8日	6日	4日	2日
2年6カ月	12日	12日	9日	6日	4日	2日
3年6カ月	14日	14日	10日	8日	5日	2日
4年6カ月	16日	16日	12日	9日	6日	3日
5年6カ月	18日	18日	13日	10日	6日	3日
6年6カ月以上	20日	20日	15日	11日	7日	3日

3．年次有給休暇を取得する場合は、原則として前日までに申し出なければならない。請求の日に休暇を与えることが、事業の正常な運営に支障のある場合は、他の日に変更させることがある。

4．前項の規定にかかわらず、労働基準法に定める労使協定を締結した場合、各パートタイマーの有する年次有給休暇のうち5日を超える部分について、あらかじめ時季を指定して計画的に付与することがある。

5．会社は年次有給休暇が10日以上与えられたパートタイマーに対して、付与日から1年以内に、当該パートタイマーの有する年次有給休暇のうち5日について、本人の意見を聴取し、その意見を尊重した上で、あらかじめ時季を指定して取得させる。ただし、当該パートタイマーが第3項又は第4項の規定による年次有給休暇を取得した場合においては、当該取得した日数分を5日から控除するものとする。

6．当該年度に新たに付与した年次有給休暇の残余は、翌年度に限り繰り越される。

7．年次有給休暇を取得した期間については、通常の賃金を支払う。

A　パートタイマーも労基法で定める労働者です。6カ月以上勤務し出勤率が8割を超えれば所定の年休を付与しなければなりません。

　もちろん年休の付与日数については、週3日しか勤務しないパートタイマーに正社員と同じ日数の年休を付与するのは不合理なので「年休の比例付与」が認められています（労基法39条3項）。

　週の所定労働日が少ないパートタイマーがいる場合には、モデル規定14条のように年休の比例付与の表を入れるようにしてください。

　それから、正規従業員用の就業規則でも説明したように「働き方改革関連法」の成立により、年休が10日以上付与される労働者について年5日以上の年休を取得させなければなりません。基準日に付与される年休のカウントでは、繰り越される前年の年休日数は除きます。上記の表で、基準日に付与される年休が9日以下のパートタイマーについては、前年の繰り越し年休日数

があっても基準日から始まる年度は制度の対象外になります。

パートタイマーの賃金、諸手当

Q パートタイマーにはほとんど年休を与えたことがないといった
会社も以前には多かったように思いますが、そのような扱いは
許されませんね。
次にパートタイマーの賃金については個別の雇用契約書で提示
する場合が多いと思いますが、賃金や手当の支給について就業
規則に規定する上で留意事項などはありますか?

（賃金の決定）
第18条　パートタイマーの賃金は、個別の労働契約によるものとする。
（手　当）
第19条　パートタイマーには通勤手当、及び時間外勤務手当等の法
　　定手当を支給し、その他の手当は原則として支給しない。
（通勤手当）
第20条　通勤手当は、交通機関を利用して通勤する者に対して、所
　　定の限度額の範囲内で、その実費を支給する。

A　　パートタイマーについては学生アルバイト等含め雇用形態は様々
でしょうから、モデル規定18条でも「賃金は、個別の労働契約によ
るものとする。」としています。

しかし今後は、職務の内容や変更範囲（転勤等）を考慮して、賃金に関し
て正規社員との間で不合理と認められるような待遇差が生じないようにする
ことが求められます。例えば基本給については正社員とパートタイマーとを
連結した（一体となった）賃金・評価制度の中に位置づけることによって、
正規・非正規間の均等・均衡を図っていくことが方向性として重要になると
考えます。

また、諸手当に関しても正社員にだけ支給されているが何の職務の対価か
説明できない手当などは入念に点検・見直ししていく必要があります。

パートタイマーの賞与、退職金

 賞与や退職金の定めについて、パートタイマーには支給していない会社も多いと思いますが「同一労働同一賃金」の観点から、今後はそういった扱いは問題になるのではありませんか？

（賞　与）

第21条　賞与は会社の業績および本人の勤務成績等を考慮して毎年
　　　6月および12月に支給するものとする。ただし、会社の業績状況
　　　等により支給日を変更し、又は支給しない場合がある。

（退職金）

第22条　退職金は勤続年数が3年以上のパートタイマーが退職した
　　　場合に支給する。

A　　パートタイマーなどの非正規労働者に対しては賞与を支払っていない、または支払っていたとしても極めて少額といった扱いの会社がまだまだ多いと思います。非正規社員に退職金を支給している会社はさらに少ないのではないでしょうか。「同一労働同一賃金」の考え方が広く浸透していけば、状況が大きく変化していくことが予想され各企業には見直しが求められていくと考えられます。

　パートタイマーなどの賞与については、同一労働同一賃金ガイドラインには次の記述があります。

同一労働同一賃金ガイドライン

　賞与であって、会社の業績等への労働者の貢献に応じて支給するものについて、通常の労働者と同一の貢献である短時間・有期雇用労働者には、貢献に応じた部分につき、通常の労働者と同一の賞与を支給しなければならない。また、貢献に一定の相違がある場合においては、その相違に応じた賞与を支給しなければならない。

　同ガイドラインでは、「通常の労働者には職務の内容や会社の業績等への貢献等にかかわらず全員に何らかの賞与を支給しているが、短時間・有期雇

用労働者には支給していない」のは（均衡待遇上）問題になるとしています。

　同一労働同一賃金ガイドラインには退職金についての記載はありませんが、退職金（任意的・恩恵的なものを除く）も労基法で定める賃金であることに変わりはなく、モデル規定では、「勤続３年以上のパートタイマーが退職した場合に支給する（22条）」と規定しています。例えば、中退共（中小企業退職金共済制度）には短時間労働者について、加入を促進すべき者として、掛金月額の特例（月額2,000円、3,000円、4,000円）や新規加入時の掛金助成への上乗せがあるので中小企業は利用を検討するとよいでしょう。

　なお、厚生労働省が公表しているパートタイム労働者用のモデル規定では、賞与と退職金について以下のように支給する旨を規定しているので、参考にしてください。

> **【厚生労働省モデル就業規則】（賞　与）**
> 第○条　毎年○月○日及び○月○日に在籍し、○カ月以上勤続したパートタイム労働者に対しては、その勤務成績、職務内容等を考慮し賞与を支給する。
> ２．賞与は、原則として年２回、○月○日及び○月○日（支払日が休日に当たる場合はその前日）に支給する。
> ３．支給額及び支給基準は、その期の会社の業績を考慮してその都度定める。
> **（退職金）**
> 第○条　勤続○年以上のパートタイム労働者が退職し、又は解雇されたときは、退職金を支給する。ただし第○条第○項により懲戒解雇された場合は、退職金の全部又は一部を支給しないことがある。
> **（退職金額等）**
> 第○条　退職金は、退職又は解雇時の基本給に勤続年数に応じて定めた別表（略）の支給率を乗じて計算した金額とする。
> ２．退職金は、支給事由の生じた日から○カ月以内に退職したパートタイム労働者（死亡した場合はその遺族）に支払う。

　今後はパートタイマーなどの基本給、諸手当、賞与、退職金等の待遇が合

理的に説明できる人事賃金制度を確立し、人件費総額を効率的・弾力的に配分できる仕組みに変えていくことが非正規社員を多数雇っている企業にとっての経営課題になるのではないでしょうか（「同一労働同一賃金」に関係する裁判例は資料1のP.271〜272を参照してください）。

最低賃金と計算方法

Q 「同一労働同一賃金」の今後の動向には十分注意が必要ですね。さて、企業としては補助的な作業については非正規労働者を活用してなるべく人件費を抑制したいというのが本音だと思います。そこで問題になるのが最低賃金との関係ですがどのように考えればよいのでしょうか？

A 最低賃金制度は労働者の生活安定のために国が賃金の最低額を定めるものです。都道府県別に「地域別最低賃金」が定められていて、仮に最低賃金額より低い賃金を労働者、使用者双方の合意の上で定めたとしても無効で、最低賃金法を遵守する必要があります。

　最低賃金の対象になるのは、毎月支払われる基本的な賃金に限られます。具体的には基本給と諸手当になりますが、諸手当のうち通勤手当、家族手当、そして精皆勤手当は除外しなければなりません。また賞与や臨時の賃金（例：結婚祝い金など）、それから時間外割増手当、休日割増手当、深夜割増手当等も含みませんので、それらは実際に支払われる賃金から除外して計算し、時給換算でそれぞれの地域の最低賃金を下回ることがないようにチェックする必要があります。

パートタイマーの解雇と懲戒

Q 次にパートタイマーの解雇や懲戒はどのように規定すればよいでしょうか？

（解　雇）
第27条　パートタイマーが、次の各号のいずれかに該当するときは

解雇する。

(1) 1カ月を通じ5日以上無断欠勤し、情状が認められないとき

(2) 監督者の指示に従わず、職場秩序を乱したり、不都合な行為があったとき

(3) 勤務が怠慢で技能や労働意欲が著しく劣るとき

(4) 精神又は身体の障害により業務に耐えられないとき

(5) 懲戒解雇事由に該当する行為があったとき

(6) その他前各号に準ずる事由があるとき

2. 前項(5)の「懲戒解雇事由」とは次の場合をいう。

(1) 故意又は過失により業務上重大な失態があったとき

(2) 重要な経歴を偽り、その他不正な方法を用いて採用されたとき

(3) 職場内又はこれに準ずる場所で暴行、脅迫、傷害その他これに類する行為があったとき

(4) 業務に関し不正、不当に金品その他を授受したとき、又は窃取したとき

(5) 会社の信用、体面を傷つけるような行為（セクシュアルハラスメント・パワーハラスメントを含む）があったとき

(6) 第8条（服務規律）に違反する重大な行為があったとき

(7) その他前各号に準ずる不都合な行為があったとき

3. 第1項の定めによりパートタイマーを解雇する場合は、30日前に予告し、又は予告に代わる手当を支払う。

A 正社員については基本的に長期の雇用保障や重い責任を前提に会社は懲戒権を保有していると考えられます。一方、パートタイマーや契約社員は長期雇用が前提になっていませんし、責任の度合いも正社員とは異なります。したがって、パートタイマー就業規則の解雇や懲戒規定について正社員の規定をそのまま適用するのは違和感があるかもしれません。

しかし企業の社会的責任を考えれば、たとえパートタイマーであっても企業秩序に違反する行為は許すことはできません。正社員の解雇や懲戒規定の内容をベースに必要と判断される懲戒規定の内容はパートタイマー就業規則

にも明記すべきと考えます。

　モデル規定27条では「解雇」条文の中で懲戒解雇の事由になる場合を具体的に記載し、企業秩序違反があればパートタイマーに対しても企業は厳しい制裁権があることを明記しています。

パートタイマーの健康診断

Q それでは次に定期健康診断について伺います。パートタイマーに対しても定期健康診断を実施する必要があるのでしょうか？

（健康診断）

第29条　会社は、法令の定めるところにより、パートタイマーに対し健康診断を実施し、その結果を通知する。会社の行う健康診断を命じられた者は、これを受診しなければならない。

パートタイマーの健康診断ですが「契約の更新等により1年以上使用される（雇用見込を含む）労働者であって、週の所定労働時間が同一の事業場の通常の労働者の4分の3以上である者」に対しては会社は雇入れの際、及び定期の健康診断を実施する必要があります。また通常の労働者の労働時間の4分の3未満の労働者であっても、概ね2分の1以上である者には健康診断を実施することが望ましいとされています。

　そこで、モデル規定29条では様々な勤務形態のパートタイマーがいることを想定して「法令の定めるところにより」健康診断を実施すると規定しています。

　この章では、続いて災害補償（30条）、社会保険（31条）、相談窓口（32条）を規定しています。「相談窓口の設置」はパートタイマーからの雇用管理の改善等に関する事項に関する相談に適切に対応するために必要な規定です（パート・有期労働法16条）。

正社員への転換制度

 最後の第８章は転換制度ですね。当社ではパートタイマーのうち特に勤務成績のよいものを正社員に登用したケースがあります。

（正規従業員への転換）

第33条　会社は、勤続３年以上のパートタイマーが希望した場合、以下に適合する者を正規従業員に転換する。転換後の労働条件は正規従業員就業規則によるものとする。

(1)　勤務時間について正規従業員と同様の勤務が可能であること

(2)　過去３年間の勤務成績が優良で所属長の推薦があること

(3)　所定の面接試験に合格すること

 モデル規定33条は、そのようなケースを想定した正社員への転換制度の規定になります。パート・有期労働法では、事業主は通常の労働者への転換を推進するために、「正社員を募集する際、その募集内容を社内に掲示するなどしてパートタイマーからも応募を募る。」または「正社員登用のための試験制度など転換制度を導入する。」等の転換措置を講じなければならないとしています（同法13条）。もちろん希望があれば必ず正社員にしなければならないわけではなく、このモデル規定でも一定の条件を設定しています。

有期契約から無期契約への転換

 次の34条は有期労働者の申し込みによる無期転換ルールの定めですね。当社でも１年単位に反復契約更新して５年を超えたパートタイマーが本人の希望により、無期契約に転換した者がいます。

（無期労働契約への転換）

第34条　通算雇用契約期間が５年を超えるパートタイマーであって、引き続き雇用を希望するものは、期間の定めのない労働契約へ転

換することの申込みをすることができる。

2．前項の申込みをしたときは、現に締結している労働契約が満了する日の翌日から期間の定めのない労働契約に転換する。無期転換後の労働条件は現に締結している労働条件と同一とする。ただし、休職、定年については、次項以降の定めるとおりとする。

3．無期転換後のパートタイマーが正規従業員就業規則第32条（休職の種類）のいずれかに該当すると認められるときは、休職とする。休職にあたっては正規従業員就業規則第33条から第35条までの各規定を準用する。休職期間の算定に当たっての勤続年数の起算点は、無期転換時点とする。

4．無期転換後のパートタイマーの定年は満65歳とし、満65歳に達した日の属する賃金計算期間の末日をもって退職とする。

A 2013年4月に施行された「改正労働契約法」では、同一の使用者との間で締結された有期労働契約が通算5年を超える労働者が無期労働契約への転換を申込めば無期労働契約に転換すること（会社が拒否することは不可）とされました（労契法18条「有期労働契約の期間の定めのない労働契約への転換」）。契約期間（通算5年）のカウントは施行日以降に開始した契約が対象になるので、半年や1年ごとの契約更新であればパート労働者が「無期転換の申込み」ができるのは法施行5年後の2018年4月以降ということになります。現在、そのようなパートタイマーや契約社員が増えつつある状況といえます。

【無期転換の例（1年契約の場合）】

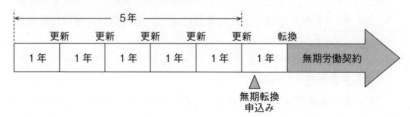

　無期労働契約への転換の場合、雇用期間が有期から無期に変わったこと以外の労働条件は原則として変わりません。34条2項はそのことを規定しています。もちろん、無期契約に転換したことを機に労働条件を変更して、より責任の重い働き方をしてもらうこと等も可能です。

　3項と4項は無期転換者の休職と定年について定めています。休職制度を設置することについて法的義務はありませんが、パート・有期労働法の均衡待遇の観点から正社員に認めている休職規定を無期転換されたパートタイマーに適用するか否かを検討する必要があると考えます。ここでは、正規従業員の規則を準用するとしています。もちろん、所定労働時間や出勤日数が短いパートタイマーの場合、休職期間を正社員より短く設定しても均衡を欠くとはいえないので、会社の実情に合わせて検討してください。

　4項は無期転換したパートタイマーの定年について満65歳と定めています。なお、無期転換する時点の年齢が満65歳を超える可能性がある場合には、「無期転換日に満65歳を超えている場合の定年は無期転換の日から起算して1年を経過した後に最初に到来する誕生日の年齢とする。」等といった記載の追加を検討してください。

　以上、パートタイマー就業規則についてはこれまで述べたようなポイントに留意しつつ正社員との労働条件の違いを中心に見直しして規定化するようにしてください。なお、パートタイマー就業規則の制定や改定にあたっては、正社員の就業規則と同様に過半数労働者を代表する者等への意見聴取が必要ですが、パート・有期労働法では、あわせて「パートタイマーの過半数を代表する者への意見聴取」が努力義務（同法7条）とされているので、その点にも留意してください。

本章のポイント

- パートタイマーが数名の場合でも常時10人以上の労働者を使用している事業場ではパートタイマーに適用される就業規則が必要
- 「同一労働同一賃金」の法改正の趣旨を踏まえてパートタイマーの就業規則を見直す必要がある
- 正社員とは人材活用の仕組みが異なるパートタイマーは、職種変更や転勤、また時間外労働の命令権は制限される
- 有期契約のパートタイマーに試用期間を設けるのは適切でない
- 有期契約のパートタイマーの労働契約に際しては、通常の文書明示事項に加えて追加して明示しなければならない事項があるので留意する（賞与や退職金の有無、更新の有無、等々）
- 基本給、手当、賞与、退職金などの待遇については、「同一労働同一賃金」の動向を見ながら、正社員との不合理な格差が生じないように均衡待遇に留意する
- 1年以上雇用されるパートタイマーで勤務時間が通常の労働者の4分の3以上の場合、定期健康診断の実施が必要
- 正社員との労働条件の違いを考慮した上でパートタイマーの懲戒処分を規定する
- パート・有期労働法ではパートタイマーの正社員への転換を推進する措置を講ずることが義務付けられている
- 通算雇用契約期間が5年を超えるパートタイマーが発生する場合は無期転換ルールや定年を定める
- パートタイマー就業規則の制定や改定時には過半数代表者等の意見聴取のほかに（努力義務として）パートタイマーの過半数を代表する者の意見聴取も行う

第 2 章　継続雇用

嘱託社員とは？

Q 定年後再雇用される嘱託社員の就業規則について教えてください。正社員とは就業形態も異なると思いますが、嘱託社員とはどのような社員でしょうか？

A 「高年齢者雇用安定法（以下、「高年法」）」という法律があって、定年は60歳を下回ることはできないので60歳定年としている会社が依然として多数です。2004年の同法の改正によって定年年齢が60歳など65歳未満の定年を定めている会社においては、65歳までの安定した雇用を確保するため、次のいずれかの雇用確保措置を講じなければならないとされました。

> 【雇用確保措置】高年法９条１項
> ①定年の引上げ　　②継続雇用制度の導入　　③定年の廃止

　定年を65歳に引き上げた企業も増加していますが、まだ多くは定年60歳とした上で、②の継続雇用制度を導入している場合が多いと思います。そのような会社では60歳以上の社員は、一般には「嘱託社員」と呼んで賃金や労働条件も正社員とは区別している例がほとんどです。そこで、定年後の嘱託社員の服務及び就業の条件等を定めるために「継続雇用規程（嘱託社員用）」といった正社員とは別の定めをする規程が必要になります。

　そして「高年法」は2012年にも大きな改正がありました。この時の法改正で2013年４月から企業は継続雇用を希望する社員に対しては原則として65歳まで雇用する義務が課せられることになりました。

　さらに2020年には、生涯現役社会を実現するために⑴定年の廃止、⑵定年の延長、⑶継続雇用制度の導入といった従来からの「雇用」を前提にした措置に加え、⑷別の会社への再就職支援、⑸フリーランス契約の締結、⑹起業

支援、(7)社会貢献活動事業への従事など、新たな措置の選択肢を増やして、満70歳までの就業機会の確保を企業の努力義務とする改正高年法が成立しました（施行日は2021年4月）。

　今後、企業は高齢社員のモチベーション低下を抑制しつつ、組織の新陳代謝を高めていくことが求められているといえます。

継続雇用の手続きと対象者基準

> **Q** なるほど、高齢化社会が進展する中で「嘱託社員」の役割は益々重要になりますね。「継続雇用規程」を定める必要があるとのことですが、具体的にはどのような規定内容になるのでしょうか？

（目　的）

第1条　この規程は、○○○株式会社（以下「会社」という。）の定年退職後の継続雇用制度について定めるとともに、継続雇用される嘱託社員の労働条件等について定めるものである。

（定　義）

第2条　この規程で嘱託社員とは、会社と嘱託雇用契約を締結し、継続雇用される者をいう。

（嘱託雇用契約の手続）

第3条　定年年齢後に嘱託社員として継続して雇用されることを希望する者は、定年退職日の6カ月前までに、会社に申し出なければならない。

2．会社は、前項の従業員について継続雇用を認めるときは、当該従業員と定年退職日の翌日に、その者と嘱託雇用契約を締結する。

A　「定年制」のある会社の正規従業員用の就業規則では、必ず「定年」の定めをします。そして、定年後も引き続き就労を希望する者に対しては継続雇用契約を締結して、嘱託社員として処遇することになります。そのような嘱託社員の職場規律や労働条件について定めるのが「継続雇用規

程」の目的です。

　嘱託社員は定年後も継続して雇用されることを希望する社員ですから、例えばモデル規定3条のように「定年退職日の6カ月前までに会社に申し出る」といったルールを定めておくとよいでしょう。

　前述したように、満60歳で定年を迎える社員が継続雇用を希望した場合、会社は原則としてこれを断ることはできないことになります。

　ただし、定年を迎える社員が継続雇用を希望した場合であっても、「心身の故障のため業務に堪えられないと認められること、勤務状況が著しく不良で引き続き従業員としての職責を果たし得ないこと等就業規則に定める解雇事由または退職事由（年齢に係るものを除く。）に該当する場合には、継続雇用しないことができる（厚生労働省Q&A）。」とされています。

　定年時に継続雇用の対象者基準を設け、解雇事由や退職事由に該当する社員を継続雇用の対象者から除くのであれば就業規則でその旨を定めておく必要があります。本書では、このような事由のある社員は継続雇用の対象外であることを就業規則（正規従業員用）に規定しています（モデル就業規則40条4項を参照）。

契約期間と70歳までの雇用の定め

> **Q** なるほど現役の正社員の場合、解雇事由に該当するような場合でも実際に解雇することは難しい場合が多いと思いますが、定年後の再雇用時には、そのような基準を明記することで継続雇用対象者から除外することができるのですね。
> 次に継続雇用における契約期間ですが、当社では嘱託の場合には期間を1年とし65歳に達するまで毎年更新しています。

（契約期間）
第4条　嘱託雇用契約の期間は、原則として1年以内とし、協議の上対象者の年齢が満65歳に達するまで毎年更新する。
2．前項にかかわらず、技能及び能力を鑑み会社が必要と認めたときは、継続雇用期間を満70歳まで延長することがある。

> 3．嘱託雇用契約期間が５年を超え、当該嘱託社員が無期雇用契約
> への転換の申し込みをしたときは、現に締結している契約期間が
> 満了する日の翌日から、無期雇用契約に転換するものとし、定年
> は満70歳に到達した日とする。

 　　　そのような会社が多いと思いますので、モデル規定でも嘱託雇用
　　　契約の期間は原則１年以内としています。

　毎年の契約の更新基準ですが、改正高年法の趣旨からすれば「更新できない特段の事情がない限り」、嘱託社員は65歳に達するまで契約を更新するのが通常でしょうが、更新の基準を定める場合はその点も規定するとよいでしょう。

> 【嘱託契約更新時の判断基準（例）】
> 1．契約満了時の業務量　　2．勤務成績、態度　　3．会社の経営状況

　ただし、再雇用制度における65歳までの契約更新については、本人には65歳までの有期契約の更新について合理的な期待（更新期待権）が認められます。途中で更新せず、雇止めを行った場合、争いになると期間満了ということに加え、客観的合理性と社会通念上の相当性が必要とされるので65歳前の雇止めには慎重な判断が必要です。

　嘱託者の雇用形態としては、期間の定めのある社員、または契約社員といった扱いになります。また嘱託であっても役職者として扱っている会社もあるので中小企業の場合、「嘱託者は役職につかない」といった条項は特に入れる必要はないと考えます。

　続く２項及び３項の規定は65歳を迎えた以降であっても会社にとって必要と認められる人材は70歳までの継続雇用の延長がある旨を定めたものです。前述した改正高年法の「満70歳までの就業機会の確保（努力義務）」の方針とも合致した内容で、このような雇用延長が今後も増えるのではないでしょうか。

　なお、３項の無期転換に関する規定ですが、定年後引き続いて雇用される有期雇用労働者（第２種計画の継続雇用の高齢者）には「無期転換ルールの

特例」があって、事業主が特例手続きを行えば、その事業主に定年後引き続き雇用される期間が5年を超えても無期転換は発生しません（有期特別措置法）。

　ただし、この特例は満60歳以降に社外から新たに雇用した嘱託社員などには適用されないので、そのような場合を含めて、無期転換後の定年年齢は満70歳と定めています。

嘱託社員の勤務時間と休日

Ｑ　わかりました。当社の継続雇用は65歳までで、4条1項の規定しかありませんが、今後、2項、3項のような規定を追加するかを検討したいと考えます。
次に嘱託社員の労働条件について伺います。勤務時間や休日の定めはどうなりますか？

（勤務時間・休日）
第5条　勤務時間（始業、終業、及び休憩時間）及び休日は、正規従業員の正規の勤務時間及び休日の定めによる。ただし、正規従業員の規定によりがたいときは、嘱託社員本人の希望・能力・経験及び職場の要因状況等を総合的に勘案の上、嘱託雇用契約時に決定する。

Ａ　モデル規定では原則として正規従業員と同様の定めにしています。しかし、高年齢者の場合、体力や能力の面で個人差が大きいのも事実です。勤務時間などの労働条件については本人の希望や職場の状況等も考慮して各人ごとにある程度柔軟に決めることも必要でしょうから、5条の後段ではその旨を追記しています。

嘱託社員の年休の扱い

Q 次に、嘱託社員の年休の扱いです。再雇用時の年休の付与はどのようにすべきでしょうか？

（年次有給休暇）
第6条　年次有給休暇については正規従業員用の就業規則の規定を嘱託社員に適用し、定年退職時の年次有給休暇の残日数を繰り越すとともに、継続勤務期間の通算を行う。

A 勤続年数は、労働契約の存続期間（在籍期間）とされています。定年退職で年休は一旦すべてリセットする会社がありますが、雇用は定年前後で継続しているわけですからそのような扱いはできません。勤続年数は通算継承して考える必要があり、勤続6年半を超えていて、過去1年間に8割以上の出勤率を満たした嘱託社員であれば年間20日（通常勤務日数の嘱託社員の場合）付与することになります。また未消化分の年休は翌年に限り持ち越しできるというルールもそのまま適用されます。

嘱託社員の休職規定

Q 休職についてはいかがでしょうか。高齢社員になれば、病気などで健康を害するケースも当然増えると思います。

（休　職）
第7条　嘱託社員に休職は適用しない。ただし、特別の事情により会社が認めた場合は適用することがある。

A 中小企業の場合、嘱託社員に長期の休職を認めるのは難しいでしょうから、モデル規定では「休職は適用しない」旨を定めています。それでも能力の高い嘱託社員が比較的短期で復帰できる場合など例外的に認める必要がある場合も考えられるので、「会社が認めた場合は適用することがある。」と規定しています。

もちろん、私傷病以外の理由（例えば「出向」等）で休職を認める場合も想定されるでしょう。

同一労働同一賃金（嘱託社員）

Q 賃金、賞与、退職金のような労働条件は、各人ごとに個別の嘱託雇用契約書で定めるとしてかまいませんか？

（賃　金）
第8条　嘱託社員の賃金は、その職務内容や働き方の違いを考慮して嘱託雇用契約締結時に決定する。

（賞　与）
第9条　嘱託社員の賞与は、その職務内容や働き方の違いを考慮して嘱託雇用契約締結時に決定する。

（退職金）
第10条　嘱託社員には退職金は支給しない。ただし、契約期間中の勤務成績が特に優秀で、会社の業績に功労顕著であった者に対し、相応の慰労金を支給することがある。

A　嘱託者についての労働条件（賃金や退職金等）は、各人ごとの職責や能力によりかなり異なると考えられるので「継続雇用規程」で統一的・画一的に定めるのは困難な場合もあります。モデル規定のように「嘱託社員の賃金は嘱託雇用契約締結時に決定する」といった形で規定することは可能だと思います。

しかし、パートタイマーの場合もそうでしたが、同一労働同一賃金に対応して、定年前の正社員との均等・均衡待遇を配慮した報酬にしなければなりません。その場合、「職務の内容、配置の変更範囲、その他の事情」が考慮されるわけですが、「同一労働同一賃金ガイドライン」では、定年後の継続雇用者の待遇については「その他の事情として考慮される事情に当たりうる。」としています。

継続雇用者の場合、長期の雇用は想定されていませんし、定年に至るまで

は正社員としての賃金を受けとり、さらに定年で退職金の支払いを受ける場合も多いですよね。また公的年金の支給時期も近いといった事情もあります。したがって、定年前の正社員の時と比べてある程度、抑制された待遇になるのが通例だと思います。しかし、厚生労働省の同一労働同一賃金ガイドラインでは「定年に達した後に継続雇用された者であることのみをもって、直ちに通常の労働者と当該有期雇用労働者との間の待遇の相違が不合理ではないと認められるものではない。」とも記載しています。嘱託社員であっても、その会社に則した賃金制度や賞与制度を整備して、嘱託社員用の就業規則に明記することが望ましいと考えられます。

嘱託社員の退職、解雇の定め

 確かに、人件費コストの切り下げばかりを追求するようなやり方では、定年後の継続雇用者の仕事へのモチベーションを維持することは難しいですね。一人ひとりの役割と貢献度に応じて納得性のある弾力的な賃金処遇を行うしくみが必要だと思います。さて「継続雇用規程」を作成する上で、その他に留意すべき事項などはありますか？

（退職・解雇）

第11条　嘱託社員が、次の各号のいずれかに該当するときは退職又は解雇とする。

(1)　退職を願い出て、会社がこれを承認したとき

(2)　死亡したとき

(3)　嘱託雇用契約期間が満了し、更新しないとき

(4)　傷病その他により正常な就業が期待できず、雇用の継続が困難であると会社が判断したとき

(5)　正規従業員用の就業規則の懲戒解雇の規定のいずれかに該当し、懲戒解雇となったとき

(6)　その他雇用関係を継続しがたいやむを得ない事由のあるとき

A　　嘱託社員は1年間の有期契約が多いのですが、期間途中で退職という場合を想定していない規程が多いので、モデル規定11条のように中途の「退職・解雇」についても定めておくことをお勧めします。本人の都合による「自己都合退職」や、会社が「正常な就業が期待できないと判断した時」は期間途中でも退職または解雇となり得る旨を定めています。

　なお「継続雇用規程」は定年後の嘱託者に関する継続雇用に関する規定ですから、正規従業員用の就業規則に書かれているような内容をすべて盛り込むのは煩雑になると考えられます。

　したがって継続雇用規程と嘱託雇用契約書に定めのない事項については、就業規則（正規従業員用）の規定を準用するといった定めを入れておくとよいでしょう。この場合、「退職金」の有無や「休職規定」の有無については「継続雇用規程」の中できちんと定めておかないと、正社員の労働条件と同様とみなされてしまうリスクがあるので十分注意してください。

　その上で「服務規律」、「懲戒」、「育児・介護休業」、「安全衛生」などは正社員の規則に準じるといった扱いで問題なければ以下のように規定します。

（就業規則等の準用）
第13条　この規程及び嘱託雇用契約書に定めのない事項については、
　　正規従業員用の就業規則の規定を準用する。

　本章の ポイント

- 通常、「嘱託社員」とは定年60歳以降、継続雇用制度によって雇用継続中の社員のことで賃金などの労働条件も正社員とは異なる場合が多い
- 「継続雇用規程」は定年後も引き続き嘱託社員として継続雇用される社員の取扱いについて定める
- 定年後の年休の扱いは定年前後で雇用が継続しているので、勤続年数の通算や未消化分の繰り越しが必要
- 賃金等の労働条件は個別の雇用契約書で定めてもよいが、賃金改定、

　賞与や退職金の有無などの原則的なルールは「継続雇用規程」に明記する

- •「同一労働同一賃金」により嘱託社員の待遇についても正社員との均衡待遇に留意する必要がある。なお、定年後再雇用者の待遇については「その他の事情として考慮される事情に当たりうる（同一労働同一賃金ガイドライン）」
- •「服務規律」など正社員の規則に準じるといった扱いで問題のない項目については準用規定を定める

　以上で本書の解説は終わりです。最後までお読みいただきありがとうございました。

　本書は、専門家ではなく、普段法律にあまりなじみのない中小企業の社長さんや一般の社会人の皆様にも理解していただけるように「読みやすさ、わかりやすさ」を優先して解説しました。これまで自社の就業規則をじっくり見たことがなかった方々や、なぜ当社の就業規則にはこのような規定が記載されているのかと疑問を感じていた方々が、本書の説明で納得していただける事柄が増え、また、就業規則の大切さに気づいていただけたのであれば幸です。

　近年では、働き方の変化に伴い、労働法の改正も頻発しています。そのため、就業規則の見直しや改定が必要な機会も増えたといえます。本書の内容が少しでもその参考になることを願い、また皆様の会社が労使トラブルの少ないホワイト企業として、ますます発展されることを願って筆をおきます。(米田)

知っておきたい
裁　判　例

　資料1では職場トラブル回避のために知っておきたい裁判として53例を本編の目次の順番に沿って掲載しています。いずれも「概要」は簡略化して書いています。実際にトラブルになり係争になった場合は、様々な要素が考慮されますので、興味を持たれた事案については別途お調べになることをお勧めします。

分　類	事　件　名	概　　要
【就業規則（周知義務）】 懲戒を行うためには、就業規則に定め周知しておく必要がある	フジ興産事件 最高裁 　　平成15年10月10日	使用者が労働者を懲戒するには、予め就業規則において懲戒の種別及び事由を定めておくことを要する。就業規則には懲戒に関する事項が定められていたが就業規則が効力を発揮するためには周知されている必要があり、周知されていない状態での懲戒解雇は無効とされた。
【就業規則（不利益変更）】 会社が就業規則を一方的に不利益に変更することは、原則として認められない（変更内容が合理的な場合を除く）	秋北バス事件 最高裁 　　昭和43年12月25日	会社が就業規則を変更し定年制度を導入したことで対象になった労働者が解雇された事例で、既得の権利を奪い、労働者に不利益な条件を一方的に課すことは原則として認められない。しかし、その変更が合理的なものである限り、個々の労働者が同意しないことを理由として、その適用を拒否することは許されず、不利益を受ける労働者に対しても変更後の就業規則の適用を認めた。
【就業規則（不利益変更）】 説明が不十分な状態での就業規則の変更に関する同意は無効	山梨県民信用組合事件 最高裁 　　平成28年2月19日	就業規則の不利益変更（退職金の減額）に関する従業員の署名について、高裁では有効と判断されていた。最高裁は、与える不利益の内容・程度や、その説明に照らし、従業員の署名をもって同意があるとの判断には違法があるとして、高裁に差し戻し（差し戻し審で従業員側の請求が認められた）。
【副業・兼業】 兼業を制限する規定の合理性は認めたが、業務への支障を判断せず不許可とすることは認められない	マンナ運輸事件 京都地裁 　　平成24年7月13日	運送会社が、準社員からのアルバイト許可申請を4度にわたって不許可にしたことについて、後2回については不許可の理由はなく、不法行為に基づく損害賠償請求が一部認容（慰謝料のみ）された。
【副業・兼業 　　　（競業避止義務）】 在職中の競業会社設立は無効	協立物産事件 東京地裁 　　平成11年5月28日	外国会社から食品の原材料等を輸入する代理店契約をしている会社の従業員について、在職中の競業会社設立は、労働契約上の競業避止義務に反するとされた。
【採用・身元保証】 身元保証人の損害賠償責任は限定的	坂入産業事件 浦和地裁 　　昭和58年4月26日	業務上横領をした社員の身元保証人に対して会社側は2,000万円の支払いを請求したが、裁判所は身元保証人の責任は10分の1の200万円とした。

分　　　類	事 件 名	概　　　要
【採用・試用期間 　　　（本採用拒否）】 • 特定の思想・信条を持つことを理由に採用を拒んでも違法とはいえない • 試用期間中の本採用拒否は通常の解雇より広い範囲で認められるが客観的、合理的理由が必要	三菱樹脂事件 最高裁 　　昭和48年12月12日	学生運動等の経歴を隠して試用期間付きで採用された者に対して、会社側が本採用を拒否。最高裁は、会社には採用の自由があり、思想・信条を理由に採用を拒否しても違法とは云えないとした。 また、試用契約は解雇権留保付労働契約と解され、試用期間中の本採用拒否は通常の解雇よりも広い範囲で認められる。しかし、採用時には知ることができないような事実を知るに至った等で、その者を引き続き雇用することが適当でないと判断する合理性がある場合に限られるとした。
【試用期間（長期間）】 合理的な範囲を超えた長すぎる試用期間は公序良俗に反しており無効	ブラザー工業事件 名古屋地裁 　　昭和59年3月23日	入社後、「見習社員」として6カ月〜1年3カ月、さらにその後、「試用社員」として6カ月〜1年の試用期間を設けていたが、労働者の能力・適性を判断する期間としては長すぎ、合理的な理由がないとして無効とされた。
【セクシュアルハラスメント】 管理職らがセクハラ発言等で出勤停止（懲戒処分）と人事権行使の降格を受けたことは二重処分にあたらない	海遊館事件 最高裁 　　平成27年2月26日	男性従業員らが複数の女性従業員に対して性的な発言等のセクシュアル・ハラスメント等をしたことで出勤停止の懲戒処分を受け、さらに下位の等級に降格された。懲戒処分と人事権の行使による降格は二重処分には該当しないことを最高裁が判示した先例としても重要な裁判。
【マタニティハラスメント】 妊娠中の軽易な業務への転換を契機とした降格は認められない	広島中央保健生活協同組合事件 広島高裁 　　平成27年11月17日	妊娠判明後に希望通り身体的な負担の少ない業務に転換したことにより降格させられた。同社員が、産休・育休から復帰後も元の役職に復帰できなかったことを不当として損害賠償を求めた事案。妊娠等を契機とした降格は認められないとした。
【マタニティハラスメント】 育休復帰後の有期契約への転換、その後のトラブルによる雇止めを認める	ジャパンビジネスラボ事件 東京高裁 　　令和元年11月28日	育休前に正社員だったものが、保育園が見つからない等の理由により有期契約社員に転換。その後、正社員への復帰を求めたが認められず、会話の録音、社外への公表などを行った。会社は信頼関係を損ねたとして雇止めにし、この雇止めは有効とされた。

分　類	事　件　名	概　　要
【パワーハラスメント】 パワハラについて、行った上官だけでなく国の安全配慮義務違反を認定	長崎・海上自衛隊員自殺事件 福岡高裁 　　平成20年8月25日	21歳の海上自衛隊員が上官からの継続的な誹謗によりうつ病に罹患し、自殺したとして、両親が国に対し慰謝料の支払い等を求めた事件。上官の行為は精神的な攻撃型で過失、違法と判断。パワハラをした本人だけでなく会社（国）の責任を認め、被害者の両親に対し合計350万円の慰謝料を支払うよう命じた。
【パワーハラスメント】 パワハラによる退職強要が、直接被害のなかった社員にも認定	フクダ電子長野販売事件 東京高裁 　　平成29年10月18日	代表取締役から、2名の中年女性社員が不当な賞与減額や降格処分を受け、2人を含む中年女性4人が退職した。賞与減額等がされなかった2人も、次は自分たちに被害が及ぶのではないかと感じたのは当然で、間接的に退職を余儀なくされた、として4人全員に対するパワハラを認定した。
【パワーハラスメント】 派遣社員に対する派遣先社員のパワハラを認定	アークレイファクトリー事件 大阪高裁 　　平成25年10月9日	派遣先の社員が、派遣社員に対する指導の中で危害を加えるようなパワハラ発言を繰り返したことに対して不法行為と認定、派遣先の使用者責任を認めた。
【パワーハラスメント】 ミスに対する厳しい発言を業務上必要（パワハラにあたらない）と認定	医療法人財団健和会事件 東京地裁 　　平成21年10月15日	単純なミスを繰り返し改善の見られない職員に対し、医療機関という場では見過ごせるミスではなく、厳しい指導も当然になすべき業務上の指示の範囲内であるとした。
【勤務時間】 着替え時間は労働時間	三菱重工業長崎造船所事件 最高裁 　　平成12年3月9日	業務命令等で義務付けられた着替え、作業場への移動は労働時間に含まれるとされた。
【勤務時間 （事業場外みなし労働）】 みなし労働時間制が適用できる範囲は狭い	阪急トラベルサービス事件 最高裁 　　平成26年1月24日	海外添乗員に対して、事業場外みなし労働時間制を採用していたが、1日の仕事は事前の計画通りに行われ、報告の義務があること、携帯電話を常に所持していることなどを理由に、みなし労働時間制は適用できないとされた。
【休憩時間（仮眠時間）】 社員に自由のない休憩時間は労働時間	大星ビル管理事件 最高裁 　　平成14年2月28日	仮眠時間中も突発業務に対応するよう求められていたため、その時間も労働時間として賃金支払いが命じられた。

分　類	事　件　名	概　要
【休暇（不利益取扱い）】 有給休暇・産前産後休暇・生理休暇等をとった人を不利益に扱ってはならない	日本シェーリング事件 最高裁 　　平成元年12月14日	年間の出勤率が80％以下のものは賃上げ対象としないとする労働協約条項について、有給休暇・産前産後休暇・生理休暇、またストライキ（組合活動）などすべての不就労を欠勤扱いにしていた。労基法・労組法に基づく休みまで欠勤扱いすることは、権利の行使を抑制するため公序に反し無効とされた。
【人事異動（転勤）】 規程に定めがあり、業務上必要であれば転勤命令は有効	東亜ペイント事件 最高裁 　　昭和61年7月14日	家族と別居になることを理由に神戸から名古屋への転勤を拒否した社員を懲戒解雇した会社が訴えられたが、裁判所は、会社側の転勤命令は業務上必要であり解雇は有効とした。
【人事異動（転勤）】 社員の被る被害があまりに大きい場合、転勤命令は無効	ネスレジャパン ホールディング事件 神戸地裁 　　平成17年5月9日	精神病の妻と、脳梗塞の後遺症が残る母を介護する必要のある社員が、姫路（兵庫）から霞ヶ浦（茨城）への転勤を拒否したことについて、転勤命令が業務上必要であったことは認められたが、社員の被る不利益があまりに大きいとして、転勤命令は無効とした。
【人事異動（不当な動機）】 不当な動機（嫌がらせなど）による配転命令は無効	オリンパス事件 東京高裁 　　平成23年8月31日	内部告発した社員を業務上の必要性と関係なく配置転換したことは、内部告発に対する報復にあたり無効とした。
【休職（メンタル不調）】 メンタル不調で欠勤の続く社員には休職扱いを検討するなど配慮すべき（いきなり解雇してはならない）	日本ヒューレット・ パッカード事件 最高裁 　　平成24年4月27日	メンタル不調（私傷病）の社員が会社に休職を申し出たが、会社側は休職を認めなかった。社員は有給休暇消化後も欠勤を続けたため会社は諭旨解雇にしたが、健康診断の実施、休職等を検討すべきだったとして解雇は無効とされた。
【休職（配置転換）】 病気の社員が負担の軽い業務に職種転換を求めた場合、会社は検討する必要がある	片山組事件 最高裁 　　平成10年4月9日	バセドウ病の社員が負担の少ない仕事へ配置転換を求めたが、会社は自宅治療（無給）を命じた。職種や業務内容を限定しない雇用契約で配置転換の可能性があるのであれば検討しなければならず、遂行可能な事務作業があったとして自宅療養中の賃金支払いが命じられた。

分　類	事　件　名	概　　要
【賞与（支給日在籍要件）】 賞与支給日に在籍していることを支給要件とすること（「支給日在籍要件」）は認められる	大和銀行事件 最高裁 　　昭和57年10月7日	賞与は月例の賃金と違い、過去の労働に対する報酬としての意義だけでなく将来の労働に対する期待の意義もあると考えられるため、支給日に在籍していることを支給の要件とすることは認められるとした。
【賞与（支給日在籍要件）】 定年退職の場合でも、賞与支給の「支給日在籍要件」は認められる	カツデン事件 東京地裁 　　平成8年10月29日	退職した労働者が、賞与対象期間は勤務しており賞与の全額が支払われるべきであり、賞与の支給日在職制度は労基法に反して無効であるとして争った。裁判所は「支給日在籍要件」は就業規則に定めがあり十分合理性があり、定年退職者にも適用されるとした。
【管理職の深夜手当】 管理職にも深夜手当は必要	ことぶき事件 最高裁 　　平成21年12月18日	労基法上、管理監督者であっても深夜割増し賃金の支払いが必要との規定があり、裁判でもこの点を認めた。
【名ばかり管理職】 管理職にあたるか否かは、職務内容・権限・勤務態様・処遇の実態で判断	日本マクドナルド事件 東京地裁 　　平成20年1月28日	店長が自分は管理職に当たらないとして時間外手当ての支払いを求めて提訴。職務内容・権限、勤務態様、処遇の実態から判断して、管理職にはあたらないとして時間外手当の支払いを命じた。
【育休復帰後の賃金減額】 産休・育休復帰後の賃金減額は就業規則等に定めがなければ違法	コナミデジタルエンタテインメント事件 東京高裁 　　平成23年12月27日	産休・育休から短時間勤務で復帰した社員を配置転換し、それにともないグレードと賃金を下げたことについて、配置転換は就業規則に定めがあり有効とされたが、それに伴う賃金の減額は定めがなく権利の濫用で無効とされた。
【賃金（年俸制の減給）】 年俸制であっても規則に定めのない場合、一方的な賃金の減額は認められない	日本システム開発研究所事件 東京高裁 　　平成20年4月9日	会社では20年以上前から就業規則の定めなしに年俸制を運用していた。会社が業績の悪化に伴い年俸の評価方法を改め大幅に減額した年俸で支払いを開始したため争いになり、一方的に減額することは認められないと従業員側の主張を認めた。
【賃金（年俸制と残業代）】 年俸制の社員にも時間外手当（割増賃金）は必要	創栄コンサルタント事件 大阪地裁 　　平成14年5月17日	年俸制を採用していた会社で、会社側は年俸の中に時間外手当が含まれていると主張したが、どの部分（どれくらいの金額）が時間外手当に相当するか明示されておらず、このような賃金の決め方は無効とされた。

分　　類	事　件　名	概　　要
【賃金（固定残業代）】 固定時間外手当（定額残業代）の時間設定は無制限ではない	ザ・ウィンザー・ホテルズインターナショナル事件 札幌高裁 　　　平成24年10月19日	会社は固定時間外手当を95時間分支払っていたが、95時間という時間は36協定の限度時間（45時間）を大幅に超えており認められなかった。固定時間外手当は45時間分相当とされ、足りない分は支払うよう命じられた。
【賃金（固定残業代）】 固定時間外手当は時間・金額を明示し、超過分は追加で支払う必要がある	テック・ジャパン事件 最高裁 　　　平成24年3月8日	会社側は基本給に時間外手当を含んでいると主張したが、時間外手当の金額・時間数が明示されておらず、基本給の中に時間外手当は全く含まれていないとされた。
【賃金（固定残業代）】 固定残業代が時間外労働の対価として位置づけられ適切に計算されている場合は有効	日本ケミカル事件 最高裁 　　　平成30年7月19日	固定残業代を上回る時間外労働が発生した場合に、その事実を労働者が認識して直ちに支払いを請求できる仕組が必要とした（高裁が示した固定残業代の）適法要件は、必須とはいえないとして高裁判決を破棄した。
【退職金（懲戒解雇）】 懲戒解雇した社員にも退職金支払いが必要なことがある	小田急電鉄事件 東京高裁 　　　平成15年12月11日	勤務時間外に痴漢行為（3回目）を行い懲戒解雇され、退職金が全く支給されなかった社員に対して、長年の勤続の功労を全て消してしまうほどの行為ではないとして、3割の退職金支払いを命じた。
【退職勧奨】 合理的と認められた退職勧奨	日本アイ・ビー・エム事件 東京高裁 　　　平成24年10月31日	退職勧奨を行うにあたり、細かくプログラムを作り、退職勧奨を行う管理職の研修も行うなど非常に丁寧な手続きを踏んでいたため、退職勧奨に違法性はないとされた。
【退職（競業避止義務）】 退職後競業行為を禁止するためには、特約を交していたほうが良い	フォセコ・ジャパン・リミテッド事件 奈良地裁 　　　昭和45年10月23日	研究部に所属し重要な技術に関与していた社員と退職後2年間の競業避止の特約を交していたにも関わらず、その社員が退職後すぐに競合会社に就職したことについて、特約の内容は合理的で有効（競業避止義務違反）とされた。
【解雇（病気休職）】 病気休職中で回復の見込みがない社員の場合、配置転換せずに解雇が認められることがある	独立行政法人N事件 東京地裁 　　　平成16年3月26日	病気により休職前から通常の社員より軽易な業務を担当していた社員が、同じ業務での復職を求めたが、他の社員が行う通常の業務ができるほどに回復の見込みがないとして解雇したことについて有効とされた。

分　　類	事　件　名	概　　要
【解雇（能力不足）】 専門的な能力を期待した中途採用者の場合、能力不足による解雇が認められることがある	ヒロセ電機事件 東京地裁 　　平成14年10月22日	品質管理に関する専門知識、英語力等の専門的な能力を期待されて中途採用された社員が、実際にその能力がなく、本人に改善の意欲も見られなかったため解雇したことについて有効とされた。
【解雇（ミスの多い社員）】 業績不振、ミスの多い社員をいきなり解雇することは認められない	森下仁丹事件 大阪地裁 　　平成14年3月22日	ミスを重ねた社員に対して、就業規則に定める「技能発達の見込みがない」という解雇事由に該当するとして解雇した。就業規則には降格処分についても定められており、解雇に値するほどではないとしてこの解雇は無効とされた。
【安全衛生・災害補償 　　　　　（過労死）】 社員の過労死に関して、社員と直接関係のない取締役にも責任がある	大庄ほか事件 大阪地裁 　　平成23年5月25日	入社4カ月の居酒屋店員が過労死した事案。会社全体として長時間労働になっていることを認識していたあるいは容易に認識できたにも関わらず放置していたとして、過労死した社員と直接関係のない取締役にも損害賠償責任を認めた。
【安全衛生・災害補償 　（安全配慮義務）】 会社は社員の健康管理を適切に行う義務がある	電通事件 最高裁 　　平成12年3月24日	新入社員が長時間労働の末、過労により自殺した事件。会社側は休息をとるように指導し、勤務時間を柔軟にできる制度も用意していたが、本人の意思に任せ具体的な措置はとらなかった。これに対し、会社側に安全配慮義務違反があるとして損害賠償請求を認めた。
【安全衛生・災害補償 　（安全配慮義務）】 過重労働に起因するうつ病での解雇は無効、会社の安全配慮義務違反等による損害賠償が認められた	東芝うつ病事件 最高裁 　　平成26年3月24日	うつ病により休職し、復職できずに解雇された従業員が解雇無効と損害賠償を求めて争った事案。従業員は神経科の通院歴や病状を会社に申告していなかった。判決は、うつ病は過重な業務に起因するものであって解雇を無効とし、従業員が病状を申告しなかったとしても会社には安全配慮義務があるとして、申告しなかったことによる過失相殺（損害賠償の減額）を否定した。
【懲戒】 評価期間外の事由を査定に反映させてはならない	マナック事件 広島高裁 　　平成13年5月23日	経営陣を批判し降格・降給処分になった社員が、以後、数年にわたって最低評価がつけられた。評価期間外（過去）の事由で評価をつけることは裁量権の逸脱で違法とされた。

分　　類	事　件　名	概　　要
【懲戒解雇（経歴詐称）】 犯罪歴を隠して入社した社員であっても、業務と関係のない犯罪歴の場合は懲戒解雇できないことがある	マルヤタクシー事件 仙台地裁 　　昭和60年9月19日	犯罪歴を履歴書に書かず採用された社員が、後に犯罪歴が判明し経歴詐称で解雇されたことについて、履歴書に業務と関係性が薄く、すでに刑の消滅した前科まで記載する義務はないとして、解雇は無効とされた。
【同一労働同一賃金 （契約社員）】 正社員と非正規社員の不合理性の判断は、賃金総額ではなく賃金支給項目ごとに判断することを示した	ハマキョウレックス事件 最高裁 　　平成30年6月1日	有期契約社員が、正社員と仕事内容が変わらないにも関わらず賃金に差があることは不合理だとして争った事案。人材活用の仕組みが異なると認定しつつも、各種賃金支給項目の趣旨に基づき、それぞれ不合理性を判断。皆勤手当、無事故手当、作業手当、給食手当の不支給、通勤手当の相違は不合理とされた。
【同一労働同一賃金 （契約社員）】 金銭報酬だけでなく、休暇等についても不合理性を認定	日本郵便東京事件 東京高裁 　　平成30年12月13日	正社員と契約社員の賃金の不合理性について、支給項目ごとに判断され、契約社員への年末年始手当、住居手当、夏季冬季休暇の不支給、病気休暇の無給扱いは不合理とされた。
【同一労働同一賃金 （契約社員）】 契約社員に退職金が支払われないことは不合理	メトロコマース事件 東京高裁 　　平成31年2月20日	売店の契約社員と、同じ売店に勤務する正社員を比較し、職務内容・配置変更の範囲の違いから、基本給、賞与の違いは不合理でないとされたが、褒賞金の差、住宅手当、退職金が支給されないことは不合理とした。退職金は、正社員の4分の1の額が相当とした。
【同一労働同一賃金 （契約社員）】 無期契約労働者と有期契約労働者の賞与の差は、有為人材確保のためであり不合理でない	井関松山製造所事件 高松高裁 　　令和元年7月8日	無期契約労働者と有期契約労働者に業務内容の大きな差はないが、責任および人材活用の仕組みには一定の差があるとしたうえで、住宅手当や家族手当等の支給趣旨から、これら手当に差があることは不合理とした。一方、賞与は責任に差があること、無期契約労働者には有為な人材を確保するために高額の賞与を支給することに一定の合理性が認められるとし、差は不合理でないとした（無期契約労働者：賞与約37万円、有期契約労働者：賞与代わりの寸志5万円）。

分　類	事　件　名	概　　要
【同一労働同一賃金 （アルバイト）】 正社員と有期アルバイトの賞与の差は不合理	大阪医科薬科大学事件 大阪高裁 　　平成31年2月15日	勤続3年のアルバイト事務員に賞与が支給されないことは不合理とされた事案。正社員の賞与は基本給連動で、業績や評価は加味されておらず、算定期間に勤務したことに対する報酬である。そうであるならば同じように勤続していたアルバイトにも支給されるべきと判断された。契約社員に正社員の80％の賞与を支給していたこと等から、60％は支給すべきとした。
【同一労働同一賃金 （臨時職員）】 正規職員と臨時職員の基本給の差は不合理	産業医科大学事件 福岡高裁 　　平成30年11月29日	勤続30年以上の有期契約の臨時職員と正社員の基本給に差があることは不合理とされた事案。職務内容は正社員と臨時職員で差があるが、30年以上の長期にわたり勤務したこと（臨時職員制度の想定外）や臨時職員は業務の習熟度合いも「その他の事情」として幅広く考慮した。
【同一労働同一賃金 （嘱託社員）】 不合理性の判断において、定年後再雇用者の特有の事情を「その他の事情」として考慮する	長澤運輸事件 最高裁 　　平成30年6月1日	定年後再雇用されたドライバー（有期雇用）の賃金全体を約2割引下げたことが、労働契約法の不合理な労働条件に当たるかが争われた事件。職務内容及び職務変更範囲に正社員との相違はないとした上で、定年後の再雇用を「その他の事情（労契法20条）」として考慮。関連する賃金項目の趣旨に照らし、精勤手当など2つの手当を除き相違を違法でないとした。
【同一労働同一賃金 （嘱託社員）】 定年前と比べ過度に低賃金での雇用は高年法の趣旨に反する	九州惣菜事件 福岡高裁 　　平成29年9月7日	定年後再雇用となる従業員が、定年前の賃金の25％（75％ダウン）となるパートタイマー契約を提示されたことについて、高年法の求める継続雇用制度の趣旨を大きく逸脱するとし、不法行為を認定。慰謝料を認めた。

モデル規程集

1. 就 業 規 則（正規従業員用）
2. 賃　　金　　規　　程
3. 退　職　金　規　程
4. 就 業 規 則（パートタイマー用）
5. 継 続 雇 用 規 程（嘱託社員用）
6. 育 児 ・ 介 護 休 業 規 程
7. テレワーク（在宅勤務）規程
8. 慶 弔 見 舞 金 規 程
9. 旅　　費　　規　　程

モデル規程集について

　資料2では中小企業に適した上記9種類のモデル規程を掲載しています。特に就業規則（正規従業員用）は第2編で逐条的にQ&A解説をしているので、各条文の規定内容の趣旨や考え方などは、ぜひとも本文解説を熟読した上でご活用ください。なお本編で詳しい解説を省略したいくつかの規程についても会社業務の中で有益と考えてご参考として収録いたしました。

　各モデル規程ともに、中小企業をイメージしてなるべく具体的な内容や数字（時間・期間・金額等）を記載しています。当然のことですが、会社の置かれている状況は様々ですから自社の状況に即して適宜修正を加え、最適な会社規程を作成してください。

　なお、規程集のダウンロード方法については、本書巻頭「本書の特典」をご覧ください。

1．就業規則（正規従業員用）

第1章　　総　則

（目　的）

第1条　この就業規則（以下「規則」という）は、○○○株式会社（以下「会社」という）の正規の従業員（以下「従業員」という）の服務及び就業条件に関する事項を定めるものである。

2．この規則に定めのない事項については、労働基準法その他の関係法令等の定めるところによる。

（適用範囲）

第2条　この規則は、第2章（採用）の規定により採用された正規の従業員に適用する。パートタイマー、嘱託社員等についての就業規則は別に定める。

（規則遵守の義務）

第3条　会社及び従業員は、この規則を守り、誠実にその義務を履行し、相互に協力して社業の発展に努めなければならない。

第2章　　採　用

（従業員の採用）

第4条　会社は、入社を希望する者のうち、選考試験に合格し所定の手続きを行った者を従業員として採用する。

（選考のための提出書類）

第5条　入社希望者は、次の書類を提出しなければならない。ただし、会社が提出を要しないと認めた書類については、この限りでない。

　　(1)　履歴書

　　(2)　学業成績証明書及び卒業（見込）証明書

　　(3)　健康診断書（提出日以前3カ月以内に受診したものに限る）

　　(4)　その他会社が必要と認める書類

（入社後の提出書類）

第6条　会社に採用された者は、採用の日から1週間以内に、次の各号に定める書類を提出しなければならない。ただし、会社が認めた場合は、提出期限を延長し、又は提出書類の一部を省略することがある。

　　⑴　誓約書

　　⑵　身元保証書

　　⑶　入社前に入社年の給与所得があった者は、その源泉徴収票

　　⑷　健康保険被扶養者届（扶養する親族がある者に限る）

　　⑸　雇用保険被保険者証（前職のある者に限る）

　　⑹　年金手帳又は基礎年金番号通知書（交付されている者に限る）

　　⑺　マイナンバー（個人番号）に関する必要書類

　　⑻　住民票記載事項証明書

　　⑼　給与所得の扶養控除等申告書

　　⑽　通勤方法及び現住所付近の略図

　　⑾　その他会社が必要と認める書類

（労働条件の明示）

第7条　会社は、従業員との労働契約の締結に際しては、採用時の賃金、就業場所、従事する業務、労働及び休憩時間、休日、休暇、退職に関する事項、その他の労働条件を明らかにした書面を交付するとともに、この就業規則を周知させることにより労働条件を明示するものとする。

（試用期間）

第8条　会社は、従業員を採用するに際し、3カ月の試用期間を設ける。ただし、事情により試用期間を短縮し又は延長することがある。

2．前項の試用期間を満了した者は本採用とする。ただし、引き続き従業員として勤務させることが不適当と認められた者については、試用期間の途中、又は満了時に本採用を行わないものとする。

3．試用期間は勤続年数に通算する。

第3章　　　服務規律

（従業員としての心構え）

第9条　従業員は、会社の一員としての自覚と責任に徹し、業務に精励するとともに、会社が定める諸規定を守り、相互に協力して明るい職場を築くよう努めなければならない。

（遵守事項）

第10条　従業員は、次の事項を守らなければならない。

(1)　勤務中は、監督者の指示に従い業務に精励するとともに、他の社員とも協調して社業の発展に努めること

(2)　部下の管理は適正に行い、職場規律の維持に努めること

(3)　会社の施設、資材、機械器具等を大切に取扱うこと

(4)　職場を常に整理整頓し、盗難、火災の防止に努めること

(5)　勤務中に許可なく業務を中断し、又はみだりに職場を離れないこと

(6)　酒気を帯びて就業したり、勤務中に飲酒、飲食等をしないこと

(7)　職務に関連して自己の利益を図り、又は他より不当に金品を借用し、若しくは贈与を受ける等不正な行為を行わないこと

(8)　業務上秘密とされた事項、及び会社の不利益となる事項を他に漏らさないこと

(9)　許可なく日常携帯品以外の品物を持ち込み、又は会社の施設、資材、製品、商品、機械器具等を他人に貸与したり、持ち出したりしないこと

(10)　業務に関し不正不当に金品その他を授受しないこと

(11)　パソコン及び業務用携帯電話を悪用し、又は私事に使用しないこと。なお、会社は必要と認める場合には、従業員に貸与したパソコン等に蓄積されたデータ等を閲覧・監視することができる

(12)　会社所定の届出や手続きを怠らないこと

(13)　会社の名誉や信用を損なう行為をしないこと

(14)　会社内で演説、集会又は印刷物の配布、掲示その他これに類する行為をする場合には、事前に会社の許可を受けること

⒂　喫煙に関するルールを遵守し、定められた場所以外での喫煙は行わないこと

⒃　前各号のほか、これに準ずる従業員としてふさわしくない行為をしないこと

（副業・兼業）

第11条　所定労働時間外に、他の会社等の業務に従事することを希望する場合には、事前に所定の届け出を行い会社の許可を得なければならない。

２．会社は、次の各号のいずれかに該当する場合には、これを禁止又は制限することができる。

⑴　働きすぎにより労務提供上の支障がある場合

⑵　企業秘密が漏洩するおそれがある場合

⑶　会社の名誉や信用を損なう行為や、信頼関係を破壊する行為がある場合

⑷　競業により、会社の利益を害する場合

（ハラスメントの禁止と相談窓口）

第12条　従業員は、職場において性的な言動によって他の従業員に不利益を与えたり、就業環境を害してはならない（セクシュアルハラスメントの禁止）。

２．従業員は、職責などのパワーを背景にして、暴行、脅迫、いじめ・嫌がらせ等、他の従業員の人格や尊厳を侵害する行為を行ってはならない（パワーハラスメントの禁止）。

３．従業員は、妊娠・出産等に関する言動及び妊娠・出産・育児・介護等に関する制度又は措置の利用に関する言動により、他の従業員の就業環境を害する行為を行ってはならない。

４．前三項に規定するもののほか、性的指向・性自認に関する言動によるものなど職場におけるあらゆるハラスメント行為により、他の従業員の就業環境を害する行為を行ってはならない。

５．会社は、あらゆるハラスメント行為に関する被害の相談に対応するため、○○課に相談窓口を設置する。会社は、従業員がハラスメントに関し相談をしたこと、又は当該相談への対応に協力した際に事実を述べたことを理由として当該従業員に不利益な取扱いをすることはない。

（個人情報管理）

第13条　従業員は、取引先、顧客その他の関係者及び会社の役員、従業員等の個人情報を正当な理由なく開示し、利用目的を逸脱して取り扱い、又は漏えいしては

ならない。在職中はもとより、退職後においても同様とする。

第4章　　勤　務

第1節　勤務時間、休憩、休日

（勤務時間及び休憩）

第14条　1日の所定労働時間は、実働8時間とし、始業、終業の時刻及び休憩時間
は次のとおりとする。

　　　　始　業　　午前9時00分

　　　　終　業　　午後6時00分

　　　　休　憩　　午後0時00分〜午後1時00分

2．始業時刻とは、所定の就業場所で業務を開始する時刻をいい、終業時刻とは実
業務の終了する時刻をいう。

3．第1項の始業、終業及び休憩の時刻は、必要に応じ、これを変更することがある。

（1カ月単位の変形労働時間制）

第○条　前条にかかわらず1カ月単位の変形労働時間制を適用する従業員の所定労
働時間は、各月1日を起算日とする1カ月を平均し、1週間当たり40時間以内と
する。

（交替制勤務の勤務時間及び休憩時刻）

第○条　業務上その他必要がある場合には、交替制により勤務させることがある。
この場合の始業、終業及び休憩時間は、次のとおりとする。

区　分	始　業	終　業	休憩時間
早番勤務	時　　分	時　　分	時　　分より 時　　分まで
通常勤務	時　　分	時　　分	時　　分より 時　　分まで
遅番勤務	時　　分	時　　分	時　　分より 時　　分まで

2．従業員ごとの始業、終業及び休憩時間は、会社が毎月○日までに勤務表を作成
し、各従業員に周知する。

（1年単位の変形労働時間制）

第○条　前条にかかわらず、労働基準法の定める労使協定を締結した場合は、所定労働時間は、1年以内の一定期間を平均し、1週当たり40時間を超えない範囲において、労使協定により定める時間とする。ただし、この場合の所定労働時間は、1日につき10時間、1週につき52時間を上限として次の始業・終業の範囲内で定めるものとする。

　　　始　業

　　　終　業

　　　休　憩

2.　前項の場合の休日は、第15条の休日の規定にかかわらず、1週1日以上の範囲内で労使協定により定める休日とする。

3.　変形期間の途中で採用された者及び退職する者については、実際の労働時間を平均して1週間当たり40時間を超えた部分について労働基準法第37条の規定による割増賃金を支払う。

（フレックスタイム制）

第○条　フレックスタイム制に関する協定を締結したときは、その対象者の始業・終業の時刻は当該従業員の自主的な決定に委ねるものとする。

2.　始業・終業の時刻を従業員の決定に委ねる時間帯（フレキシブルタイム）、並びに必ず勤務しなければならない時間帯（コアタイム）、休憩時間は次のとおりとする。

フレキシブルタイム	コアタイム（かっこ内は休憩時間）
始業時刻　午前8時から午前10時まで	午前10時から午後3時まで
終業時刻　午後3時から午後8時まで	（午後0時から午後1時まで）

3.　本条の対象者の範囲、清算期間、清算期間における総労働時間、標準となる1日の労働時間、その他の事項については労使協定で定めるものとする。

4.　会社は、いつでもフレックスタイム制の適用対象者について、フレックスタイム制の適用を解除し、通常の勤務時間による勤務を命ずることができる。

（休　日）

第15条　休日は、次のとおりとする。

　　(1)　日曜日及び土曜日

⑵　国民の祝日その他国が定めた休日

⑶　年末年始（12月○○日から翌年1月○○日まで）

⑷　夏季休暇（○日間）

⑸　その他会社が特に定めた日

（休日の振替）

第16条　業務上の都合によりやむを得ない場合は、あらかじめ振り替え日を指定して、当初休日とされた日に勤務させることがある。なお、この際は振り替え後の日を休日とし、従来の休日は通常の労働日とする。

（出退勤の記録）

第17条　従業員は、出退勤の際は、タイムカード等、所定の方法により出退勤の事実を明示しなければならない。

2．前項の記録は、他人に依頼したり又は依頼に応じてはならない。

（欠勤、遅刻、早退、私用外出）

第18条　病気、その他やむを得ない理由により欠勤又は遅刻、早退若しくは私用外出するときは事前に所定の手続きにより会社に届け出て承認を受けなければならない。ただし、遅刻、欠勤についてやむを得ない理由で事前に届け出ることができなかった場合は、事後すみやかに届け出て承認を得なければならない。

第2節　時間外、深夜及び休日勤務

（時間外、深夜、及び休日勤務）

第19条　会社は、業務の都合により、所定労働時間を超え、又は深夜又は所定休日に勤務させることがある。

2．法定の労働時間を超え、又は法定の休日に勤務させる場合は、事前に労使協定を締結し、これを所轄労働基準監督署長に届け出るものとする。

3．所定時間外及び休日の勤務は、所属長の指示に基づき行うことを原則とする。ただし、従業員が必要と判断した場合は、事前に会社又は所属長に申し出て、許可を受けて行うものとする。

4．前項にかかわらず、やむを得ない事情により事前の指示又は許可を受けることができないときは、事後速やかに届け出て承認を得なければならない。

5．満18歳未満の年少者には、原則として、時間外勤務、休日勤務及び深夜勤務を

命じない。

6．妊娠中又は産後1年を経過しない者が請求した場合は、時間外勤務、休日勤務及び深夜勤務を命じない。

7．3歳に満たない子を養育する従業員、小学校就学の始期に達するまでの子を養育する従業員、及び要介護状態にある家族を介護する従業員に関する所定時間外労働の免除、又は制限、並びに深夜業の制限については、育児・介護休業規程に定める。

第3節　休暇

（年次有給休暇）

第20条　勤続6カ月の者で、当該6カ月の所定労働日数の8割以上を勤務した者には、10日の年次有給休暇を与える。

2．勤続1年6カ月以上の者で、前1年間に所定労働日数の8割以上を勤務した者には、勤続年数に応じて次の日数の年次有給休暇を与える。

勤続年数	1年6カ月	2年6カ月	3年6カ月	4年6カ月	5年6カ月	6年6カ月
付与日数	11日	12日	14日	16日	18日	20日

3．年次有給休暇を取得する場合は、原則として休暇日の2日前までに申し出なければならない。ただし、会社は、事業の正常な運営に支障があるときは、他の日に変更させることがある。

4．前項の規定にかかわらず、労働基準法に定める労使協定を締結した場合、各従業員の有する年次有給休暇のうち5日を超える部分について、あらかじめ時季を指定して計画的に付与することがある。

5．会社は年次有給休暇が10日以上与えられた者に対して、付与日から1年以内に、当該従業員の有する年次有給休暇のうち5日について、従業員の意見を聴取し、その意見を尊重した上で、あらかじめ時季を指定して取得させる。ただし、従業員が第3項又は第4項の規定による年次有給休暇を取得した場合においては、当該取得した日数分を5日から控除するものとする。

6．当該年度に新たに付与した年次有給休暇の残余は、翌年度に限り繰り越される。

7．第1項及び第2項にかかわる出勤率の算定にあたっては、年次有給休暇を取得

した期間、産前・産後の休暇期間、育児・介護休業法に基づく育児休業・介護休業期間及び業務上の傷病による休業期間は出勤したものとして取り扱う。

8．年次有給休暇を取得した期間については、通常の賃金を支払う。

（公民権行使の時間）

第21条　勤務時間中に選挙その他公民としての権利を行使するため、また、裁判員その他公の職務に就くため、あらかじめ申し出た場合は、それに必要な時間を与える。ただし、業務の都合により、時刻を変更する場合がある。

2．前項の時間又は日は、原則として無給とするが、会社が認めるときは有給とすることができる。

（産前・産後の休暇）

第22条　出産する女性が請求したときは、産前6週間（多胎妊娠の場合は14週間）の産前休暇を与える。

2．出産した女性には、本人の請求の有無にかかわらず、出産後8週間の産後休暇を与える。ただし、産後6週間を経過した女性が請求した場合で、かつ医師が支障がないと認めた業務については就労を認めることがある。

3．産前・産後の休暇中は無給とする。

（生理休暇）

第23条　生理日の就業が著しく困難な女性が休暇を請求したときには、1日又は半日若しくは請求があった時間における就労を免除する。

2．生理休暇中は無給とする。

（育児時間）

第24条　生後満1歳に達しない子を養育する女性従業員があらかじめ申し出たときは、所定の休憩時間のほか、1日につき2回、各々30分を限度として育児時間を与える。

2．育児時間は無給とする。

（育児休業及び子の看護休暇）

第25条　子を養育する従業員に与える育児休業並びに子の看護休暇に関する具体的事項は、育児・介護休業規程に定める。

（介護休業及び介護休暇）

第26条　要介護状態にある家族を介護する従業員に与える介護休業並びに介護休暇に関する具体的事項は、育児・介護休業規程に定める。

（母性健康管理のための休暇等）

第27条　妊娠中又は産後1年を経過しない女性従業員から、所定労働時間内に、母子保健法に基づく保健指導又は健康診査を受けるために、通院休暇の請求があったときは、法定の休暇を与える。

2．妊娠中又は産後1年を経過しない女性従業員から、男女雇用機会均等法に基づく医師等の指導に基づく労働時間等に関する措置についての申し出があったときは、所定の措置を講ずることとする。

3．第1項及び第2項の休暇中は無給とする。

（特別休暇）

第28条　特別休暇は、次の各号のいずれかに該当し、本人の請求があった場合に、当該事由の発生した日から起算して、それぞれの日数を限度として与える。この場合、それぞれの日数は継続した日数とし、休日は算入しない。

　　(1)　本人が結婚するとき（ただし、結婚式又は入籍日から起算して6カ月以内に取得するものとする）　　5日

　　(2)　子が結婚するとき　　　　2日

　　(3)　妻が出産するとき　　　　2日

　　(4)　親族が死亡したとき

　　　　父母、配偶者、又は子のとき　　　　　　　　5日

　　　　祖父母、兄弟姉妹、又は配偶者の父母のとき　2日

2．特別休暇期間中は通常の賃金を支払う。

第4節　人事異動及び出張

（配置転換及び出向）

第29条　会社は、業務上必要がある場合は、従業員の就業する場所又は従事する職務の変更を命ずることがある。

2．会社は、業務上必要がある場合は、従業員を在籍のまま他の会社へ出向させることがある。

（出　張）

第30条　会社は、業務上必要があるときは、従業員に対し国内又は国外への出張を命ずることがある。

2．出張中は、所定労働時間を勤務したものとみなす。ただし、会社が別段の指示をした場合はこの限りではない。

3．従業員の出張旅費及び転勤旅費については、別に定める旅費規程による。

第5節　教育

（教　育）

第31条　会社は、従業員が職務を遂行するために必要な知識、技能等の向上を目的として教育を行う。

2．従業員は、会社が行う教育を受講しなければならず、正当な理由がある場合を除き、これを拒むことができない。

3．上記の教育は、原則として勤務時間内に実施する。教育が所定労働時間を超えるときは、時間外勤務とし、会社の休日に行われるときは、あらかじめ他の勤務日と振り替える。

第5章　　休職・復職

（休職の種類）

第32条　従業員（試用期間中の者を除く）が、次の各号のいずれかに該当すると認められるときは、会社は休職を命ずる。

(1) 業務外の傷病により欠勤が、継続、断続を問わず日常業務に支障をきたす程度に続く（原則として1カ月とする。）とき

(2) 精神又は身体上の疾患により労務提供が不完全なとき

(3) 業務命令により他社に出向になったとき

(4) その他前各号に準ずる特別の事情があって休職させることが適当と認められるとき

（休職期間）

第33条　前条の休職期間は次のとおりとする。ただし、復職の可能性が少ないものと会社が判断した場合は、裁量により、その休職を認めず、又はその期間を短縮することがある。

   (1)　前条第1号及び第2号のとき

     勤続　　5年未満　　　　3カ月

     勤続　　10年未満　　　6カ月

     勤続　　10年以上　　　1年

   (2)　前条第3号及び第4号のとき　必要と認められる期間

2．同一又は類似の事由による休職の中断期間が6カ月未満の場合は前後の休職した期間を通算し、連続しているものとみなす。この場合、通算後の休職期間は、復職前の休職期間の残存期間とし、残存期間が30日未満のときは30日とする。

3．休職期間は、原則として、勤続年数に通算しない。ただし、会社の業務の都合による場合及び会社が特別な事情を認めた場合はこの限りでない。

4．休職期間中は無給とする。

（復　職）

第34条　休職の事由が消滅した場合は、旧職務に復職させる。ただし、やむを得ない事情のある場合は、旧職務と異なる職務に配置することがある。

2．休職期間満了時に復職できないときは、自然退職とする。

（指定医師の診察）

第35条　頻繁な欠勤、遅刻、早退等により、従業員の健康状態に問題があると認められる場合、又は傷病休職者の復職の際に必要があると認められる場合、会社は当該従業員に対し、産業医又は会社が指定する医師の診察を受けることを命ずることができる。

第6章　　賃金・退職金

（賃　金）

第36条　従業員の賃金に関する具体的事項は、賃金規程に定める。

（退職金）

第37条　従業員の退職金に関する具体的事項は、退職金規程に定める。

第7章　　定年、退職及び解雇

第1節　定年、退職

（退職基準）

第38条　従業員が、次の各号のいずれかに該当するときは退職とする。

(1) 定年に達したとき

(2) 退職を願い出て、会社がこれを承認したとき

(3) 死亡したとき

(4) 休職期間が満了しても復職できないとき

(5) 会社役員に就任したとき

(6) 行方不明になって30日が経過し、解雇手続きをとらないとき

（定　年）

第39条　従業員の定年は満60歳とし、満60歳に達した日の属する賃金計算期間の末日をもって退職とする。

（定年後の再雇用制度）

第40条　定年退職した者が希望した場合には、5年を上限として嘱託社員として再雇用する。

2．嘱託社員として継続雇用されることを希望する者は、定年に達する6カ月前までに、会社に申し出なければならない。

3．継続雇用後の労働条件は、別に定める継続雇用規程及び嘱託雇用契約書に定める。

4．第1項の規定にかかわらず、従業員が希望する場合であっても、第42条（解雇）に規定する「解雇事由」に該当する者については、定年をもって退職とし継続雇用は行わない。

（自己都合による退職手続）

第41条　従業員が自己の都合により退職しようとするときは、原則として1カ月前（遅くとも2週間前）までに会社に退職願を提出し、会社の承認を受けなければならない。

2．退職願を提出した者は、会社の承認があるまで従前の業務に服さなければならず、また退職までの間に必要な業務の引継ぎを完了しなければならない。

第2節　解雇

（解　雇）

第42条　従業員が、次の各号のいずれかに該当するときは解雇する。

　(1)　能力不足又は勤務成績不良で就業に適さないと認められるとき

　(2)　精神又は心身の障害、若しくは虚弱、疾病等によって業務に耐えられない
　　　と認められるとき

　(3)　勤務態度が不良で従業員として不適格なとき

　(4)　協調性を欠き、他の従業員の業務遂行に悪影響を及ぼすとき

　(5)　事業の縮小その他やむを得ない事由により雇用を維持することができなく
　　　なったとき

　(6)　その他、前各号に準ずるやむを得ない事由があるとき

（解雇の予告）

第43条　前条の定めにより従業員を解雇する場合は、30日前に予告し、又は平均賃
　　金の30日分に相当する解雇予告手当を支給する。ただし、天災事変その他やむを
　　得ない事由のために事業の継続が不可能となった場合又は従業員の責めに帰すべ
　　き事由に基づいて解雇する場合で、それぞれ所轄労働基準監督署長の認定を受け
　　たとき、又は試用期間14日以内の従業員を解雇する場合は、この限りではない。

２．前項の予告日数については、解雇予告手当を支払った日数だけ短縮することが
　　できる。

３．解雇制限その他の解雇に関する事項については、労働基準法等の定めるところ
　　による。

（退職及び解雇時の手続き）

第44条　従業員は退職、又は解雇された場合には、すみやかに会社から支給された
　　物品等を返還し、その他会社に対する債務を精算しなければならない。

２．退職、又は解雇された従業員が、労働基準法に基づく退職証明書又は解雇理由
　　証明書を請求したときは、会社は遅滞なくこれを交付するものとする。

第8章　　安全衛生・災害補償

（安全の確保・心得）

第45条　会社は、従業員の安全衛生の確保及び改善を図り、快適な職場の形成のための必要な措置を講ずる。

2．従業員は安全衛生に関する会社の行う措置に協力し、安全の確保及び健康の保持増進に努めなければならない。

（従業員の遵守事項）

第46条　従業員は、法令及び会社が定める安全・衛生に関する事項を守り、会社の指示に従い、労働災害の防止に努めなければならない。

　　(1)　常に職場を整理整頓し、特に火気の取り扱いに注意すること

　　(2)　災害防止の妨げとなる場所（通路、階段、非常口及び消火設備設置場所等）に、物品、器具等を放置し避難通行の妨げになるような行為をしないこと

　　(3)　消防具、救急品の装備場所並びにその使用方法等を習得しておくこと

　　(4)　ガス、電気、危険物、有害物質等の取扱いは、所定の方法に従い、特に慎重に行うこと

　　(5)　火災その他非常災害の発生を発見し、又はその危険があることを知った場合は、臨機の処置をとるとともに直ちにその旨を担当者その他居合わせた者に連絡し、その被害を最小限にとどめるよう努めること

　　(6)　前各号の他、安全、防災に関する管理者の指示に従うこと

（健康診断）

第47条　従業員に対しては、採用時及び毎年1回、健康診断を実施し、その結果を通知する。

2．前項に定める場合のほか、法令の定めるところに従い必要な健康診断を実施する。

3．健康診断の結果、特に必要があると認められる場合には、医師の意見を聴き、就業場所の変更、作業の転換、勤務時間の短縮、作業環境の測定、施設の整備等の措置を講ずることがある。

4．従業員は、自ら進んで健康の保持に努めるとともに、会社の指示に従わなければならない。

（就業の禁止）

第48条　次の各号のいずれかに該当する従業員は、その就業を禁止する。

(1)　病毒伝ぱのおそれのある伝染病の疾病にかかった者

(2)　心臓、腎臓、肺等の疾病で労働のため病勢が著しく増悪するおそれのあるものにかかった者

(3)　前各号に準ずる疾病で厚生労働大臣が定めるもの及び感染症法で定める疾病にかかった者

２．前項の規定にかかわらず、会社は、従業員の心身の状況が業務に適しないと判断した場合、その就業を禁止することがある。

３．第1項、第2項の就業の禁止の間は無給とする。

（災害補償）

第49条　従業員が業務上の事由又は通勤により負傷し、疾病にかかり、又は死亡した場合は、労働基準法及び労働者災害補償保険法に定めるところにより災害補償を行う。

第9章　　表彰・懲戒

（表　彰）

第50条　従業員が次の各号のいずれかに該当するときは選考の上これを表彰する。

(1)　勤務に誠実で他の模範と認められたとき

(2)　災害防止、災害救助等により特に功労があったとき

(3)　業務上有益な発明、改良があったとき

(4)　社会的に会社の名誉になるような行為があったとき

(5)　その他前各号に準ずると認められたとき

２．前項の表彰は、賞状、賞金又は賞品を授与する。

（懲戒の種類）

第51条　懲戒は、次の区分に従い行う。

(1)　けん　責……始末書をとり、将来を戒める。

(2)　減　　給……始末書をとり、賃金を減額する。ただし、1回につき平均賃金の1日分の半額、総額が一賃金支払期における賃金総額の10分の1を超え

ない範囲でこれを行う。

(3) 出勤停止……始末書をとり、10労働日以内の出勤を停止し、その期間中の賃金は支給しない。

(4) 諭旨退職……懲戒解雇相当の事由がある場合で、本人に反省が認められるときは退職願を提出するよう勧告し、従った場合には諭旨退職とする。

(5) 懲戒解雇……予告期間を設けることなく即時に解雇する。所轄労働基準監督署長の認定を受けたときは、解雇予告手当を支給しない。

(けん責、減給、出勤停止の事由)

第52条　従業員が次の各号のいずれかに該当するときは、情状により、けん責、減給、又は出勤停止に処する。

(1) 正当な理由なく無断欠勤が3日以上に及ぶとき

(2) 正当な理由なくしばしば欠勤、遅刻、早退するなど勤務を怠ったとき

(3) 過失により会社に損害を与えたとき

(4) 素行不良で会社内の秩序又は風紀を乱したとき

(5) 第3章（服務規律）の各規定に違反したとき

(6) その他前各号に準ずる不都合な行為があったとき

(諭旨退職、懲戒解雇の事由)

第53条　従業員が次の各号のいずれかに該当するときは、懲戒解雇若しくは諭旨退職に処する。ただし、情状により、前条の処分にとどめることがある。

(1) 無断欠勤が14日以上に及び、出勤の督促に応じない又は連絡が取れないとき

(2) 正当な理由なくしばしば業務上の指示又は命令に従わないとき

(3) 故意又は重大な過失により、会社に重大な損害を与えたとき

(4) 重要な経歴を偽り採用されたとき、及び重大な虚偽の届出等を行ったとき

(5) 重大な報告を疎かにした、又は虚偽報告を行った場合で、会社に損害を与えたとき又は会社の信用を害したとき

(6) 正当な理由なく配転・出向命令等の重要な職務命令に従わず、職場秩序を乱したとき

(7) 素行不良で、著しく会社内の秩序又は風紀を乱したとき（セクシュアルハラスメント、パワーハラスメントによるものを含む。）

(8) 会社内で暴行、脅迫、傷害、暴言又はこれに類する重大な行為をしたとき

(9)　会社及び会社の従業員、又は関係取引先を誹謗若しくは中傷し、又は虚偽の風説を流布若しくは宣伝し、会社業務に重大な支障を与えたとき

(10)　会社及び関係取引先の重大な秘密及びその他の情報を漏らし、あるいは漏らそうとしたとき

(11)　再三の注意及び指導にもかかわらず、職務に対する熱意又は誠意がなく、怠慢で業務に支障が及ぶと認められるとき

(12)　職務の怠慢又は不注意のため、重大な災害、傷病又はその他事故を発生させたとき

(13)　職務権限を越えて重要な契約を行い、又は会社に損害を与えたとき

(14)　刑罰法規の適用を受け、又は刑罰法規の適用を受けることが明らかとなり、会社の信用を害したとき

(15)　会計、経理、決算、契約にかかわる不正行為又は不正と認められる行為等、金銭、会計、契約等の管理上ふさわしくない行為を行い、会社に損害を与え、その信用を害したとき

(16)　前条の懲戒を受けたにもかかわらず、あるいは再三の注意、指導にもかかわらず改悛又は改善の見込みがないとき

(17)　第3章（服務規律）の各規定に違反する重大な行為があったとき

(18)　その他前各号に準ずる重大な行為があったとき

（就業の拒否）

第54条　会社は、懲戒に該当する行為のあった従業員に対して、懲戒処分が決定されるまでの間、就業を拒否することがある。

（損害賠償）

第55条　従業員が、故意又は重大な過失によって会社に損害を与えたときは、その全部又は一部を賠償させることがある。

2．前項の損害賠償は、懲戒を受けたことを理由として免れることはできない。

付　　則

1．この規則は、令和○○年○○月○○日より適用する。

改訂　令和○○年○○月○○日

2．付属規程
　　・賃金規程
　　・退職金規程
　　・パートタイマー就業規則
　　・継続雇用規程
　　・育児・介護休業規程
　　・旅費規程

2．賃金規程

第1章　　総　則

（目　的）

第1条　この規定は、就業規則の定めるところにより、○○○株式会社（以下「会社」
という）の正規の従業員の賃金に関する基準及び手続きを定めるものである。

（適用範囲）

第2条　この規定は、就業規則に定める正規の従業員に適用する。ただし、労働基
準法第41条に規定する監督若しくは管理の地位にある者は、第9条第1項に規定
する賃金の減額、第16条に規定する時間外勤務手当及び休日勤務手当の支給につ
いては適用しない。

（賃金の体系）

第3条　賃金の構成は次のとおりとする。

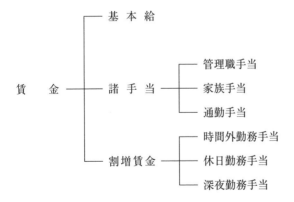

（賃金の支払及び控除）

第4条　賃金は、これを全額通貨で直接従業員に支給する。ただし、次の各号に掲
げるものは賃金から控除する。

　(1)　社会保険料など法令で定められた保険料

　(2)　会社の支給する賃金にかかる所得税及び地方税

⑶　従業員の過半数を代表する者との協定により定めたもの

２．前項の規定にかかわらず、本人の同意を得た場合、本人が指定する銀行その他
　の金融機関の本人名義の口座に振り込むことができる。

（賃金の計算期間及び支給日）

第5条　賃金は、前月21日から当月20日までを一賃金計算期間とし、当月20日をもっ
　て締切る。

２．賃金は、毎月末日に支給する。ただし、支給の日が休日にあたるときは、その
　前日に繰上げて支給する。

（日割・時間割計算法）

第6条　従業員が賃金計算期間の中途において、採用、退職又は解雇されたとき、
　若しくは昇給、昇格などにより賃金の額に変更があったときは特に定めるものの
　ほか、日割又は時間割計算により支給する。

２．日割計算とは、一賃金計算期間の労働日数を $\dfrac{年間所定労働日数}{12}$ とした日割
　りによる計算をいう。

３．時間割計算とは、一賃金計算期間の労働時間数を $\dfrac{年間所定労働時間}{12}$ とした
　時間割りによる計算をいう。

（端数処理）

第7条　時間外勤務、休日勤務等の勤務時間を算出する場合、一賃金計算期間につ
　いてそれぞれ合計した勤務時間に１時間未満の端数が生じたときは、30分未満は
　これを切り捨て、30分以上はこれを１時間に切り上げて計算する。

２．日割計算、時間割計算、時間外勤務手当等の額の算出にあたり、円位未満の端
　数が生じたときは、その端数を切り上げて計算する。

（時間外勤務手当等の算定基礎額）

第8条　勤務１時間当たりの時間外勤務手当等の算定基礎額は管理職手当、家族手
　当、通勤手当を除いた一賃金計算期間に支給される賃金の合計額を、１カ月の平
　均所定労働時間で除した額とする。

（賃金の減額）

第9条　従業員が欠勤（遅刻、早退、私用外出を含む）したときは、その欠勤につ
　き日割又は時間割計算により算出した基本給の額を減額して賃金を支給する。

2．前項の規定にかかわらず、賃金計算期間のすべてにわたって欠勤した場合には、いかなる賃金も支給しない。

（休暇等の賃金）

第10条 就業規則に定める年次有給休暇及び特別休暇の期間は、所定労働時間労働したときに支払われる通常の賃金を支給する。

2．次の休暇及び休業期間等は無給とする。ただし、会社が必要と認めるときは、賃金の全部又は一部を支給することがある。

    (1) 産前・産後の休暇

    (2) 生理休暇

    (3) 育児時間

    (4) 育児休業・介護休業及び子の看護休暇・介護休暇

    (5) 母性健康管理のための休暇等

    (6) 休職期間

3．会社の責めに帰すべき事由により休業したときは、休業手当を支給する。休業手当の額は、1日につき平均賃金の6割とする。

第2章　　賃　金

第1節　基本給

（基本給）

第11条 従業員の基本給は、次の点等を考慮して各人別に定める。

    (1) 職務の重要度・困難度

    (2) 年齢・経験・能力

    (3) 勤務成績・勤務態度

（賃金の改定）

第12条 賃金の改定（昇給・降給）は、毎年4月に、会社の業績及び従業員の勤務成績等を勘案して各人毎に決定する。

2．前項のほか、特別に必要があるときは、臨時に賃金の改定を行うことがある。

第2節　手当

（管理職手当）

第13条　管理職手当は、部長、課長等の管理監督の地位にある従業員又はこれに準ずる業務に従事する者に対して支給する。

2．管理職手当の額は、別に定める。

3．管理職手当の支給を受ける者には、時間外勤務手当、休日勤務手当は支給しない。

（家族手当）

第14条　家族手当は、扶養家族のある従業員に支給する。

2．扶養家族とは、次に掲げる者のうち、主として従業員の扶養を受けていると会社が認める者をいう。

　　(1)　配偶者

　　(2)　満18歳未満の子（高校在学中の場合は卒業まで）

　　　　ただし、第3子までとする

3．家族手当の額は、別に定める。（別表）

（通勤手当）

第15条　通勤手当は、通勤のために常に交通機関を利用する従業員に対し、月額○○○○円の限度内において、その要する実費を支給する。

第3節　割増賃金

（割増賃金）

第16条　所定労働時間を超えて又は休日に勤務した場合には時間外勤務手当又は休日勤務手当を、深夜（午後10時から午前5時まで）に勤務した場合には、深夜勤務手当を支給する。

2．割増賃金を計算する際の時給単価は以下とする。

　　　時間外勤務手当（所定労働時間を超えて勤務した場合）

　　　　算定基礎額の125％

　　　休日勤務手当（法定休日に勤務した場合）

　　　　算定基礎額の135％

　　　深夜勤務手当（午後10時から午前5時までの間に勤務した場合）

算定基礎額の25％

3．時間外又は休日勤務が深夜に及んだ場合は、前項の時間外又は休日勤務手当の額に深夜勤務手当の額を加算する。

4．第2項にかかわらず、1カ月の時間外労働及び法定外休日労働のうち、法定時間外労働となる時間数の合計が60時間を超える部分については算定基礎額の150％を支給する。

（注）中小企業は2023年4月1日から適用する

第3章　　賞　与

（賞　与）

第17条　賞与は会社の業績、従業員の勤務成績等に基づいて毎年原則として夏季（6月）及び冬季（12月）に支給するものとする。ただし、会社の業績状況等により支給日を変更し、又は支給しない場合がある。

2．賞与支給にあたっての算定対象期間は、次のとおりとする。

夏　季　　下期決算期（前年10月1日から当年3月31日まで）

冬　季　　上期決算期（当年4月1日から当年9月30日まで）

3．賞与の支給対象者は、賞与支給日に在籍する者とする。

付　　則

1．この規程は、令和○○年○○月○○日より適用する。

改訂　令和○○年○○月○○日

別表　家族手当

配　偶　者	月額　10,000円
18歳未満の子	月額　　6,000円

3．退職金規程

（目　的）

第1条　この規程は、就業規則の定めるところにより、○○○株式会社（以下「会社」という）の正規の従業員の退職金の支給に関する事項を定めるものである。

（適用範囲）

第2条　この規定は、就業規則に定める正規の従業員に適用する。嘱託、パートタイマー等の非正規従業員には適用しない。

（受給資格）

第3条　この規程による退職金は勤続年数満3年以上の従業員が退職した場合に、その者に支給する。

2．従業員が死亡した場合の退職金は、労働基準法施行規則第42条から第45条の定めるところにより支払う。

（退職金の構成）

第4条　退職金の構成は以下の各号のとおりとする。

　　⑴　基本退職金

　　⑵　定年功労加算金

　　⑶　特別功労加算金

（基本退職金）

第5条　基本退職金の支給は、会社が各従業員について独立行政法人勤労者退職金共済機構・中小企業退職金共済事業本部（以下「中退共」という）との間に、退職金共済契約を締結することによって行うものとする。

2．退職金共済契約の掛金月額は従業員毎に各人の等級に応じて、別表のとおりとする。

3．新規に雇い入れた従業員については雇入れより2年を経過した月の翌月に、中退共と退職金共済契約を締結する。

4．原則として就業規則に定める休職期間中は、掛金の支払いを行わない。

5．基本退職金の支給額は、その掛金月額と掛金納付月数に応じ、中小企業退職金共済法に定められた額とする。

（定年功労加算金）

第6条　定年により退職する際には、定年功労加算金を支給する。なお、その支給

額は前条で定める基本退職金に○○％を乗じて得た金額とする。

（特別功労加算金）

第7条　在職中の勤務成績が特に優秀で、会社の業績に功労顕著であったと会社が認めた従業員に対し、特別功労加算金を支給することがある。

（退職金の受給）

第8条　基本退職金は、従業員（従業員が死亡したときは、その遺族）に交付する退職金共済手帳により、中退共から支給を受けるものとする。

2．従業員が退職又は死亡したときは、やむを得ない理由がある場合を除き、本人又は遺族が遅滞なく退職金を請求できるよう、速やかに退職金共済手帳を本人又は遺族に交付する。

3．定年功労加算金又は特別功労加算金は、退職の日から原則として1ヵ月以内に本人若しくは遺族に支給する。

（退職金の減額）

第9条　退職金は懲戒処分があった場合には不支給又は減額をすることがある。この場合、中退共から支給される退職金について、会社はその減額を申し出ることがある。

（規程の改廃）

第10条　この規程は、会社の経営状況及び社会情勢の変化等により必要と認めたときは、支給条件・支給水準等を見直すことがある。

付　　則

1．この規程は、令和○○年○○月○○日より適用する。

　　　改訂　　令和○○年○○月○○日

別表

等　　級	掛金月額
Ⅰ	5,000円
Ⅱ	7,000円
Ⅲ	10,000円
Ⅳ	14,000円
Ⅴ	20,000円

4．就業規則（パートタイマー用）

第1章　　総　　則

（目　的）

第1条　この就業規則（以下「規則」という）は、○○○株式会社（以下「会社」
という）のパートタイマーの服務及び就業条件に関する事項を定めるものである。

2．この規則に定めのない事項については、労働基準法その他の関係法令等の定め
るところによる。

（パートタイマーの定義）

第2条　この規則におけるパートタイマーとは、雇用期間を定めた労働契約を締結
して雇い入れた者（第34条の定めにより無期労働契約に転換した者を含む）で、
原則として1日若しくは1週間又は1カ月の勤務時間が正規従業員よりも短い者
をいう。

（規則遵守の義務）

第3条　会社及びパートタイマーは、この規則を守り、誠実にその義務を履行し、
相互に協力して社業の発展に努めなければならない。

第2章　　採用及び服務

（パートタイマーの採用）

第4条　会社は、入社を希望する者の中から、業務上の必要にもとづいて、適任者
をパートタイマーとして採用する。

（雇用期間）

第5条　パートタイマーの雇用期間は1年を上限として個別の労働契約によって定
める。

2．本条の雇用契約は、契約期間満了をもって終了する。ただし、所要の基準を満
たした場合には、雇用契約を継続更新することができる。

（提出書類）

第6条　会社に採用された者は次の書類を提出しなければならない。

　（1）　住民票記載事項証明書

　（2）　その他会社が必要と認める書類

（労働条件の明示）

第7条　会社は、パートタイマーとの労働契約の締結に際しては、雇用契約書の交付およびこの就業規則を周知させることにより労働条件を明示するものとする。

（服務規律）

第8条　就業規則（正規従業員用）第3章（服務規律）の各規定をパートタイマーに準用する。

第3章　　勤　務

（勤務時間及び休憩）

第9条　始業、終業及び休憩時間は、正規従業員の正規の勤務時間の定めによる。ただし、正規の勤務時間によりがたいときは、個別の労働契約による。

２．前項の始業、終業及び休憩の時刻は、必要に応じ、これを変更することがある。

（出退勤の記録）

第10条　パートタイマーは、タイムカード等、所定の方法により出退勤の事実を明示しなければならない。

（欠勤、遅刻、早退、私用外出）

第11条　病気、その他やむを得ない理由により欠勤又は遅刻、早退若しくは私用外出するときは事前に又は事後速やかに所定の手続きにより会社に届け出て承認を受けなければならない。

第4章　　休日及び休暇

（休　日）

第12条　休日は、正規従業員の正規の休日の定めによる。ただし、正規の休日の規定によりがたいときは、個別の労働契約により休日又は出勤日を指定する。

２．前項の休日は、業務の都合によりやむを得ない場合には、予告のうえ他の日に変更することがある。

（時間外、及び休日勤務）

第13条　パートタイマーは原則として、所定労働時間を超え、又は所定休日に勤務させることはない。ただし、業務の都合によりやむを得ない場合は、所定労働時間外に勤務をさせることがある。この場合には、原則として本人の同意を得るものとする。

２．前項の所定労働時間を超える勤務が、法定の労働時間を超え、又は法定の休日に勤務させる場合は、事前に労使協定を締結し、これを所轄労働基準監督署長に届け出るものとする。

（年次有給休暇）

第14条　勤続６カ月以上で、かつ年次有給休暇算定期間の勤務日数が所定日数の８割以上の者には、年次有給休暇を与える。

２．年次有給休暇の日数は、次のとおりとする。

週所定労働日数 （又は時間）	週30時間 以上	5日以上	4日	3日	2日	1日
年所定労働日数		217日 以上	169〜 216日	121〜 168日	73〜 120日	48〜 72日
勤続年数　6カ月	10日	10日	7日	5日	3日	1日
1年6カ月	11日	11日	8日	6日	4日	2日
2年6カ月	12日	12日	9日	6日	4日	2日
3年6カ月	14日	14日	10日	8日	5日	2日
4年6カ月	16日	16日	12日	9日	6日	3日
5年6カ月	18日	18日	13日	10日	6日	3日
6年6カ月以上	20日	20日	15日	11日	7日	3日

３．年次有給休暇を取得する場合は、原則として前日までに申し出なければならない。請求の日に休暇を与えることが、事業の正常な運営に支障のある場合は、他の日に変更させることがある。

４．前項の規定にかかわらず、労働基準法に定める労使協定を締結した場合、各パートタイマーの有する年次有給休暇のうち５日を超える部分について、あらかじめ時季を指定して計画的に付与することがある。

5．会社は年次有給休暇が10日以上与えられたパートタイマーに対して、付与日から1年以内に、当該パートタイマーの有する年次有給休暇のうち5日について、本人の意見を聴取し、その意見を尊重した上で、あらかじめ時季を指定して取得させる。ただし、当該パートタイマーが第3項又は第4項の規定による年次有給休暇を取得した場合においては、当該取得した日数分を5日から控除するものとする。

6．当該年度に新たに付与した年次有給休暇の残余は、翌年度に限り繰り越される。

7．年次有給休暇を取得した期間については、通常の賃金を支払う。

（育児時間、産前・産後休暇、生理休暇及び公民権行使の時間）

第15条　育児時間、産前・産後休暇、生理休暇及び公民権行使の時間は、正規従業員用の就業規則の規定をパートタイマーに準用する。

（育児休業及び子の看護休暇）

第16条　子を養育するパートタイマーに与える育児休業並びに子の看護休暇に関する具体的事項は、育児・介護休業規程に定める。

（介護休業・介護休暇）

第17条　要介護状態にある家族を介護するパートタイマーに与える介護休業並びに介護休暇に関する具体的事項は、育児・介護休業規程に定める。

第5章　　賃　　金

（賃金の決定）

第18条　パートタイマーの賃金は、個別の労働契約によるものとする。

（手　当）

第19条　パートタイマーには通勤手当、及び時間外勤務手当等の法定手当を支給し、その他の手当は原則として支給しない。

（通勤手当）

第20条　通勤手当は、交通機関を利用して通勤する者に対して、所定の限度額の範囲内で、その実費を支給する。

（賞　与）

第21条　賞与は会社の業績および本人の勤務成績等を考慮して毎年6月および12月

に支給するものとする。ただし、会社の業績状況等により支給日を変更し、又は支給しない場合がある。

（退職金）

第22条　退職金は勤続年数が3年以上のパートタイマーが退職した場合に支給する。

（賃金の支払及び控除）

第23条　賃金は、これを全額通貨で支給する。ただし、次の各号に掲げるものは賃金から控除する。

　　(1)　社会保険料など法令で定められた保険料

　　(2)　会社の支給する賃金にかかる所得税及び地方税

　　(3)　従業員の過半数を代表する者との協定により定めたもの

2．前項の規定にかかわらず、本人の同意を得た場合には、本人が指定する銀行その他の金融機関の本人名義の口座に振り込むことができる。

（賃金の計算期間及び支給日）

第24条　賃金は前月の21日から、当月の20日までを一賃金計算期間として、同月末日に支給する。

2．支給の日が休日にあたるときは、その前日に繰り上げて支給する。

第6章　　退職及び解雇

（退　職）

第25条　パートタイマーが、次の各号のいずれかに該当するときは退職とする。

　　(1)　退職を願い出て、会社がこれを承認したとき

　　(2)　死亡したとき

　　(3)　契約期間が満了し更新しないとき。なお、契約更新しない場合は30日前までに予告する

（自己都合による退職手続）

第26条　パートタイマーが自己の都合により退職しようとするときは、遅くとも2週間前までに退職願を提出し、会社の承認を受けなければならない。

（解　雇）

第27条　パートタイマーが、次の各号のいずれかに該当するときは解雇する。

(1)　1カ月を通じ5日以上無断欠勤し、情状が認められないとき

(2)　監督者の指示に従わず、職場秩序を乱したり、不都合な行為があったとき

(3)　勤務が怠慢で技能や労働意欲が著しく劣るとき

(4)　精神又は身体の障害により業務に耐えられないとき

(5)　懲戒解雇事由に該当する行為があったとき

(6)　その他前各号に準ずる事由があるとき

2．前項(5)の「懲戒解雇事由」とは次の場合をいう。

(1)　故意又は過失により業務上重大な失態があったとき

(2)　重要な経歴を偽り、その他不正な方法を用いて採用されたとき

(3)　職場内又はこれに準ずる場所で暴行、脅迫、傷害その他これに類する行為があったとき

(4)　業務に関し不正、不当に金品その他を授受したとき、又は窃取したとき

(5)　会社の信用、体面を傷つけるような行為（セクシュアルハラスメント・パワーハラスメントを含む）があったとき

(6)　第8条（服務規律）に違反する重大な行為があったとき

(7)　その他前各号に準ずる不都合な行為があったとき

3．第1項の定めによりパートタイマーを解雇する場合は、30日前に予告し、又は予告に代わる手当を支払う。

第7章　　安全衛生、災害補償、その他

（パートタイマーの遵守事項）

第28条　パートタイマーは、法令及び会社が定める安全・衛生に関する事項を守り、会社の指示に従い、労働災害の防止に努めなければならない。

（健康診断）

第29条　会社は、法令の定めるところにより、パートタイマーに対し健康診断を実施し、その結果を通知する。会社の行う健康診断を命じられた者は、これを受診しなければならない。

（災害補償）

第30条　パートタイマーが業務上の事由又は通勤により負傷し、疾病にかかり、又

は死亡した場合は、労働基準法及び労働者災害補償保険法に定めるところにより災害補償を行う。

（社会保険）

第31条　会社は、パートタイマーについて、社会保険（雇用保険、健康保険、及び厚生年金保険）の加入に必要な基準に達したときは、遅滞なく加入の手続きをとる。パートタイマーは、これを拒否することはできない。

（相談窓口）

第32条　会社は、パートタイマーの雇用管理の改善等に関する事項について相談に応じ、適切に対応するための相談窓口を設置する。

第8章　　転換制度

（正規従業員への転換）

第33条　会社は、勤続3年以上のパートタイマーが希望した場合、以下に適合する者を正規従業員に転換する。転換後の労働条件は正規従業員就業規則によるものとする。

(1)　勤務時間について正規従業員と同様の勤務が可能であること

(2)　過去3年間の勤務成績が優良で所属長の推薦があること

(3)　所定の面接試験に合格すること

（無期労働契約への転換）

第34条　通算雇用契約期間が5年を超えるパートタイマーであって、引き続き雇用を希望するものは、期間の定めのない労働契約へ転換することの申込みをすることができる。

2．前項の申込みをしたときは、現に締結している労働契約が満了する日の翌日から期間の定めのない労働契約に転換する。無期転換後の労働条件は現に締結している労働条件と同一とする。ただし、休職、定年については、次項以降の定めるとおりとする。

3．無期転換後のパートタイマーが正規従業員就業規則第32条（休職の種類）のいずれかに該当すると認められるときは、休職とする。休職にあたっては正規従業員就業規則第33条から第35条までの各規定を準用する。休職期間の算定に当たっ

　ての勤続年数の起算点は、無期転換時点とする。

4．無期転換後のパートタイマーの定年は満65歳とし、満65歳に達した日の属する
　　賃金計算期間の末日をもって退職とする。

付　　則

1．この規則は、令和○○年○○月○○日より適用する。
　　　改訂　令和○○年○○月○○日

５．継続雇用規程（嘱託社員用）

（目　的）

第１条　この規程は、○○○株式会社（以下「会社」という。）の定年退職後の継続雇用制度について定めるとともに、継続雇用される嘱託社員の労働条件等について定めるものである。

（定　義）

第２条　この規程で嘱託社員とは、会社と嘱託雇用契約を締結し、継続雇用される者をいう。

（嘱託雇用契約の手続）

第３条　定年年齢後に嘱託社員として継続して雇用されることを希望する者は、定年退職日の６カ月前までに、会社に申し出なければならない。

２．会社は、前項の従業員について継続雇用を認めるときは、当該従業員と定年退職日の翌日に、その者と嘱託雇用契約を締結する。

（契約期間）

第４条　嘱託雇用契約の期間は、原則として１年以内とし、協議の上対象者の年齢が満65歳に達するまで毎年更新する。

２．前項にかかわらず、技能及び能力を鑑み会社が必要と認めたときは、継続雇用期間を満70歳まで延長することがある。

３．嘱託雇用契約期間が５年を超え、当該嘱託社員が無期雇用契約への転換の申し込みをしたときは、現に締結している契約期間が満了する日の翌日から、無期雇用契約に転換するものとし、定年は満70歳に到達した日とする。

（勤務時間・休日）

第５条　勤務時間（始業、終業、及び休憩時間）及び休日は、正規従業員の正規の勤務時間及び休日の定めによる。ただし、正規従業員の規定によりがたいときは、嘱託社員本人の希望・能力・経験及び職場の要因状況等を総合的に勘案の上、嘱託雇用契約時に決定する。

（年次有給休暇）

第６条　年次有給休暇については正規従業員用の就業規則の規定を嘱託社員に適用

し、定年退職時の年次有給休暇の残日数を繰り越すとともに、継続勤務期間の通算を行う。

（休　職）

第7条　嘱託社員には休職は適用しない。ただし、特別の事情により会社が認めた場合は適用することがある。

（賃　金）

第8条　嘱託社員の賃金は、その職務内容や働き方の違いを考慮して嘱託雇用契約締結時に決定する。

（賞　与）

第9条　嘱託社員の賞与は、その職務内容や働き方の違いを考慮して嘱託雇用契約締結時に決定する。

（退職金）

第10条　嘱託社員には退職金は支給しない。ただし、契約期間中の勤務成績が特に優秀で、会社の業績に功労顕著であった者に対し、相応の慰労金を支給することがある。

（退職・解雇）

第11条　嘱託社員が、次の各号のいずれかに該当するときは退職又は解雇とする。

  (1)　退職を願い出て、会社がこれを承認したとき

  (2)　死亡したとき

  (3)　嘱託雇用契約期間が満了し、更新しないとき

  (4)　傷病その他により正常な就業が期待できず、雇用の継続が困難であると会社が判断したとき

  (5)　正規従業員用の就業規則の懲戒解雇の規定のいずれかに該当し、懲戒解雇となったとき

  (6)　その他雇用関係を継続しがたいやむを得ない事由のあるとき

（社会保険）

第12条　嘱託社員の就労条件が社会保険（雇用保険、健康保険、及び厚生年金保険）の加入要件に該当する限り継続して加入する。

（就業規則等の準用）

第13条　この規程及び嘱託雇用契約書に定めのない事項については、正規従業員用

の就業規則の規定を準用する。

付　則

1.　この規程は、令和○○年○○月○○日より適用する。
　　　改訂　令和○○年○○月○○日

6．育児・介護休業規程

第1章　　総　　則

（目　的）

第1条　この規程は、就業規則の定めるところにより、○○○株式会社（以下「会社」という）の従業員の育児休業・介護休業、子の看護休暇・介護休暇、育児・介護のための所定外労働・時間外労働・深夜業の制限及び育児・介護短時間勤務等に関する取扱いについて定めるものである。

（育児休業）

第2条　育児のために休業することを希望する従業員であって、1歳に満たない子と同居し、養育する者は、申出により、育児休業をすることができる。ただし、有期契約従業員にあっては、申出時点において、次のいずれにも該当する者に限り、育児休業をすることができる。

　⑴　入社1年以上であること

　⑵　子が1歳6か月（第5項の申出にあっては2歳）に達する日までに労働契約期間が満了し、更新されないことが明らかでないこと

2．第1項、3項、4項、5項にかかわらず、労使協定により除外された次の従業員からの休業の申出は拒むことができる。

　⑴　入社1年未満の従業員

　⑵　申出の日から1年以内（第4項及び第5項の申出をする場合は、6か月以内）に雇用関係が終了することが明らかな従業員

　⑶　1週間の所定労働日数が2日以下の従業員

3．配偶者が従業員と同じ日から又は従業員より先に育児休業をしている場合、従業員は、子が1歳2か月に達するまでの間で、出生日以後の産前・産後休業期間と育児休業期間との合計が1年を限度として、育児休業をすることができる。

4．次のいずれにも該当する従業員は、子が1歳6カ月に達するまでの間で必要な日数について育児休業をすることができる。なお、育児休業を開始しようとする日は、原則として子の1歳の誕生日に限るものとする。

⑴　従業員又は配偶者が原則として子の1歳の誕生日の前日に育児休業をして
　　いること

⑵　次のいずれかの事情があること

　　㋐　保育所等に入所を希望しているが、入所できない場合

　　㋑　従業員の配偶者であって育児休業の対象となる子の親であり、1歳以降
　　　育児に当たる予定であった者が、死亡、負傷、疾病等の事情により子を養
　　　育することが困難になった場合

5．次のいずれにも該当する従業員は、子が2歳に達する日までの間で必要な日数
　について、育児休業をすることができる。なお、育児休業を開始しようとする日は、
　子の1歳6か月の誕生日応当日とする。

　⑴　従業員又は配偶者が子の1歳6か月の誕生日応当日の前日に育児休業をし
　　ていること

　⑵　次のいずれかの事情があること

　　㋐　保育所等に入所を希望しているが、入所できない場合

　　㋑　従業員の配偶者であって育児休業の対象となる子の親であり、1歳6カ
　　　月以降育児に当たる予定であった者が死亡、負傷、疾病等の事情により子
　　　を養育することが困難になった場合

6．育児休業をすることを希望する従業員は、原則として、育児休業を開始しよう
　とする日の1カ月前（第4項及び第5項に基づく1歳を超える休業の場合は、2
　週間前）までに育児休業申出書を人事担当者に提出することにより申し出るもの
　とする。

7．申出は、次のいずれかに該当する場合を除き、一子につき1回限りとする。ただし、
　産後休業をしていない従業員が、子の出生日又は出産予定日のいずれか遅い方か
　ら8週間以内にした最初の育児休業については、1回の申出にカウントしない。

　⑴　第1項に基づく休業をした者が第4項又は第5項に基づく休業の申出をし
　　ようとする場合又は第4項に基づく休業をした者が第5項に基づく休業の申
　　出をしようとする場合

　⑵　配偶者の死亡等特別の事情がある場合

8．育児休業申出書が提出されたときは、会社は速やかに当該育児休業申出書を提
　出した者に対し、育児休業取扱通知書を交付する。

（介護休業）

第3条　要介護状態にある家族を介護する従業員は、申出により、介護を必要とする家族1人につき、通算93日までの範囲内で3回を上限として介護休業をすることができる。ただし、有期契約従業員にあっては、申出時点において、次のいずれにも該当する者に限り、介護休業をすることができる。

(1)　入社1年以上であること

(2)　介護休業開始予定日から93日を経過する日から6カ月を経過する日までに労働契約期間が満了し、更新されないことが明らかでないこと

2．前項にかかわらず、労使協定により除外された次の従業員からの休業の申出は拒むことができる。

(1)　入社1年未満の従業員

(2)　申出の日から93日以内に雇用関係が終了することが明らかな従業員

(3)　1週間の所定労働日数が2日以下の従業員

3．要介護状態にある家族とは、負傷、疾病又は身体上若しくは精神上の障害により、2週間以上の期間にわたり常時介護を必要とする状態である次の者をいう。

配偶者／父母／子／配偶者の父母／祖父母／兄弟姉妹／孫

4．介護休業をすることを希望する従業員は、原則として、介護休業開始予定日の2週間前までに、介護休業申出書を人事担当者に提出することにより申し出るものとする。

5．介護休業申出書が提出されたときは、会社は速やかに当該介護休業申出書を提出した者に対し、介護休業取扱通知書を交付する。

（子の看護休暇）

第4条　小学校就学の始期に達するまでの子を養育する従業員は、負傷し、又は疾病にかかった当該子の世話をするために、又は当該子に予防接種や健康診断を受けさせるために、年次有給休暇とは別に、当該子が1人の場合は1年間につき5日、2人以上の場合は1年間につき10日を限度として、子の看護休暇を取得することができる。この場合の1年間とは、4月1日から翌年3月31日までの期間とする。ただし、労使協定によって除外された次の従業員からの子の看護休暇の申出は拒むことができる。

(1)　入社6カ月未満の従業員

⑵　１週間の所定労働日数が２日以下の従業員

２．子の看護休暇は、時間単位で取得することができる。

（介護休暇）

第5条　要介護状態にある家族の介護その他の世話をする従業員は、年次有給休暇とは別に、当該対象家族が１人の場合は１年間につき５日、２人以上の場合は１年間につき10日を限度として、介護休暇を取得することができる。この場合の１年間とは、４月１日から翌年３月31日までの期間とする。ただし、労使協定によって除外された次の従業員からの介護休暇の申出は拒むことができる。

⑴　入社６カ月未満の従業員

⑵　１週間の所定労働日数が２日以下の従業員

２．介護休暇は、時間単位で取得することができる。

（育児・介護のための所定外労働の制限）

第6条　３歳に満たない子を養育する従業員が当該子を養育するため、又は要介護状態にある家族を介護する従業員が当該家族を介護するために申し出た場合には、事業の正常な運営に支障がある場合を除き、所定労働時間を超えて労働をさせることはない。

２．前項にかかわらず、労使協定によって除外された次の従業員からの所定外労働の制限の申出は拒むことができる。

⑴　入社１年未満の従業員

⑵　１週間の所定労働日数が２日以下の従業員

３．申出をしようとする者は、１回につき、１カ月以上１年以内の期間について、制限を開始しようとする日及び制限を終了しようとする日を明らかにして、原則として、制限開始予定日の１カ月前までに、育児・介護のための所定外労働制限申出書を人事担当者に提出するものとする。

（育児・介護のための時間外労働の制限）

第7条　小学校就学の始期に達するまでの子を養育する従業員が当該子を養育するため又は要介護状態にある家族を介護する従業員が当該家族を介護するために申し出た場合には、就業規則の規定及び時間外労働に関する協定にかかわらず、事業の正常な運営に支障がある場合を除き、１カ月について24時間、１年について150時間を超えて時間外労働をさせることはない。

2．前項にかかわらず、次のいずれかに該当する従業員は育児のための時間外労働の制限及び介護のための時間外労働の制限を申し出ることができない。

　　(1)　入社1年未満の従業員

　　(2)　1週間の所定労働日数が2日以下の従業員

3．申出をしようとする者は、1回につき、1カ月以上1年以内の期間について、制限を開始しようとする日及び制限を終了しようとする日を明らかにして、原則として、制限開始予定日の1カ月前までに、育児・介護のための時間外労働制限申出書を人事担当者に提出するものとする。

（育児・介護のための深夜業の制限）

第8条　小学校就学の始期に達するまでの子を養育する従業員が当該子を養育するため又は要介護状態にある家族を介護する従業員が当該家族を介護するために申し出た場合には、就業規則の規定にかかわらず、事業の正常な運営に支障がある場合を除き、午後10時から午前5時までの間に労働させることはない。

2．前項にかかわらず、次のいずれかに該当する従業員からの深夜業の制限を申し出ることができない。

　　(1)　入社1年未満の従業員

　　(2)　申出に係る家族の16歳以上の同居の家族が次のいずれにも該当する従業員

　　　　イ　深夜において就業していない者（1カ月について深夜における就業が3日以下の者を含む。）であること

　　　　ロ　心身の状況が申出に係る子の保育又は家族の介護をすることができる者であること

　　　　ハ　6週間（多胎妊娠の場合にあっては、14週間）以内に出産予定でなく、かつ産後8週間以内でない者であること

　　(3)　1週間の所定労働日数が2日以下の従業員

　　(4)　所定労働時間の全部が深夜にある従業員

3．申出をしようとする者は、1回につき、1カ月以上6カ月以内の期間について、制限を開始しようとする日及び制限を終了しようとする日を明らかにして、原則として、制限開始予定日の1カ月前までに、育児・介護のための深夜業制限申出書を人事担当者に提出するものとする。

（育児短時間勤務）

第9条 ３歳に満たない子を養育する従業員は、申し出ることにより、所定労働時間について、以下のように変更することができる。

　　　所定労働時間を午前９時から午後４時まで（うち休憩時間は、午前12時から午後１時までの１時間とする。）の６時間とする（１歳に満たない子を育てる女性従業員は更に別途30分ずつ２回の育児時間を請求することができる。）。

２．前項にかかわらず、次のいずれかに該当する従業員からの育児短時間勤務の申出は拒むことができる。

　　⑴　１日の所定労働時間が６時間以下である従業員

　　⑵　労使協定によって除外された次の従業員

　　　㋐　入社１年未満の従業員

　　　㋑　１週間の所定労働日数が２日以下の従業員

３．申出をしようとする者は、１回につき、１カ月以上１年以内の期間について、短縮を開始しようとする日及び短縮を終了しようとする日を明らかにして、原則として、短縮を開始しようとする日の１カ月前までに、短時間勤務申出書により人事担当者に申し出なければならない。

（介護短時間勤務）

第10条 要介護状態にある家族を介護する従業員は、申し出ることにより、所定労働時間について、以下のように変更することができる。

　　　所定労働時間を午前９時から午後４時まで（うち休憩時間は、午前12時から午後１時までの１時間とする。）の６時間とする。

２．前項にかかわらず、労使協定によって除外された次の従業員からの介護短時間勤務の申出は拒むことができる。

　　　㋐　入社１年未満の従業員

　　　㋑　１週間の所定労働日数が２日以下の従業員

３．介護のための短時間勤務をしようとする者は、対象家族１人当たり利用開始の日から３年の間で２回までの範囲内で、短縮を開始しようとする日及び短縮を終了しようとする日を明らかにして、原則として、短縮を開始しようとする日の２週間前までに、短時間勤務申出書により人事担当者に申し出なければならない。

（給与等の取扱い）

第11条　基本給その他の月毎に支払われる賃金の取扱いは次のとおりとする。

　　⑴　育児・介護休業の期間については、支給しない。

　　⑵　第4条及び第5条の制度の適用を受けた日又は時間については、無給とする。

　　⑶　第8条、第9条及び第10条の制度の適用を受けた期間については、別途定める賃金規程に基づく労務提供のなかった時間分に相当する額を控除した基本給と諸手当の全額を支給する。

2.　賃金の改定は、育児・介護休業の期間中は行わないものとし、育児・介護休業期間中に賃金改定日が到来した者については、復職後に賃金改定を行うものとする。第4条〜第10条の制度の適用を受けた日又は期間については、通常の勤務をしているものとみなす。

3.　賞与については、その算定対象期間に育児・介護休業をした期間が含まれる場合には、出勤日数により日割りで計算した額を支給する。また、その算定対象期間に第9条及び第10条の適用を受ける期間がある場合においては、短縮した時間に対応する賞与は支給しない。第4条〜第8条の制度の適用を受けた日又は期間については、通常の勤務をしているものとみなす。

4.　退職金の算定に当たっては、育児・介護休業をした期間は勤続年数に算入しないものとする。また、第4条〜第10条の制度の適用を受けた日又は期間は、通常の勤務をしているものとみなす。

5.　年次有給休暇の権利発生のための出勤率の算定に当たっては、育児・介護休業をした日は出勤したものとみなす。

（育児休業等に関するハラスメントの防止）

第12条　すべての従業員は第2条〜第10条の制度の申出・利用に関して、当該申出・利用する従業員の就業環境を害する言動を行ってはならない。

（法令との関係）

第13条　育児・介護休業、子の看護休暇、介護休暇、育児・介護のための所定外労働の制限、時間外労働及び深夜業の制限、育児短時間勤務並びに介護短時間勤務に関して、この規則に定めのないことについては、育児・介護休業法その他の法令の定めるところによる。

付　則

1．この規則は、令和○○年○○月○○日より適用する。

改訂　令和○○年○○月○○日

7．テレワーク（在宅勤務）規程

（在宅勤務制度の目的）

第1条　この規程は、就業規則に定めるところにより、○○○株式会社（以下「会社」
という）の従業員が在宅で勤務する場合の必要な事項について定めるものである。

（在宅勤務の定義）

第2条　在宅勤務とは、従業員の自宅、その他自宅に準じる場所（会社指定の場所
に限る。）において情報通信機器を利用した業務をいう。

（在宅勤務の対象者）

第3条　在宅勤務の対象者は、就業規則第2条に規定する従業員であって次の各号
の条件を全て満たした者とする。

(1)　在宅勤務を希望する者

(2)　原則として勤続1年以上の者でかつ自宅等での業務が円滑に遂行できると
認められる者、又は育児、介護、従業員自身の傷病等により、出勤が困難と
認められる者

(3)　自宅の執務環境、セキュリティ環境、家族の理解のいずれも適正と認めら
れる者

2．在宅勤務を希望する者は、所定の許可申請書に必要事項を記入の上、1週間前
までに所属長から許可を受けなければならない。

3．会社は、業務上その他の事由により、前項による在宅勤務の許可を取り消すこ
とがある。

4．第2項により在宅勤務の許可を受けた者が在宅勤務を行う場合は、前日までに
所属長へ利用を届け出ること。

（在宅勤務時の服務規律）

第4条　在宅勤務に従事する者（以下「在宅勤務者」という。）は就業規則第3章（服
務規律）及びセキュリティガイドラインに定めるもののほか、次に定める事項を
遵守しなければならない。

(1)　在宅勤務の際に所定の手続に従って持ち出した会社の情報及び作成した成
果物を第三者が閲覧、コピー等しないよう最大の注意を払うこと。

(2) 在宅勤務中は業務に専念すること。

(3) 第1号に定める情報及び成果物は紛失、毀損しないように丁寧に取扱い、セキュリティガイドラインに準じた確実な方法で保管・管理しなければならないこと。

(4) 在宅勤務中は自宅以外の場所で業務を行ってはならないこと。

(5) 在宅勤務の実施に当たっては、会社情報の取扱いに関し、セキュリティガイドライン及び関連規程類を遵守すること。

（在宅勤務時の勤務時間）

第5条　在宅勤務時の勤務時間、休憩時間、休日については、就業規則第14条（勤務時間及び休憩）及び第15条（休日）の定めるところによる。

2．前項にかかわらず、在宅勤務を行う者が次の各号に該当する場合であって、会社が労働時間を算定し難いと認めた場合は、所定労働時間の労働をしたものとみなす。

(1) 従業員の自宅で業務に従事していること。

(2) 会社と在宅勤務者間の情報通信機器の接続は在宅勤務者に委ねていること。

(3) 在宅勤務者の業務が常に所属長から随時指示命令を受けなければ遂行できない業務でないこと。

(4) 深夜、休日には業務を行わないこと。

（時間外及び休日労働等）

第6条　在宅勤務者が時間外労働、休日労働及び深夜労働をする場合は所定の手続を経て所属長の許可を受けなければならない。

2．時間外及び休日労働について必要な事項は就業規則第19条（時間外、深夜、及び休日勤務）の定めるところによる。

3．時間外、休日及び深夜の労働については、賃金規程に基づき、時間外勤務手当、休日勤務手当及び深夜勤務手当を支給する。

（欠勤等）

第7条　在宅勤務者が、欠勤をし、又は勤務時間中に私用のために勤務を一部中断する場合は、事前に申し出て許可を得なくてはならない。ただし、やむを得ない事情で事前に申し出ることができなかった場合は、事後速やかに届け出なければならない。

2．前項の欠勤、私用外出の賃金については賃金規程第9条（賃金の減額）の定め

るところによる。

（業務の開始及び終了の報告）

第8条　在宅勤務者は、勤務の開始及び終了について次のいずれかの方法により報告しなければならない。

 (1)　電話

 (2)　電子メール

 (3)　勤怠管理ツール

 (4)　その他会社が定めたテレワークツール

（業務報告）

第9条　在宅勤務者は、定期的又は必要に応じて、電話又は電子メール等で所属長に対し、所要の業務報告をしなくてはならない。

（在宅勤務時の連絡体制）

第10条　在宅勤務時における連絡体制は次のとおりとする。

 (1)　事故・トラブル発生時には所属長に連絡すること。なお、所属長が不在時の場合は所属長が指名した代理の者に連絡すること。

 (2)　前号の所属長又は代理の者に連絡がとれない場合は、○○課担当まで連絡すること。

 (3)　社内における従業員への緊急連絡事項が生じた場合、在宅勤務者へは所属長が連絡をすること。なお、在宅勤務者は不測の事態が生じた場合に確実に連絡がとれる方法をあらかじめ所属長に連絡しておくこと。

 (4)　情報通信機器に不具合が生じ、緊急を要する場合は○○課へ連絡をとり指示を受けること。なお、○○課へ連絡する暇がないときは会社と契約しているサポート会社へ連絡すること。いずれの場合においても事後速やかに所属長に報告すること。

 (5)　前各号以外の緊急連絡の必要が生じた場合は、前各号に準じて判断し対応すること。

（賃　金）

第11条　在宅勤務者の賃金については、就業規則第36条（賃金）の定めるところによる。

2．前項の規定にかかわらず、在宅勤務（在宅勤務を終日行った場合に限る。）が

週に4日以上の場合の通勤手当については、毎月定額の通勤手当は支給せず実際に通勤に要する往復運賃の実費を賃金支給日に支給するものとする。

（費用の負担）

第12条　会社が貸与する情報通信機器を利用する場合の通信費は会社負担とする。

2．在宅勤務に伴って発生する水道光熱費は在宅勤務者の負担とする。

3．業務に必要な郵送費、事務用品費、消耗品費その他会社が認めた費用は会社負担とする。

4．その他の費用については在宅勤務者の負担とする。

（情報通信機器・ソフトウェア等の貸与等）

第13条　会社は、在宅勤務者が業務に必要とするパソコン、プリンタ等の情報通信機器、ソフトウェア及びこれらに類する物を貸与する。なお、当該パソコンに会社の許可を受けずにソフトウェアをインストールしてはならない。

2．会社は、在宅勤務者が所有する機器を利用させることができる。この場合、セキュリティガイドラインを満たした場合に限るものとし、費用については話し合いの上決定するものとする。

（教育訓練）

第14条　会社は、在宅勤務者に対して、業務に必要な知識、技能を高め、資質の向上を図るため、必要な教育訓練を行う。

2．在宅勤務者は、会社から教育訓練を受講するよう指示された場合には、特段の事由がない限り指示された教育訓練を受けなければならない。

（災害補償）

第15条　在宅勤務者が自宅での業務中に災害に遭ったときは、就業規則第49条（災害補償）の定めるところによる。

（安全衛生）

第16条　会社は、在宅勤務者の安全衛生の確保及び改善を図るため必要な措置を講ずる。在宅勤務者は、安全衛生に関する法令等を守り、会社と協力して労働災害の防止に努めなければならない。

付　　則

1. この規則は、令和○○年○○月○○日より適用する。

　　改訂　令和○○年○○月○○日

8．慶弔見舞金規程

第1章　　総　　則

（目　的）

第1条　この規程は、正規の従業員に対する慶弔見舞金の贈与について、定めるものである。

（慶弔見舞金の種類）

第2条　慶弔見舞金は、慶弔金と見舞金にわける。

（受給手続）

第3条　慶弔見舞金の贈与を受けるべき者は、速やかにその事実を所属長に申し出なければならない。その事実があった日から30日以内に申し出がないときは、贈与しないことがある。

第2章　　慶弔金

（結婚祝金）

第4条　従業員が結婚するとき又は1カ月以内の結婚を事由に退職するときは、次の区分により結婚祝金を贈与する。

勤続年数	支給額
5年未満	10,000円
5年以上	30,000円

2．結婚の当事者が、いずれも従業員である場合には、前項の祝金は当事者双方にこれを贈与する。

（出産祝金）

第5条　従業員又は従業員の配偶者が出産したときは、出産祝金として20,000円を贈与する。ただし、死産又は産後1週間以内に死亡したときは、贈与しない。

2．両親いずれもが従業員であるときは、そのいずれか一方に贈与する。

（香典料、弔慰金）

第6条　従業員が死亡したときは、香典料として50,000円を贈与するほか花輪又は
　　生花を贈る。

2．従業員が業務上の事由により死亡したときは、別に弔慰金として200,000円を贈
　　与する。

3．従業員の親族が死亡したときは、次の区分により香典料を贈与する。

死亡親族	支給額	備　考
配偶者	30,000円	別に生花
子	20,000円	死産の場合は10,000円とする
父　母	20,000円	同居の配偶者の父母を含む

第3章　　見舞金

（傷病見舞金）

第7条　従業員が、業務上の傷病により欠勤したときは、次に定めるところにより
　　傷病見舞金を贈与する。

区　別	支給額
全治1カ月以上	50,000円
全治1カ月未満	20,000円
全治1週間未満	10,000円

2．従業員が、業務外の傷病により欠勤が引続き1カ月以上に及ぶときは傷病見舞
　　金として、10,000円相当の金品を贈与する。ただし、同一の傷病についての支給
　　は1度限りとする。

（災害見舞金）

第8条　従業員の現住居が被災し被害を受けたときは、その被害の程度に応じて、
　　次の災害見舞金を贈与する。

区　別	世帯主	非世帯主
家屋一部破損、床上浸水	20,000円	10,000円
半焼半壊	50,000円	25,000円
全焼全壊、全流失	100,000円	50,000円

2．災害見舞金を受けるべき者が、同一世帯で2人以上あるときは、上位者1人に対して贈与する。

（書類の提示）

第9条 会社が、この規程に定める慶弔見舞金を支給するときは、支給事由を証する書類の提示を求めることがある。

付　則

1．この規程は、令和○○年○○月○○日より適用する。

　　改訂　令和○○年○○月○○日

9.　旅費規程

第1章　　総　　則

(目　的)

第1条　この規程は、会社の役員及び正規の従業員（以下「従業員」という）の出張又は転勤を命ぜられた場合の旅費に関する事項を定めるものである。

(旅費の種類)

第2条　従業員の旅費は、国内出張旅費、外国出張旅費、転勤旅費及び国内単身赴任者帰省旅費とする。

(旅費の計算)

第3条　旅費は順路によって計算する。ただし、業務の都合又は天災その他やむを得ない理由で、順路によることができなかったときは、現に経過した路線によって計算する。

(旅費の前渡)

第4条　旅費は、出張目的に応じた旅費概算請求書を提出して、概算によって前渡しを受けることができる。

(旅費の精算)

第5条　前条の概算によって旅費の前渡しを受けた者は、帰着又は着任後1週間以内（外国出張の場合は2週間以内）に精算を受けなければならない。

第2章　　国内出張旅費

(国内出張旅費)

第6条　国内出張旅費とは、従業員が国内出張を命ぜられた場合の交通費、日当及び宿泊料をいう。

2. 交通費・日当及び宿泊料の支給基準は、次のとおりとする

区　分	交通費（等級）		日　当	宿泊料
	鉄道運賃	航空運賃		
代表役員	グリーン	ビジネス	5,000円	15,000円
役　　員	グリーン	ビジネス	4,000円	13,000円
管理職	普　通	エコノミー	3,000円	10,000円
一般職	普　通	エコノミー	2,000円	9,000円

（鉄道運賃及び航空運賃）

第7条　鉄道運賃及び航空運賃は、これらの交通機関を利用した者に対して所定の等級料金を支給する。ただし、次の各号に該当するときは、それぞれの定めるところによる。

(1)　該当等級の運行しない路線を利用するときは、下位の等級料金を支給する

(2)　業務上の都合で、所定の等級より上位の等級を利用したときは、会社の認めたものに限り実費を支給する

2.　業務の必要上、急行列車・特急列車・新幹線・寝台車・座席指定・路線バス・船舶等を利用したときは、その実費を支給する。

（車　賃）

第8条　出張中、ハイヤー・タクシーその他これに準ずる交通機関を利用した場合で、特に会社が必要と認めたときは、車賃としてその実費を支給する。

（日　当）

第9条　日当は、出張1日につき、第6条に規定する額を、出張日数（暦日）に応じて支給する。

2.　前項の規定にかかわらず、次の各号に該当するときは、それぞれの定めるところによる。

(1)　正午から午前0時までの間に出発したとき又は正午以前に帰着したときは、出発し又は帰着した日については半日分の日当を支給する

(2)　午前6時以前に出発したとき又は午後9時以降に帰着したときはそれぞれ半日分の日当を加算して支給する

(3)　日帰り出張する場合で、出張に要する時間が5時間以上でかつ出張先が片道50km未満（新幹線利用の場合は100km未満）にある地域、又は出張に要す

る時間が5時間未満でかつ出張先が片道50km以上（新幹線利用の場合は100km以上）にある地域に出張するときは、半日分の日当を支給する。ただし、出張に要する時間が5時間未満でかつ出張先が片道50km未満にある地域に出張するときは日当は支給しない

(4)　研修その他通常の業務以外の目的で出張したときは、出張1日につき、半日分の日当を支給する

（宿泊料）

第10条　宿泊料は旅行中ホテル等に宿泊した場合に、宿泊1夜につき、第6条に規定する額を、宿泊夜数に応じて支給する。ただし、業務上の都合により所定の宿泊料をもって支弁しがたいときは、会社が認めた場合に限り実費を支給する。

2．会社若しくは招待先が直接宿泊料金を支払うとき、会社若しくは招待先の施設に宿泊したときあるいは宿泊料込みのセミナー研修会等に参加する場合は、宿泊料を支給しない。この場合、宿泊料・食費等を別に徴収するときはその実費を支給する。

3．夜行列車・路線バス・航路・乗用車利用等による車・船中の宿泊の場合には、宿泊料を支給しない。ただし、車・船中泊1夜につき、半日分の日当相当額を支給する。

（長期滞在）

第11条　従業員が同一地に引き続いて滞在するときは、最初の20日間は所定の日当及び宿泊料の全額を支給し、20日を超える分については、その80%を支給する。ただし、特別の事情があると認められた場合は期間を定めて日当及び宿泊料を所定額まで支給することがある。

（出張中の事故）

第12条　従業員が出張中、負傷・疾病・天災その他やむを得ない事故のために日程以上滞在したときは、その間の日当及び宿泊料を支給する。

2．出張中業務の都合・不慮の事故その他特別の事由によって多額の出費を来し、所定の旅費をもって支弁できない場合には、事実を証明できるものに限ってその実費を支給する。

（乗用車等による出張）

第13条　従業員が社有車両若しくはレンタカー等を利用して出張した場合には、交

通費は支給しない。ただし、燃料費及び有料道路の利用料金等の実費を支給する。

2．会社は原則として個人所有の乗用車による出張を命ずることはない。ただし、やむを得ない事情によって個人所有の乗用車による出張を命じたときは、第1項と同様の実費を支給する。

第3章　　外国出張旅費

（外国出張旅費）

第14条　外国出張旅費とは、従業員が外国出張を命ぜられた場合の交通費・日当・滞在費及び支度金をいう。

2．交通費の支給基準は、次のとおりとし、その要する実費を支給する。

旅費項目 役　職	航空運賃	鉄道運賃	船　賃
代表役員	ビジネスクラス	普　通	1　等
役　　員	エコノミークラス	普　通	1　等
管 理 職	エコノミークラス	普　通	1　等
一 般 職	エコノミークラス	普　通	1　等

3．所定等級の運行しない路線の交通費は、その下位の等級による。

4．業務上の必要で上位の等級によることが妥当と認められる路線については、その上位の等級による。

5．業務上必要と認められる場合には、ハイヤー・タクシー・レンタカー等の車賃の実費を支給する。

（日当・滞在費）

第15条　日当及び滞在費（宿泊料・食事代・チップ代）は出張先の宿泊地区分に応じ、次の基準によって支給する。ただし、国内の旅程にかかわる日当及び宿泊料は、第2章の定めにより支給する。

役　　職＼旅費項目	日　　当	滞在費 A地区	滞在費 B地区
代表役員	9,000円	30,000円	28,000円
役　　員	7,000円	27,000円	25,000円
管　理　職	5,500円	20,000円	18,000円
一　般　職	5,000円	18,000円	16,000円

注）A地区…下記B地区を除く地区に属する諸国

　　B地区…中国、台湾、韓国、東南アジア諸国

2．日数は、出発日から帰着日までの間、日本における暦日数に応じて計算する。

3．航空機・鉄道あるいは船舶の中で宿泊する場合の滞在費は、第1項の半額とする。

4．出張先において、宿泊施設の提供を受ける場合は、第1項に定める滞在費に代えて実費を支給する。

5．団体視察ツアー・海外研修等に参加する場合で、運賃・宿泊費・食事代等を含む参加費を会社が一括で支払うときは、その内訳によって交通費及び滞在費の一部又は全部を支給しないことがある。

（長期滞在）

第16条　従業員が外国に出張し、同一地に引き続いて滞在するときは、最初の30日間は所定の日当及び滞在費を支給するが、30日を超えるときは、その超える分については、その80%を支給する。ただし、特別の事情があるときはこの限りではない。

（出張中の事故）

第17条　従業員が海外出張中、負傷・疾病・天災その他やむを得ない事故のため、途中で日程以上滞在したときは、この間の日当及び滞在費を支給する。

2．出張中、用務の都合・不慮の事故その他特別の事由によって、多額の出費を来し、所定の旅費をもって支弁できない場合は、事実を証明できるものに限って、その不足分の実費を支給する。

（支度金）

第18条　従業員が外国へ出張するときは、次表の区分によって支度金を支給する。

役　職	金　額
代表役員	70,000円
役　　員	65,000円
管　理　職	55,000円
一　般　職	50,000円

2．帰国後1年以内に再度出張するときは、支度金は支給しない。

3．出国手続に要するパスポートの取得、予防接種、空港利用料、出入国税等の費用及び渡航にかかる費用は、実費を支給する。

4．旅行傷害保険は従業員を受取人とし、次表に応じて付保する。

傷害死亡	3,000万円
疾病死亡	3,000万円
治療・救援費用	2,000万円

第4章　　転勤旅費

（転勤旅費の種類）

第19条　転勤旅費とは、住居移転を伴う転勤に要する交通費・宿泊料又は滞在費・移転料・荷造費等並びに家族旅費をいう。

（転勤旅費の支給）

第20条　転勤する従業員には、現在地を出発してから転任地に到着するまでの交通費及び旅行日数に応じる宿泊料又は滞在費を支給する。

2．前項の額は、第2章を準用する。

（移転料）

第21条　従業員が転勤するときは、移転料を支給する。

2．移転料の額は基本給の半月分とする。

（荷造費等）

第22条　従業員が転勤により家財を移転するときは、荷造費及び輸送費の実費を支給する。

2．前項の荷造費及び輸送費の金額は、基本給の1カ月分を上限とする。ただし、会社が必要と認めたときは増額することがある。

3．第1項の荷造費及び輸送費を請求しようとする者は、その事実及び金額を証明する書類を添付して、会社に申請しなければならない。

（家族旅費）

第23条 転勤する従業員が、赴任にあたり、現に扶養している家族を同行するときは、その家族の各々について家族旅費を支給する。

2．家族旅費の額は、家族の各々につき本人が単独に赴任するときに要する交通費及び宿泊料又は滞在費相当額とする。ただし、12歳未満の家族については、前項の半額とし、運賃を必要としない家族については、交通費を支給しない。

3．従業員が新任地に赴任した後、1年以内にその家族を呼びよせるときは、前項の規定による家族旅費を支給する。

（支度金）

第24条 外国に転勤する従業員には、支度金を支給する。

2．支度金の額は、第18条の外国出張の支度金に準ずる。

第5章　　国内単身赴任者の帰省旅費

（国内単身赴任帰省旅費）

第25条 会社が単身赴任を認定した従業員が、別居中の家族のもとへ帰省する場合は、月1回を限度として赴任地と家族居住地間の往復交通費の実費を支給する。

2．前項の定めによる帰省は、原則として休日又は年次有給休暇を利用するものとする。

3．業務上の出張を兼ねて帰省する場合は、出張経路から家族のもとへ立ち寄るために要する迂回交通費の実費を支給する。

4．単身赴任により別居中の家族が従業員の赴任地を訪問する場合も、本人が家族居住地へ帰省したものとみなして、前第1項の実費を超えない範囲で往復交通費の実費を支給する。

5．前第3項及び第4項の帰省回数も第1項に定める帰省回数に含める。

6．単身赴任帰省旅費の支給を申請する者は、そのつど事前に所属長に届け出て承認を得ることとする。

付　　則

1．この規程は、令和○○年○○月○○日より適用する。

　　　改訂　令和○○年○○月○○日

主な用語

た

な

は

ま

著　者：米田　徹（よねだ　とおる）

東京大学理学部卒。富士通株式会社を経て、平成17年に独立し米田経営労務研究
所を設立。
専門分野は「人事・賃金制度の構築」、「退職金制度の構築」、「経営診断指導」、「就
業規則など会社規則作成」、「公的年金・企業年金アドバイザー」他。中小・中堅
企業へのわかりやすい適切な指導・コンサルティングに定評がある。平成19年よ
り㈱プライムコンサルタント登録コンサルタント。
主な資格：特定社会保険労務士、中小企業診断士、１級DCプランナー、
　　　　　ファイナンシャルプランナー（CFP）

編集協力：菊谷　寛之（きくや　ひろゆき）

早稲田大学卒。労務行政研究所、賃金管理研究所を経て平成11年株式会社プライ
ムコンサルタントを設立。成果人事研究会主宰。著書『役割貢献の評価と賃金・
賞与の決め方』（労働調査会）、『同一労働同一賃金に沿った待遇と賃金制度のつく
り方』（第一法規）、『決定版！シンプル賃金制度のつくり方』（日本法令）ほか。
URL（株式会社プライムコンサルタント）：https://www.primec.co.jp

中小企業必携！ ホワイト企業の就業規則〔改訂版〕
～職場ルール作りの勘どころがQ&Aでスラスラ分かる～

平成26年11月12日	初版発行
平成27年４月13日	初版第２刷発行
令和２年８月31日	改訂初版発行

著　者	米田　徹
編集協力	菊谷　寛之
発行人	藤澤　直明
発行所	労働調査会

〒170-0004　東京都豊島区北大塚２-４-５
TEL：03-3915-6401（代表）
FAX：03-3918-8618
http://www.chosakai.co.jp/
©Toru Yoneda 2014
ISBN978-4-86319-817-3 C2032